聊城大学学术著作出版基金资助

山东省社科规划研究专项项目:"大运河国家文化公园（山东段）建设原则与策略研究（22BLYJ05）"

聊城大学科研基金"明清时期山东庙会与地方社会研究（321021964）"

聊城大学人文社科类平台支持专项课题"大运河山东段文旅融合发展路径与策略研究（321022209）"研究成果

聊城大学运河学研究院研究丛书

大运河山东段文旅融合发展路径与策略研究

胡梦飞 著

中国社会科学出版社

图书在版编目（CIP）数据

大运河山东段文旅融合发展路径与策略研究 / 胡梦飞著. -- 北京：中国社会科学出版社，2024.9.
ISBN 978-7-5227-4138-3

Ⅰ．F592.752

中国国家版本馆CIP数据核字第2024W0W639号

出 版 人	赵剑英
责任编辑	安　芳
责任校对	张爱华
责任印制	李寡寡

出　　版	中国社会科学出版社
社　　址	北京鼓楼西大街甲158号
邮　　编	100720
网　　址	http://www.csspw.cn
发 行 部	010-84083685
门 市 部	010-84029450
经　　销	新华书店及其他书店
印　　刷	北京明恒达印务有限公司
装　　订	廊坊市广阳区广增装订厂
版　　次	2024年9月第1版
印　　次	2024年9月第1次印刷
开　　本	710×1000　1/16
印　　张	19.25
字　　数	289千字
定　　价	108.00元

凡购买中国社会科学出版社图书，如有质量问题请与本社营销中心联系调换
电话：010-84083683
版权所有　侵权必究

目 录

绪 论 ……………………………………………………………… (1)

第一章 山东运河文化资源概况 ……………………………… (14)
  第一节 山东运河文化的内涵和价值 ……………………… (14)
    一 山东运河文化的内涵 ………………………………… (15)
    二 山东运河文化的价值 ………………………………… (45)
  第二节 山东运河文化特点分析 …………………………… (49)
    一 水工科技特色突出 …………………………………… (50)
    二 城镇经济作用显著 …………………………………… (51)
    三 历史文化底蕴深厚 …………………………………… (52)
    四 运河功能持续发挥 …………………………………… (54)

第二章 运河文旅融合发展现状及问题 ……………………… (55)
  第一节 文旅融合发展现状分析 …………………………… (55)
    一 政策制度日益完善 …………………………………… (56)
    二 管理职能显著提升 …………………………………… (56)
    三 文旅融合力度持续增强 ……………………………… (57)
    四 项目建设稳步推进 …………………………………… (57)
    五 宣传推介不断加强 …………………………………… (58)
  第二节 文旅融合面临的困境和问题 ……………………… (58)
    一 研究阐释力度有待加强 ……………………………… (58)
    二 文旅融合水平有待提升 ……………………………… (59)

三　协同发展机制有待完善……………………………………（59）
　　四　专业人才和机构支撑不足…………………………………（60）
　　五　文旅产品的内涵有待丰富…………………………………（60）
　　六　旅游经济规模有待提高……………………………………（60）

第三章　运河文旅融合发展的理念和原则………………………（62）
　第一节　文旅融合相关理论问题概述……………………………（62）
　　一　文旅融合的内涵解析………………………………………（63）
　　二　文旅深度融合的模式………………………………………（67）
　　三　文旅融合的理论基础………………………………………（68）
　第二节　运河文旅融合发展的理念………………………………（72）
　　一　文化保护与旅游发展有机结合……………………………（73）
　　二　文旅产业和文旅事业有机结合……………………………（73）
　　三　继承传统与创新发展有机结合……………………………（75）
　　四　地域文化与创意产品有机结合……………………………（76）
　第三节　运河文旅融合的基本原则………………………………（77）
　　一　坚持因地制宜、稳步推进原则……………………………（77）
　　二　坚持文旅互促、协同发展原则……………………………（78）
　　三　坚持特色创新、质量发展原则……………………………（79）
　　四　坚持统筹协调、互补共赢原则……………………………（80）
　　五　坚持市场导向、项目带动原则……………………………（82）
　　六　坚持保护第一、系统规划原则……………………………（83）
　　七　坚持以人为本、惠民乐民原则……………………………（84）

第四章　山东运河文化遗产的挖掘与转化………………………（86）
　第一节　山东运河文化遗产现状分析……………………………（87）
　　一　山东运河文化遗产现状……………………………………（87）
　　二　存在的问题和不足…………………………………………（88）
　第二节　运河文化遗产的挖掘与阐释……………………………（91）
　　一　深入阐释遗产内涵和价值…………………………………（92）

二　丰富遗产展示手段和方式 …………………………… (92)
　　三　弘扬文化遗产时代价值 …………………………… (93)
　　四　推动文化传播与交流 ……………………………… (93)
　第三节　运河文化遗产的转化与利用 ……………………… (94)
　　一　促进文物和旅游融合发展 ………………………… (95)
　　二　促进文艺和旅游融合发展 ………………………… (97)
　　三　推动非遗和旅游融合发展 ………………………… (98)

第五章　运河文化旅游产业现状及发展策略 ……………… (101)
　第一节　文旅产业及其相关理论概述 ……………………… (101)
　　一　文化产业理论 ……………………………………… (102)
　　二　旅游产业理论 ……………………………………… (111)
　第二节　山东运河文旅产业现状分析 ……………………… (115)
　　一　旅游业发展现状 …………………………………… (116)
　　二　存在的问题和不足 ………………………………… (117)
　第三节　运河文旅产业提升与发展策略 …………………… (119)
　　一　构建运河特色文旅产品体系 ……………………… (120)
　　二　优化文旅产业区域布局 …………………………… (121)
　　三　培育壮大文化和旅游市场主体 …………………… (121)
　　四　发展文旅产业新业态新模式 ……………………… (122)

第六章　运河精品旅游目的地构建路径与策略 …………… (124)
　第一节　旅游目的地相关理论概述 ………………………… (124)
　　一　旅游目的地概念 …………………………………… (125)
　　二　旅游目的地类型 …………………………………… (127)
　　三　旅游目的地管理 …………………………………… (130)
　第二节　山东运河文化旅游目的地建设现状 ……………… (136)
　　一　旅游竞争力薄弱 …………………………………… (136)
　　二　旅游基础设施相对落后 …………………………… (137)
　第三节　构建路径与发展策略 ……………………………… (138)

一　统筹运河沿线文旅公共服务……………………………（138）
　　二　完善运河旅游交通网络…………………………………（139）
　　三　打造运河公共休憩空间…………………………………（140）

第七章　运河文旅品牌宣传及推广策略……………………（141）
第一节　旅游品牌相关理论问题概述……………………（141）
　　一　旅游品牌概念及类型……………………………………（142）
　　二　旅游品牌的功能及特征…………………………………（144）
　　三　旅游产品品牌策划………………………………………（146）
第二节　运河文旅品牌打造的问题和不足………………（149）
　　一　品牌定位模糊，特色不够突出…………………………（149）
　　二　旅游产品竞争力有待提升………………………………（150）
　　三　品牌传播和推广力度不够………………………………（150）
　　四　区域合作有待加强………………………………………（151）
　　五　海外传播能力亟待提升…………………………………（151）
第三节　宣传与推广策略……………………………………（152）
　　一　明确品牌定位和目标……………………………………（152）
　　二　丰富传播方式与渠道……………………………………（153）
　　三　培育新型业态和特色产品………………………………（154）
　　四　构建区域合作推广机制…………………………………（154）
　　五　增强海外传播能力………………………………………（155）

第八章　文旅融合发展的管理体制与保障措施……………（157）
第一节　管理机制构建路径与策略…………………………（157）
　　一　创新管理理念和技术……………………………………（158）
　　二　强化资料搜集与整理……………………………………（158）
　　三　拓宽融资渠道……………………………………………（158）
　　四　增强遗产传承活力………………………………………（159）
　　五　创立协同创新发展机制…………………………………（159）
　　六　完善人才服务体系………………………………………（160）

第二节　文旅融合发展的保障措施 …………………………… (160)
　　一　加强规划设计 ……………………………………………… (161)
　　二　强化法律保障 ……………………………………………… (162)
　　三　完善监督考核 ……………………………………………… (162)

第九章　山东沿运五地市文旅融合发展研究 ………………………… (164)
　第一节　德州运河文旅融合发展的路径与策略 ………………… (164)
　　一　德州运河文化旅游资源概况 ……………………………… (165)
　　二　运河文旅融合发展存在的问题 …………………………… (168)
　　三　文旅融合发展路径与策略 ………………………………… (170)
　第二节　聊城运河文旅融合发展的路径与策略 ………………… (172)
　　一　聊城运河文化旅游资源概况 ……………………………… (173)
　　二　运河文旅融合发展存在的问题 …………………………… (175)
　　三　文旅深度融合发展的路径与策略 ………………………… (177)
　第三节　泰安运河文旅融合发展的路径与策略 ………………… (181)
　　一　泰安运河文化资源概况 …………………………………… (182)
　　二　运河文旅融合发展的现状及问题 ………………………… (185)
　　三　文旅融合发展的路径与策略 ……………………………… (189)
　第四节　济宁运河文旅融合发展的路径与策略 ………………… (192)
　　一　济宁运河文化旅游资源概况 ……………………………… (192)
　　二　运河文旅融合发展现状 …………………………………… (196)
　　三　文旅融合发展的对策与建议 ……………………………… (199)
　第五节　枣庄运河文旅融合发展的路径与策略 ………………… (202)
　　一　枣庄运河文化旅游资源概况 ……………………………… (202)
　　二　运河文旅融合发展现状 …………………………………… (206)
　　三　文旅融合发展的路径与策略 ……………………………… (211)

第十章　山东运河文旅融合发展的个案研究 ………………………… (214)
　第一节　德州四女寺古镇文旅融合发展研究 …………………… (214)
　　一　四女寺古镇文化旅游资源概况 …………………………… (215)

二　保护与开发现状分析……………………………………（217）
　　三　文旅融合发展的策略和建议……………………………（219）
第二节　临清中洲古城文旅融合发展研究………………………（222）
　　一　临清中洲古城运河文化旅游资源概况…………………（223）
　　二　古城保护开发现状及问题………………………………（228）
　　三　文旅融合发展的对策与建议……………………………（232）
第三节　聊城米市街历史文化街区的保护与开发………………（238）
　　一　米市街文化旅游资源概况………………………………（238）
　　二　街区保护和开发存在的问题……………………………（242）
　　三　街区规划和建设的原则…………………………………（244）
　　四　文旅融合发展的对策与建议……………………………（246）
第四节　南阳古镇文化旅游资源保护与开发研究………………（252）
　　一　南阳古镇文旅资源概况…………………………………（253）
　　二　南阳古镇文旅资源开发现状……………………………（256）
　　三　文旅融合发展的对策与建议……………………………（258）
第五节　台儿庄古城文旅深度融合发展研究……………………（262）
　　一　台儿庄古城文旅资源概况………………………………（263）
　　二　台儿庄文旅资源开发现状………………………………（264）
　　三　台儿庄古城文旅融合发展的原则………………………（267）
　　四　文旅融合发展的对策与建议……………………………（268）

结　语……………………………………………………………（274）

参考文献…………………………………………………………（279）

后　记……………………………………………………………（297）

绪　论

一　研究意义

中国大运河是世界上建造时间最早、使用最久、规模最大的人工运河。2014年6月，中国大运河成功入选世界文化遗产名录，成为我国第46个世界遗产项目。大运河绵延3200余千米，纵贯2500多年，融汇了京津、燕赵、齐鲁、中原、淮扬、吴越等地域文化，孕育了漕运文化、水利文化、商业文化、民俗文化等文化形态。沿线地区文物古迹众多，文化和旅游资源丰富，具备开展文旅融合的良好条件。《大运河文化保护传承利用规划纲要》和《长城、大运河、长征国家文化公园建设方案》都提出要通过文旅融合等方式，推动大运河文化保护传承利用。2020年9月，文化和旅游部、国家发展改革委会同有关部门编制了《大运河文化和旅游融合发展规划》（后文简称《规划》），为大运河文旅融合发展提质增效带来了新契机，也为沿线各省市进一步推动文旅融合纵深发展指明了新方向。

大运河山东段北起德州市德城区第三店，南至苏、鲁两省交界处的大王庙闸，由北至南，流经德州、聊城、泰安、济宁、枣庄5市18个县（市、区），全长约643千米。山东运河水利工程建设以及水资源调度管理，代表了中国大运河水利技术成就的杰出成就。运河沿线的德州、临清、东昌、济宁、台儿庄，成为历史上交通转输和贸易的重镇，积淀了深厚的运河文化，留下了丰富的历史文化遗存。在运河沿线各地积极开展大运河文化带、大运河国家文化公园建设的背景下，深入发掘山东运河文化的内涵和价值，探索运河文化遗产开发和利用的新路径和新方法，实现沿线地区遗产保护与经济社会协调发展，具有重要而深远的现实意义。

（一）学术价值

虽然学界有关大运河文旅融合发展的研究取得了丰硕成果，但研究地域不平衡现象仍然较为突出，从宏观、整体上探讨山东段运河文旅融合发展的成果相对较少。有鉴于此，本书以大运河山东段文旅融合发展为研究对象，从运河文旅融合的现状和问题、理念和原则、遗产转化利用、文旅产业振兴、精品旅游目的地构建、文旅品牌打造、管理体制和保障措施等方面对其进行全面、系统的梳理和研究，在解决相关理论问题的同时，探索符合山东省情和沿运地区实际的文旅融合发展路径和策略，对于深化和拓展山东运河文化研究具有重要意义和价值。

（二）应用价值

加快大运河文化和旅游融合发展，是山东省全面贯彻习近平总书记重要指示批示要求，落实国家相关文件精神，精心打造大运河文化旅游带的重要举措。对其开展相关研究，有利于推动运河文化的创造性转化和创新性发展，对于增强山东文化旅游资源的吸引力，提高山东运河文化旅游的知名度和影响力，促进沿运地区经济社会发展具有重要而深远的意义。

二　国内外研究现状及发展趋势

习近平总书记指出，大运河是祖先留给我们的宝贵遗产，是流动的文化，要统筹保护好、传承好、利用好。[①] 推动大运河文旅融合发展，打造大运河璀璨文化带和缤纷旅游带，对于弘扬和传承中华优秀传统文化，促进沿线区域创新协同发展具有重要而深远的意义。归纳起来，相关研究成果主要集中于以下两个方面：

一是宏观、整体性的研究。姜师立、张伟在分析大运河旅游文化资源及其发展现状的基础上，提出了推进大运河文化旅游高质量发展的对

[①] 《习近平的小康情怀》，人民出版社、新华出版社2022年版，第523页。

策和建议。① 冷南羲从遗产旅游的角度切入，在分析遗产资源与文旅开发内在关联的同时，探讨了文旅融合高质量发展的路径和策略。② 赵艳、卞广萌从资源融合、职能融合、产业融合、技术融合等四方面，探讨了大运河沿线乡村产业的提升路径。③ 周宇针对当前大运河文化保护与宣传存在的问题和不足，提出了相应的强化路径和升级策略。④ 熊海峰、祁吟墨基于共生理论框架，阐述了大运河文旅融合发展的现状与问题，并就此提出了具有针对性的发展策略。⑤ 王秀伟针对大运河文化带文旅产业发展过程中存在的文旅融合水平不高、省际融合水平差异较大和文旅产业协同性弱等现实问题，提出了具体对策和建议。⑥ 朱季康探讨了在大运河文化带中实施文旅融合的价值和意义，并提出了相关构想。⑦ 张浩、刘镁辰在大运河文化和旅游融合发展背景分析的基础上，针对运河文旅资源的开发利用提出相关建议。⑧ 施健奇等人着重探讨文旅融合背景下运河文化价值内涵的挖掘现状，结合其当代价值探索运河文化的创新性传承与发展。⑨

二是区域性、个案性的研究。相较宏观、整体性的研究，从区域、个案的视角探讨运河文旅融合的成果更为众多。按照地域和省份，我们

---

① 姜师立：《文旅融合助推大运河旅游高质量发展》，《群众》2020年第2期；张伟：《文旅融合背景下大运河旅游发展高质量对策研究》，《名城绘》2020年第2期。
② 冷南羲：《文旅融合视域下大运河文化带遗产资源开发研究》，《江南论坛》2021年第10期。
③ 赵艳、卞广萌：《文旅融合视域下大运河沿线乡村产业升级路径研究》，《农业经济》2021年第9期。
④ 周宇：《文旅融合背景下大运河文化保护与宣传的强化路径探析》，《中共济南市委党校学报》2020年第3期。
⑤ 熊海峰、祁吟墨：《基于共生理论的文化和旅游融合发展策略研究——以大运河文化带建设为例》，《同济大学学报（社会科学版）》2020年第1期。
⑥ 王秀伟：《大运河文化带文旅融合水平测度与发展态势分析》，《深圳大学学报（人文社会科学版）》2020年第3期。
⑦ 朱季康：《在大运河文化带中实施文旅融合的价值与构想》，《江南论坛》2020年第7期。
⑧ 张浩、刘镁辰：《文旅融合时代大运河文化旅游开发研究》，《洛阳理工学院学报（社会科学版）》2022年第5期。
⑨ 施健奇等：《文旅融合背景下运河文化的创新性传承发展及其当代价值探索》，《漫旅》2022年第19期。

可以将相关研究成果进行适当分类。

江苏、浙江及长三角地区。侯兵等人以大运河江浙段沿线城市为例，探讨了文旅融合发展视域下大运河文化建设的地方响应。[①] 任唤麟、余敏辉则探讨了大运河长三角中心区段文旅融合的现状与发展路径。[②] 谈舒雅对大运河长三角中心区段文旅融合现状与发展路径进行了探讨。[③] 钱伟在全面梳理嘉兴运河历史文化资源的基础上，探讨文旅融合背景下嘉兴旅游开发的策略和措施。[④] 冷南羲等人以杭州市为例，探讨了文旅融合视域下大运河夜游产业定制化开发路径研究。[⑤] 熊友平以湖州市南浔区为例，探讨了文旅融合与城市旅游发展的关系。[⑥]

其中，涉及江苏段运河文旅融合发展的研究成果数量最多。尹立杰、陈菲探讨了文旅融合背景下江苏段运河旅游发展的对策和建议。[⑦] 陈来生从顶层设计的角度，探索苏州文旅融合发展新模式。[⑧] 郭新茹等人分析研究了大运河江苏段文化 IP 开发所面临的困境，提出了深入挖掘运河文化资源、构建全方位立体化宣传格局、推动运河文化 IP 跨界融合、强化沿线城市协作联动等对策建议。[⑨] 李培娟结合苏州的人文历史特点，针对国家倡导的文旅融合、生态建设等理念，对大运河苏州段文

[①] 侯兵、金阳、胡美娟：《文旅融合发展视域下大运河文化建设的地方响应研究——以中国大运河江浙段沿线城市为例》，《中国名城》2021 年第 9 期。

[②] 任唤麟、余敏辉：《大运河长三角中心区段文旅融合现状与发展路径》，《淮北师范大学学报（哲学社会科学版）》2021 年第 5 期。

[③] 谈舒雅：《大运河长三角中心区段文旅融合现状与发展路径》，《丝路视野》2023 年第 18 期。

[④] 钱伟：《文旅融合视域下嘉兴大运河旅游开发研究》，《文化创新比较研究》2022 年第 25 期。

[⑤] 冷南羲、孔子南、桑耘：《文旅融合视域下大运河夜游产业定制化开发路径研究——以杭州市为例》，《常州工学院学报（社科版）》2023 年第 4 期。

[⑥] 熊友平：《文旅融合背景下全域旅游的高质量发展路径研究——以湖州市南浔区为例》，《湖北农业科学》2021 年第 6 期。

[⑦] 尹立杰：《文旅融合背景下大运河江苏段旅游如何发展？》，《当代旅游》2019 年第 10 期；陈菲：《文旅融合背景下大运河江苏段旅游如何发展》，《产业科技创新》2020 年第 5 期。

[⑧] 陈来生：《强化顶层设计，探索苏州文旅融合发展新模式》，《江南论坛》2019 年第 10 期。

[⑨] 郭新茹、沈佳、韩靓：《文旅融合视域下大运河江苏段文化 IP 开发策略研究》，《文化产业研究》2020 年第 1 期。

化带建设提出几点思考。① 徐可等人从运河文化的内涵、开发和利用现状以及传承利用举措三个方面探讨了文旅融合视域下镇江大运河文化的传承与利用。② 郑菲菲等人对大运河江苏段非遗活态传承影响因素及文旅融合路径进行了研究。③ 杨倩云以扬州市邵伯镇为例,探讨了运河小城镇文旅融合发展的对策和建议。④ 杨君以扬州大学为例,探究激励大学生开展运河研学旅行的措施与机制。⑤ 鞠恬利用耦合度相关概念,对扬州文旅融合发展水平加以测度分析,并据此提出建议。⑥ 权欣薇从文旅融合的视角对大运河江苏段的旅游开发利用价值及现状进行了分析,并在此基础上提出了相关对策和建议。⑦ 张怡青等人以大运河沿线现存金总管信仰作为实证调查对象,探讨金总管信仰与大运河文旅融合的具体策略。⑧ 郑晶以扬州中国大运河博物馆为例,探讨了国家文化公园建设中博物馆的文旅融合发展问题。⑨ 秦宗财、从菡芝选取大运河文化带江苏段作为典型样本,借助耦合模型,通过熵值赋权分别对大运河文化带江苏段各市文化产业和旅游产业的综合发展水平进行测评。⑩ 姜馨围

---

① 李培娟:《文旅融合背景下大运河苏州段文化产业建设的几点思考》,《时代金融》2020年第18期。
② 徐可等:《文旅融合视域下的镇江大运河文化传承利用研究》,《文化创新比较研究》2020年第27期。
③ 郑菲菲、郭新茹、何亚兰:《大运河江苏段非遗活态传承影响因素及文旅融合路径研究》,《淮阴师范学院学报(哲学社会科学版)》2021年第3期。
④ 杨倩云:《大运河文化带小城镇文旅融合发展现状及对策研究——以扬州市邵伯镇为例》,《文渊(小学版)》2021年第8期。
⑤ 杨君:《文旅融合背景下大学生运河研学旅行激励机制探究——以扬州大学为例》,《旅游与摄影》2021年第8期。
⑥ 鞠恬:《扬州大运河文化带文旅产业融合发展水平测度与评价》,《大众商务》2021年第24期。
⑦ 权欣薇:《文旅融合视角下大运河江苏段的价值挖掘与利用研究》,《文化产业》2021年第32期。
⑧ 张怡青等:《新媒体视域下大运河金总管信仰文旅融合策略研究——以大学生群体为例》,《现代商贸工业》2021年第33期。
⑨ 郑晶:《国家文化公园建设中博物馆的文旅融合发展——基于扬州中国大运河博物馆的实践》,《中国博物馆》2022年第5期。
⑩ 秦宗财、从菡芝:《我国文化带文旅融合升级研究——基于大运河文化带江苏段的测度》,《山东大学学报(哲学社会科学版)》2022年第6期。

绕大运河江苏段文旅开发意涵与类型展开讨论，探究大运河江苏段旅游发展的具体对策。① 周娟探讨了大运河文化带建设背景下扬州文旅融合发展的问题和对策。② 许文娟根据扬州大运河文化的独特性，阐述大运河文旅资源数字化开发现状及其与自媒体结合应用的情况等，探索符合扬州大运河文化的数字化创新之路。③ 王菡薇、侯力探讨了大运河江苏段文旅资源融合的策略和建议。④ 魏砚雨通过对数字技术应用于大运河文化保护案例的分析，结合金坛面塑数字化项目实践，将虚拟现实（VR）、3D数字编程等数字新技术引入非物质文化遗产的保护与传承中。⑤ 居敏分析了文旅融合背景下苏南段大运河历史街区空间环境中存在的问题及对策。⑥ 陈忠以苏州盛泽运河小镇为例，探讨了大运河沿线城市的文化旅游融合与联动。⑦ 赖小萍在分析大运河宿迁段文旅融合的内在需求和资源禀赋的基础上，探讨其文旅融合发展的路径和策略。⑧ 杨伟容等人对文旅融合视域下江苏大运河国家文化公园"地方营造"的概念和路径进行了探讨。⑨ 李九秀基于对携程旅行网用户评价的调查研究，归纳文旅融合背景下江苏省无锡市清名桥古运河发展夜经济的优势和短板，在此基础上有针对性地提出清名桥古运河夜经济发展的

---

① 姜馨：《文旅融合背景下大运河旅游发展对策研究——以大运河江苏段为例》，《湖北开放职业学院学报》2022年第8期。
② 周娟：《大运河文化带建设背景下扬州文旅融合发展研究》，《江南论坛》2022年第12期。
③ 许文娟：《文旅融合下扬州大运河文化的数字开发路径研究》，《旅游纵览》2022年第12期。
④ 王菡薇、侯力：《文旅融合视角下的大运河文化带建设》，《唯实》2019年第12期。
⑤ 魏砚雨：《基于VR应用的大运河江苏段文旅融合活态化研究——以非遗数字化研究为例》，《常州工学院学报（社科版）》2022年第3期。
⑥ 居敏：《文旅融合背景下苏南段大运河历史街区空间环境更新策略研究》，《城市住宅》2021年第7期。
⑦ 陈忠：《大运河沿线城市文化旅游联动研究——苏州盛泽运河小镇文旅融合研究》，《江苏丝绸》2021年第2期。
⑧ 赖小萍：《文旅融合视角下大运河宿迁段建设的实践路径》，《商业观察》2022年第20期。
⑨ 杨伟容等：《文旅融合视域下江苏大运河国家文化公园地方营造研究》，《中国名城》2023年第10期。

建议。① 李晴探讨了文旅融合背景下江苏非遗手工业创新设计的原则和策略。② 王素君对文旅融合推进常州大运河旅游高质量发展的问题与对策进行了研究。③

河北、安徽段运河同样受到学者的关注。周艳丽等人结合沧州市大运河文化资源的现状,提出沧州市大运河文化旅游资源开发对策。④ 杨茜及肖潇等人探讨了文旅融合背景下大运河沧州段文化艺术资源的开发路径和发展策略。⑤ 吴秋丽等人探讨了后疫情时代河北大运河文旅融合的创新路径和策略。⑥ 孟涛分析文旅融合概念与机制,探究文旅融合背景下大运河沧州段民间美术开发的基本原则,并提出具有前瞻性和科学性的开发策略。⑦ 任彬彬等人针对河北省段大运河沿线村庄发展存在的问题,从文化挖掘、产业发展、村庄规划、人才培养、政策扶持等方面对大运河沿线村庄文旅融合发展策略进行探讨。⑧ 崔娜等人对沧州段大运河文旅融合高质量发展的对策进行了研究。⑨ 袁园等人对文旅融合背景下沧州段大运河旅游创新发展路径及保护对策进行了研究。⑩ 李晓燕等人以大运河河北段为立足点,着眼于沿线地区的文旅资源与科技发展

---

① 李九秀:《文旅融合视角下清名桥古运河夜经济发展路径探究》,《旅游纵览》2023年第10期。
② 李晴:《文旅融合背景下江苏非遗手工业创新设计研究》,《天工》2023年第22期。
③ 王素君:《文旅融合推进常州大运河旅游高质量发展研究》,《文化产业》2022年第3期。
④ 周艳丽、陈敬敬、崔淼:《大运河文化旅游资源开发对策研究——以京杭大运河沧州段为例》,《中国商论》2020年第3期。
⑤ 杨茜:《文旅融合背景下大运河沧州段文化艺术资源的开发路径研究》,《今古文创》2021年第44期;肖潇、于秀萍、李维锦:《文旅融合视域下沧州段大运河的旅游开发策略》,《沧州师范学院学报》2019年第4期。
⑥ 吴秋丽、李杰、吴志浩:《后疫情时代河北大运河文旅融合创新路径探析》,《今古文创》2020年第19期。
⑦ 孟涛:《文旅融合背景下大运河沧州段民间美术开发策略探究》,《乐器》2023年第5期。
⑧ 任彬彬等:《文旅融合视角下河北省段大运河沿线村庄发展路径研究》,《城市建筑》2023年第9期。
⑨ 崔娜、赵延君、郭向明:《沧州段大运河文旅融合高质量发展的对策研究》,《幸福生活指南》2023年第33期。
⑩ 袁园、邓倩倩、丁绮:《文旅融合背景下沧州段大运河旅游创新发展路径及保护对策研究》,《西部旅游》2023年第14期。

现状，分析大运河河北段科技融合民族文化产业协同发展现状，并提出相关整改措施。①

任唤麟、庄道元以隋唐大运河安徽段为例，探讨了运河文化保护传承利用与国家文化公园建设背景下运河文旅景观带的构建问题。② 邢雪娥、李明通过分析大运河宿州段文化遗产的发展现状和问题，进而提出相关对策和建议。③ 杨利元等人详细梳理安徽省大运河文化带非遗资源与旅游发展现状，从挖掘非遗内涵、创新运河非遗旅游产品形式、优化多种宣传方式及加强人才队伍建设四方面提出安徽省大运河文化带非遗与旅游融合的路径。④ 张煜鑫、姚孺婧立足于后疫情时代语境，分析智慧文旅的机遇与挑战，探索隋唐大运河安徽段智慧文旅的发展策略。⑤ 解华顶、王磊在分析大运河文化带皖北区域文化资源及文旅融合现状的基础上，提出推进皖北文旅融合高质量发展的路径和策略。⑥

相较上述省份，涉及北京、天津、山东、河南等省、市的研究成果相对较少。唐晓雪、郭雪婉以天津市西青区大运河文旅融合发展为例，探讨了文旅融合在提升城市文化软实力方面的作用和启示。⑦ 王雪莹、罗衍军在分析临清运河文化资源的特色优势及保护与发展现状的基础上，探讨了推动其文化遗产保护与发展的新路径。⑧ 王洪瑞对洛阳市大

---

① 李晓燕、张泽旭、张立昆：《大运河文化带河北段科技融合民族文化产业协同发展研究》，《产业创新研究》2023 年第 17 期。

② 任唤麟、庄道元：《运河文化重塑与运河文旅景观带的构建——以大运河安徽段为例》，《宿州学院学报》2020 年第 5 期。

③ 邢雪娥、李明：《文旅融合背景下大运河宿州段文化遗产的保护与开发研究》，《宿州学院学报》2020 年第 10 期。

④ 杨利元、宋徽、明庆忠：《安徽省大运河文化带非遗与旅游融合发展路径》，《南京晓庄学院学报》2022 年第 3 期。

⑤ 张煜鑫、姚孺婧：《后疫情时代运河文化智慧文旅的机遇与挑战——以隋唐大运河安徽段为例》，《旅游与摄影》2022 年第 4 期。

⑥ 解华顶、王磊：《大运河文化带视域下的皖北文旅融合发展路径研究》，《浙江水利水电学院学报》2023 年第 5 期。

⑦ 唐晓雪、郭雪婉：《以文旅融合提升城市文化软实力的实践与启示——以西青区大运河文旅融合发展为例》，《区域治理》2021 年第 14 期。

⑧ 王雪莹、罗衍军：《文旅融合视角下临清运河文化遗产保护与发展新路径研究》，《淮阴工学院学报》2022 年第 2 期。

运河文化和旅游融合发展的问题与对策进行了研究。① 逯海勇、王俊轲以聊城阳谷县七一村为例，在梳理大运河文化与沿岸乡村景观发展现状及问题的基础上，构建出大运河沿岸乡村景观设计策略的总体框架。② 段新雨以聊城运河文化带地区非物质文化遗产为例，围绕文化和旅游融合发展，探讨该地区非物质文化遗产资源品牌塑造的路径。③

综上所述，随着《规划》的颁布实施，学界围绕运河文旅融合发展的理论和实践做了大量研究，取得了丰硕成果，但仍有进一步深化和拓展的空间。大运河山东段文物古迹众多，文化资源丰富，在文旅融合发展方面具有得天独厚的优势和条件，但由于各地重视程度和学者关注对象的差异，导致研究地域不平衡现象较为突出，涉及山东段运河的成果尚不多见。现有研究成果中，有关运河文旅融合发展的理论研究仍然较为薄弱，诸多理论问题仍处于探索阶段。对策性和应用型研究虽然成果较多，但大多创新程度不够，针对性与可操作性不强。在未来相当长的时间里，有关运河文旅融合发展的研究将更为微观和具体，在聚焦宏观理论研究的同时，结合沿运各地实际，探讨其文旅融合发展的具体路径和策略将成为学界研究的重要趋势。

三 研究内容

本书以山东沿运地区为考察范围，围绕大运河山东段文旅融合发展的现状及问题、提升路径和发展策略、组织实施和保障措施等内容，探索山东运河文旅融合发展的路径与策略，形成可传播推广的成果经验，促进山东运河文化在新时代得到更好的保护、传承与利用。

研究内容主要由以下十章内容组成：

第一章：山东运河文化资源概况。山东大运河位于大运河中段，是

---

① 王洪瑞：《洛阳市大运河文化和旅游融合发展的问题与对策》，《济源职业技术学院学报》2022年第4期。
② 逯海勇、王俊轲：《文旅融合导向下大运河沿岸乡村景观设计策略研究——以聊城市七一村为例》，《农业与技术》2023年第9期。
③ 段新雨：《文旅融合视域下非物质文化遗产品牌塑造路径研究——以聊城运河文化带为例》，《新传奇》2023年第16期。

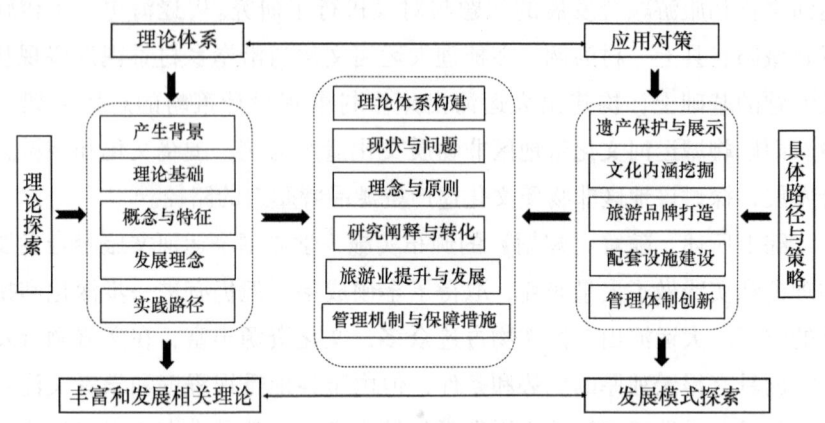

图 1　本书框架思路图

儒家文化的重要发源地，也是中华文化的重要起源地。山东运河文化在齐鲁优秀传统文化中占有重要的一席之地，也是中华文化包容性和融合性的典型代表。沿线地区物质文化遗产和非物质文化遗产数量众多，且分布集中，是全方位展现中华文化多样性和山东地域文化的代表性区域，对山东社会经济发展具有重要的影响。本章在论述山东运河文化内涵与价值的同时，对其特点进行深入分析。

第二章：运河文旅融合发展现状及问题。山东沿运地区文化资源丰富，具备开展文旅融合的良好条件。近年来，围绕运河文化旅游的发展，山东省做了大量工作，取得了显著成绩，但也存在一些问题和不足，主要体现在以下几个方面：一是文化与旅游资源整体融合度较低；二是沿运各地文旅资源融合状况存在较大差异；三是同质化程度依然较高；四是区域竞争力亟待提升；五是生态环境保护短板突出；六是统筹协调能力不强。针对以上问题和不足，山东省应从顶层设计、内涵挖掘、产品供给、品牌建设、基础设施、文旅融合、制度保障等方面下功夫，立足资源禀赋和经济发展实际，探索符合省情和沿运地区实际的发展路径和策略。本章在分析山东运河文旅融合发展现状的同时，分析其存在的问题和不足。

第三章：运河文旅融合发展的理念和原则。大运河山东段文旅融合发展要立足新发展阶段，贯彻新发展理念，融入新发展格局，突出齐鲁文化特色，创造大运河文旅融合发展的"山东模式"。要坚持保护优先、合理利用、融合发展、全域统筹等理念和原则，正确处理好遗产保护与旅游开发、文化传承与当代创新、全域统筹与因地制宜、整体推进与局部用力、政府主导与市场主体这五种关系，推动山东沿运各地市文化旅游业实现全方位、深层次、宽领域融合发展。本章在对文旅融合相关理论问题进行论述的同时，探讨山东运河文旅融合的理念和原则。

第四章：山东运河文化遗产的挖掘与转化。大运河山东段文化遗产极为丰富，如何在保护的前提下实现运河文化的创造性转化和创新性发展是当前面临的一项重要课题。针对这一情况，相关部门及沿运各地需要采取以下措施：一要加大遗产保护力度，提高大运河文化遗产展示、利用水平。二要加大内涵挖掘和研究阐释力度，推出大运河文化艺术精品力作。三要加强大运河博物馆建设和文博创意产品开发，促进文物和旅游融合发展。四要深度挖掘运河非遗文化内涵，推动非遗资源整合与创造性转化。五要切实推进大运河国家文化公园建设，强化运河文化公园遗产展示功能。本章在分析山东运河文化遗产现状的基础上，探讨山东运河文化研究阐释与转化利用的具体路径和策略。

第五章：运河文化旅游产业现状和发展策略。与江苏、浙江等沿运省、市相比，山东沿运地区文化和旅游产业的发展仍存在较大差距和不足，尚存在产品结构单一、产品层次不高、宣传推介不够、缺少统筹协调等诸多问题。针对这一情况，相关部门及沿运各地要做好科学统筹规划，培育特色旅游线路，打造特色旅游品牌。完善水陆交通网络和配套设施建设，推动文化和旅游公共服务协同发展。加大宣传推介力度，丰富传播媒介和传播方式。加强与沿运其他省、市的旅游合作，共同推动旅游开发和资源共享。本章在分析山东运河文旅产业现状的基础上，探讨运河文旅产业提升与发展策略。

第六章：运河精品旅游目的地构建路径与策略。相比沿运其他省份，大运河山东段文旅资源开发利用仍处于初级阶段，文旅融合程度不够，开发利用水平不高，尚未形成联动效应与全局发展格局。提升大运河山东段文旅开发水平，科学、合理、系统地利用运河沿线地区底蕴深厚的文化旅游资源，打造运河特色文化品牌旅游目的地，是目前山东省相关部门和沿运各地市亟须解决的重要问题。打造精品旅游目的地，是一项综合性系统工程，不仅要依靠市场的力量进行，还需要通过政府的支持和调控，以多种手段、多种形式、多种渠道，来提高精品旅游目的地的知名度和美誉度。本章在论述旅游目的地相关理论及山东运河文化旅游目的地建设现状的基础上，探讨运河精品旅游目的地构建路径与发展策略。

　　第七章：运河文旅品牌宣传及推广策略。大运河申遗成功之后，如何提升运河文化旅游的品牌形象成为关键问题。打造具有山东特色的运河文旅品牌，需要从形象定位、符号编码、产品业态、渠道融合等角度出发，全方位、多层次探索创新之路。要深入挖掘、整合大运河的文化价值，利用多种传媒渠道，讲好运河故事，实现品牌价值延伸。本章在论述旅游品牌相关理论问题的同时，分析山东运河文旅品牌打造存在的问题和不足，在此基础上，提出符合山东省情及沿运地区实际的宣传与推广策略。

　　第八章：文旅融合发展的管理机制和保障措施。大运河文旅融合发展离不开相关部门和政策的支持。山东省要立足区域实际，明确发展定位，构建"中央统筹、省负总责、分级管理、分段负责"的工作格局，积极推动"省市协作、部门联动、共商共建"。要加强组织实施，强化政策支持，压实工作责任。同时，应当加强区域间的沟通交流，串珠成链、由线及面，构建大运河发展利益共同体，积极推动文旅融合，实现高质量发展。本章在论述运河文旅融合管理机制创新原则的同时，探讨其构建策略和保障措施。

　　第九章：山东沿运五地市文旅融合发展研究。大运河南北纵贯山东省西部地区，沿线文化旅游资源丰富，却没有得到很好的开发和利用。文旅融合是目前促进区域经济发展的重要路径，应当利用文旅融合这一手段，促进大运河文化带区域总体协调发展和各地市相对独立均衡发展，提升区域发展的整体竞争力，带动山东经济社会整体稳步发展。本章以山东沿运五地市为例，在论述其运河文化旅游资源概况及开发现状的基础上，提出具有针对性的对策和建议，以求为各地运河文化旅游的发展提供参考和借鉴。

第十章：山东运河文旅融合发展的个案研究。大运河山东段文旅融合发展是一项艰巨、复杂的系统性工程，涉及沿运5地市18个县（市、区），每个地区的资源禀赋不同，其具体发展路径和模式亦有显著差异。本章选择山东沿运地区典型案例进行深入、细致的个案研究，在探讨其运河文化旅游资源概况及旅游开发现状的基础上，提出相应的对策和建议，从中找寻运河文旅融合发展的特点和规律。

第一章　山东运河文化资源概况

大运河山东段全长约643千米，作为中国大运河的重要组成部分，山东段运河在保障漕运、沟通南北、文化交流等方面发挥了重要作用。在大运河开凿和通航过程中，山东运河沿岸地区逐渐形成了种类众多、特色鲜明、价值突出的运河文化。[1] 探究山东运河文化的内涵及价值，对于弘扬中华优秀传统文化，促进沿运地区经济社会发展，具有重要的历史意义和现实价值。我们要在深入挖掘大运河山东段历史文化资源的同时，着力描绘大运河在促进南北文化、东西文化以及中外文化沟通交流中的作用，努力讲好山东运河故事，让古老的山东运河在新时代重新焕发生机与活力。

第一节　山东运河文化的内涵和价值

运河文化是指世界范围内的人工运河文化。运河文化是一种社会现象，同时也是一种历史现象，是沿着运河线性流域以及周边地区而形成的历史积淀。[2] 大运河文化可以是物化的遗产，也可以是文学、艺术、信仰、习俗等非物质遗产。因此，大运河文化其实是一个以运河为场域

---

[1] 刘德龙、李海萍、高航等编：《人文山东》，山东人民出版社200年版，第61页。
[2] 王淑娟、李国庆、李志伟：《大运河沿岸历史遗存与文化旅游产业发展研究》，吉林大学出版社2021年版，第36页。

第一章 山东运河文化资源概况

形成的文化成果、现象的总括。① 元明清时期，京杭大运河流经山东数百年，在它所流经和辐射的地区，形成了与其他区域明显不同的物质文化、制度文化与精神文化。与小清河等其他河流文化不同，山东运河文化具有开放性、兼容性与多样性等特征，在山东 4000 多年的历史长河中占据重要的一席之地，对沿线区域经济、社会和文化发展产生了重要而深远的影响。本节在梳理山东运河文化内涵和构成的同时，探讨其历史意义和现实价值。

一 山东运河文化的内涵

根据国家发展和改革委员会印发的《大运河文化保护传承利用规划纲要》，运河文化主要包含三个层面：一是大运河遗存承载的文化；二是运河流域的伴生性文化；三是运河历史凝练的文化。其中，运河遗存承载的文化主要是运河河道以及遗留下来的各种古建筑等蕴含的相关文化。运河伴生性文化是运河沿岸各种非物质文化遗产和传统习俗等。运河历史凝练文化指的是运河形成和持续通航过程中，逐渐积累和形成的文化精髓和价值观念，其主要载体是运河沿岸各地区乃至历代劳动人民伦理道德、理想信念以及情感性格等。② 山东段地处大运河中段，沿线地区与苏、皖、豫、冀四省交界，是贯通运河南北的重要河段。作为儒家文化发源地的山东，由于大运河的开通，与江南地区及京城的联系更为直接和紧密，山东运河文化由此也呈现出包容与统一、扩散与开放的姿态。③

山东运河文化种类众多，内涵丰富，特色鲜明，价值突出。按照其类别和性质，我们可以将其分为水工、漕运、城镇、书院、建筑、戏曲、工艺美术、藏书与刻书、饮食、民俗十大类。

---

① 彭伟：《大运河文化的影像建构与国际化传播》，江苏凤凰美术出版社 2022 年版，第 20 页。

② 王淑娟、李国庆、李志伟：《大运河沿岸历史遗存与文化旅游产业发展研究》，吉林大学出版社 2021 年版，第 45 页。

③ 佟东、周佳艳、潘赛：《京杭大运河上的非物质文化遗产》，研究出版社 2022 年版，第 72 页。

大运河山东段文旅融合发展路径与策略研究

表 1-1　　　　　　　　大运河山东段总体情况一览表①

相关情况	主要信息
流经地域	德州、聊城、泰安、济宁、枣庄
新中国成立前河道	新中国成立以前大运河山东段正河全长 643 千米，约占整个运河的 1/3，涵盖了鲁西平原的绝大部分，其中南运河段全长 140.3 千米、会通河段全长 374.5 千米、中河段全长 128.2 千米
新中国成立后河道	新中国成立以后新修河道 300 多千米，目前大运河山东段全长 964.5 千米，其中南运河段长 127.8 千米，会通河段长 766 千米，中河段长 70.7 千米
主要途经河流	包括黄河、淮河、马颊河、马频河、沂河、小汶河、白马河等
湖泊分布	湖泊集中分布于鲁西湖带，以济宁为中心分为两大湖群，以南的南四湖，以北的北五湖

（一）水工文化

运河水工文化是运河文化的重要组成部分，它包含了运河建设和运营过程中的技术、管理、文化、信仰等方面的内容。"大运河水工设施包含船闸（单闸、复闸、梯级船闸）、拖船坝、泄水闸、堤、水坝、桥梁、水城门、码头等，是运河沿线众多水工设施中遴选出的代表性遗存，基本上涵盖了传统运河工程设施的全部类型。"② 具体到山东段运河来说，其突出特色便是运河水工设施数量众多。这些设施主要包括枢纽工程、闸坝、码头、桥梁等，具有重要的历史、文化和科技价值。2014年，中国大运河入选《世界遗产名录》，山东段共有 8 段河道、15 个遗产点位列其中。

1. 枢纽工程

在山东运河枢纽工程中，较有代表性主要有四女寺减河枢纽、临清枢纽、汶上南旺分水枢纽以及济宁枢纽。其中，最为人所熟知的是汶上南旺分水枢纽。南旺分水枢纽是明永乐九年（1411）工部尚书宋礼采用

---

① 山东省发展和改革委员会：《大运河文化带（山东段）基础研究材料》2017 年。
② 姜师立编著：《大运河文化的传承与创新》，江苏凤凰科学技术出版社 2020 年版，第 96 页。

第一章 山东运河文化资源概况

汶上老人白英建议修建的运河水利工程，主要包括戴村坝、小汶河、南旺各湖水柜及湖河相连的水渠、水闸和斗门等设施。此枢纽无论是从地形的选址、水源的蓄存与泄放上，还是从黄运关系的处理上，都是大运河水利工程的杰出代表，因此也被人称为"北方的都江堰"。2006年，南旺分水枢纽遗址被公布为第六批全国重点文物保护单位。2014年6月，中国大运河成功申遗，会通河南旺枢纽段被列入世界文化遗产名录。

表1-2　　　　　　大运河山东段入选世界文化遗产名单①

遗产类型	数量	遗产名称
河道	8	南运河德州段、会通河临清段（元运河、明运河）、会通河阳谷段、会通河南旺枢纽段、小汶河、会通河微山段、中河台儿庄段
遗产点	15	临清运河钞关、阳谷古闸群（荆门上闸、荆门下闸、阿城上闸、阿城下闸）、东平戴村坝、汶上邢通斗门、汶上徐建口斗门、汶上十里闸、汶上柳林闸、汶上寺前铺闸、汶上南旺枢纽、汶上南旺分水龙王庙遗址、汶上运河砖砌河堤和微山县利建闸

2. 闸坝

山东运道素有"闸漕"之称，京杭大运河全程共有船闸62座，其中47座集中在山东境内的会通河上。② 现在还保存有遗址的主要有临清戴湾闸、周家店船闸、阳谷县阿城上闸、阿城下闸、荆门上闸、荆门下闸、陶城埠闸、东平戴村坝、济宁会通桥、金堤闸、台儿庄船闸、任城漕井桥、微山县仲浅闸、枣林闸、通惠闸等。其中部分闸坝荒废已久，闸体破损较为严重，如微山枣林闸等；部分闸坝虽然不再发挥功能性作用，但保存较为完好，如阿城下闸、周家店船闸等；还有部分闸坝不仅能作为桥梁使用，还兼具调节水位功能，如金堤闸。

---

①　山东省发展和改革委员会：《大运河文化带（山东段）建设专项规划研究报告（汇报稿）》2017年。
②　山东运河航运史编纂委员会编：《山东运河航运史》，山东人民出版社2011年版，第266页。

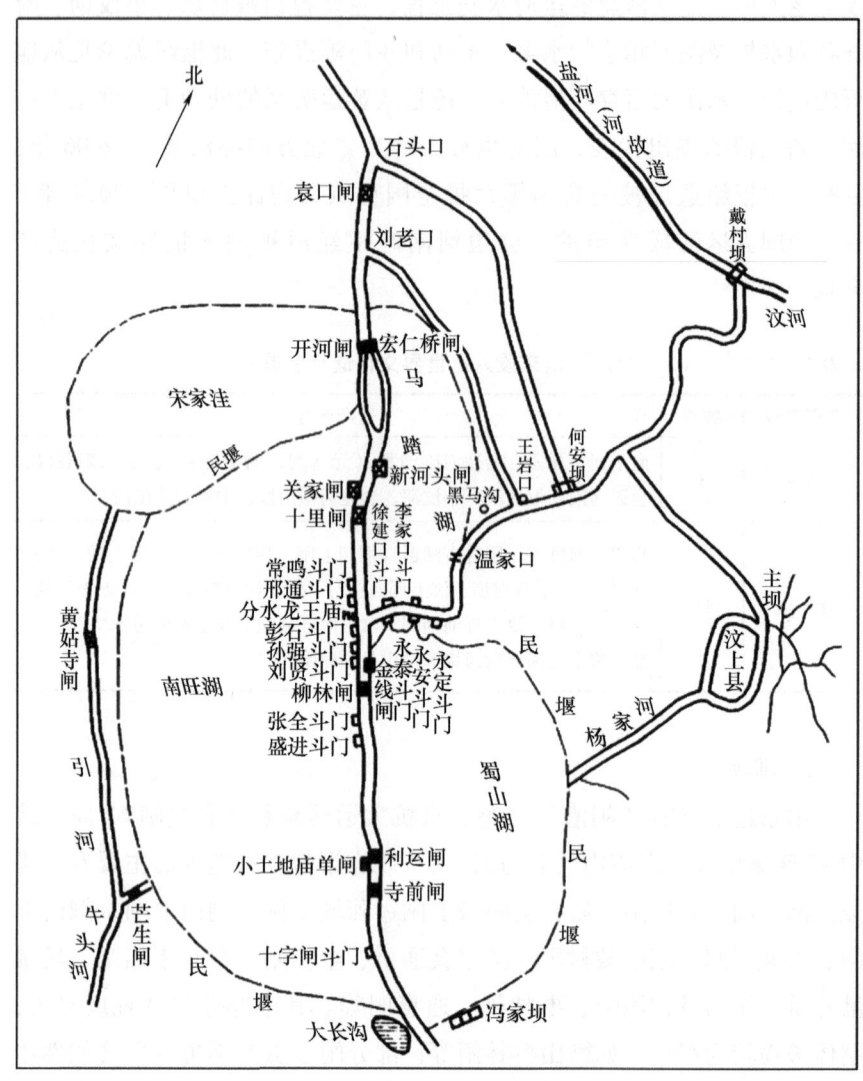

图 1-1　南旺分水枢纽示意图

资料来源：济宁市政协文史资料委员会编：《济宁运河文化研究》，山东友谊出版社2002年版，第533页。

3. 码头

大运河山东段运河码头主要集中在德州、聊城以及枣庄等地，其中

第一章　山东运河文化资源概况

以德州码头、聊城大小码头以及枣庄台儿庄码头群较为著名。据咸丰年间漕帮内部资料记载，仅南运河山东段码头就有桑园、德州、四女寺、武清县、油房、临清州、临清关、上河夫庄、北馆陶、南馆陶、营镇里、小滩镇、龙王庙等近40处。会通河段亦形成安山、张秋、阿城、开河、济宁、鲁桥、南阳、谷亭、夏镇、台庄等大小20多个商业码头城镇。由码头而兴起的道路向四方延伸，共同构成以运河为轴心的商业运输网络。①

七级码头位于阳谷县七级镇，处于大运河的东岸。明、清两朝，七级码头是阳谷、莘县、东阿等周边城镇漕粮北运的起始码头。根据《重修渡口石碰碑记》碑文记载，现存码头为乾隆十年（1745）由当地民众集资重修。码头主要由石砌台阶状慢道、顶部平台以及台阶下券土平台三部分构成。②七级码头为七级镇的名称由来提供了考古实证，对于研究运河水道水文变化状况以及船只停靠方式具有重要价值。作为七级运河古镇的杰出代表，七级码头于2011年入选"全国十大考古新发现"。

4. 桥梁

运河古桥是大运河文化遗产的重要组成部分，是珍贵的文化遗产，也是运河文化的重要见证。大运河山东段流经枣庄、济宁、泰安、聊城、德州5市，全长643公里。运河的流经以及沿线河流纵横的自然地理环境，使得山东沿运地区古桥数量极为众多。

德州城"枕卫河为城"，"控三齐之肩背，为河朔之咽喉"，有"九达天衢、神京门户"的美称。德州城的小西门名曰"广川门"，故明清时期在小西门外的运河上出现了三座"广"字头的桥名。即"九达天衢"牌坊下的"广宁桥"；通往老虎仓的"广安桥"；小西门外的"广川浮桥"。其中"广宁桥"坐落在米市街和桥口街中间的御路上，是贯通运河南北的一座石桥。因为此桥连接了御路，且周围又较繁华，所以就在桥南建了"九达天衢"牌坊。清雍正十二年（1734）运河未改道

---

① 山东运河航运史编纂委员会编：《山东运河航运史》，山东人民出版社2011年版，第311页。

② 陈清义：《聊城运河文化研究》，山东画报出版社2013年版，第209页。

前，该桥是德州城水陆交汇的象征。

聊城东昌府城内的运河上有通济、迎春、白玉等桥。其中"通济闸"位于聊城东关，闸上有桥，俗称"闸口桥"。迎春桥在通济桥东，跨月河。白玉桥在府东兴隆寺前，靖难之役期间，盛庸、铁铉曾率军在此与燕军大战。临清城内运河上也有众多桥梁。永济桥在临清州会通二闸之间，成化二十年（1484），知县奚杰建。通济桥在临清州东，兵备副使陈璧立。弘济桥在临清州会通河南流，成化年间，河水泛滥，副都御史翁世资建。广济桥在临清卫河玄帝阁前，弘治八年（1495），兵备副使陈璧建。以上四桥，均已不存。临清会通闸，又名"会通桥"，位于福德街北首会通河之上，始建于元大德二年（1298），明永乐九年（1411）重修。元运河废弃后，改闸为桥，以利两岸交通。临清闸位于白布巷西首运河之上，始建于元代至元三十年（1293），与会通闸、隘船闸三位一体，管控漕输。明万历年间，闸河废弃，在两闸墩间砌筑双孔拱桥，易名为"问津桥"。

济宁南门桥，原名"飞虹桥"。元延祐年间，诗人朱德润在《飞虹桥》一诗中对当时南门桥的风貌进行了生动形象的刻画："任城南畔长堤边，桥压大水如奔湍。闸官聚水不得过，千艘衔尾拖双牵。非时泄水法有禁，关梁夜闭防民奸。日中市贸群物聚，红氍碧碗堆如山。商人嗜利暮不散，酒楼歌馆相喧阗。太平风物知几许，耕商处处增炊烟。"[①] 除南门桥外，济宁境内还有会通、通泗、通津、安济、徐龙、通济等桥。其中会通桥在济宁北门外，通泗桥在济宁东门外，通津桥在济宁西门外，安济桥在济宁西南一里，徐龙桥在济宁北二十里，通济桥在济宁东南二里。

（二）漕运文化

漕运是我国古代王朝保障京师军民或其他军事活动粮食供应的一种带有浓郁政治色彩的经济行为。[②] 大运河是中国封建社会漕运文化的载

---

① 高建军编著：《山东运河民俗》，济南出版社2006年版，第83页。
② 李久昌著，中共三门峡市委宣传部编：《陕州文化》，河南人民出版社2020年版，第221页。

第一章 山东运河文化资源概况

体，由国家投资建设和管理的大运河在开凿之初就以保障粮食安全和政局稳定为目的。在1000多年的漕运历史上，大运河维系着中国封建帝国的经济命脉，实现了中国南北物资的调配，解决了南北地区自然资源配置不平衡的难题，为国家经济发展和社会稳定作出了重要贡献。① 为了保障运道的畅通和漕运的顺利进行，历代王朝都设置了专门的高级官职，对运河河道以及漕粮运输进行管理。同时，地方政府也设有专职官员对境内河道及漕运进行管理。此外，还有众多从事治河的漕河夫役以及从事漕粮运输的漕军、运丁等。这些群体的活动都与运河、漕运有关，因运河而产生。② 围绕漕运产生的文化交流、族群融合、商业繁荣、城镇发展推动了中华民族的繁荣与昌盛，传承与弘扬大运河文化离不开对漕运文化的传承。③

漕运为国家命脉，明代政府十分重视对于运河工程的管理。会通河疏通后，便于张秋镇设立都水分监，管理临清至徐州段运河相关事宜。永乐十五年（1417），漕运总兵设立，肩负着漕运管理与河道修治两项职责。景泰二年（1451），因漕运不继，任命都察院左副都御史王竑为"总督漕运"，驻扎淮安，其主要职能除管理漕运事务外，还有巡抚地方、治理河道的职能。成化七年（1471），设"总理河道"一职，驻济宁；总理河道简称"总河"，专门管理黄河与运河的修治。熹宗天启年间，改为夏秋驻徐州，冬春驻济宁。此后，"总漕"管理漕政，"总河"管理黄、运修治，成为定制。

明代总漕之下，设置各种管理漕运具体事务的官职：有管理各地运军的官职称把总，全国共有运军12万人，按卫军编制进行管理，设12把总，其中山东1人。把总之下有卫指挥使、指挥同知、指挥佥事、千户、百户、总旗、小旗等，与卫所同。在运输过程中，由把总或指挥担任领运官，同时，设置攒运官，由户部侍郎、郎中或御史充任，其职责

---

① 张翠英：《大运河文化》，首都经济贸易大学出版社2019年版，第15页。
② 李泉、王云：《山东运河文化研究》，齐鲁书社2006年版，第40—41页。
③ 姜师立编著：《大运河文化的传承与创新》，江苏凤凰科学技术出版社2020年版，第24页。

· 21 ·

是对漕船进行督促，使其能够按期开行。此外，还设立了监兑官，由户部主事兼任，负责对各地官员征收漕粮事项进行检查。负责收缴漕粮的省份也设置漕政官职，其中常设的官职是督粮道，长官为道员，掌管本省粮储及漕粮的征收起运；押运参政，负责押运漕粮。朝廷还经常派遣巡漕御史，督察河道、漕运二司，其职多由锦衣卫太监充任。

  清代运河管理机构沿袭明朝，但也有变化。最初，清代的河道总督衙门设在济宁，由杨方兴担任首任河道总督。康熙十六年（1677），总河衙门改设在江苏清江浦（今江苏淮安市）。雍正二年（1724）四月，设副总河，驻河南武陟，负责河南河务。雍正七年（1729），又在清江浦、济宁和天津三地分别设置了江南河道（简称南河）、河南山东河道（简称东河）及直隶河道（简称北河）三个总督，其中北河总督由直隶总督兼任。在河道总督之下，还采取了分级管理的体制，在运河沿线各处设立了道、厅、汛三级管理机构，并由专门官员或地方官员管理。其中管理山东运河的官员有山东运河道一人，同知二人，通判六人，州同二人，州判三人，县丞五人，主簿十三人，巡检二人，闸官二十九人。

  漕运总督这一官职在清代也延续了下来，并且与河道总督品级相当，负责管理漕粮征收、沿岸仓储、漕军管理以及漕船运输诸项事宜。各省设粮道一人，负责协助漕运总督管理运军及漕运事宜。山东粮道驻德州，兼理河南开、归道。各有漕州县均有监兑官，负责监督漕粮交兑，查验漕粮成色、数量等。漕粮装船后，监兑官亲自押送。山东的济南、兖州、东昌、泰安、曹州各府均以府通判为监兑官，济宁、临清也以州同知兼任。各纳漕省份均设押运官一名或数名，由管粮通判担任，负责督押漕粮，约束运军，山东设一员。后来，漕粮由粮道押送，漕船回空由押运官管押。领运官，由各卫所守备、千总担任，每个船帮设一至二人，负责管束运丁、按期行运、漕船修理等事。运河各重要河段均设"催运官"，漕船入境后，即按规定的时日催促漕船行驶，不使滞留。东昌、寿张均有专员驻扎，按河汛催攒往来漕船。另外，上自督抚，下至州县文武官员，都有催攒漕船的责任，如临清砖闸、板闸由临清副将巡查催攒，魏湾、戴庙闸由当地把总负责催攒，从张秋到七级闸（今阳

第一章 山东运河文化资源概况

谷县七级镇）由寿张守备负责催攒。此外，清代还加强漕运监察，顺治初年便设巡视南漕、北漕御史各一员，凡漕运之事务，均得稽查监督、纠察举劾。乾隆初年增为4人，分段巡察，其中山东运河巡漕御史驻济宁，负责巡视南起台儿庄，北至桑园镇的山东段运河。

明代漕粮实行军运，专门从事漕粮运输的军人被称为"漕军"。据《大明会典》记载，全国共有漕运卫所121个，其中山东占9个，分别为：德州卫、德州左卫、东昌卫、临清卫、平山卫（驻地在今聊城市区东南）、济宁卫、兖州护卫、濮州守御千户所、东平中守御千户所。万历初年，取消兖州护卫，新增任城卫，并将原属淮安把总的11卫所划归山东都司，由此山东成为漕军人数最多的都司。又据《漕河图志》记载，漕船实际数为11427只，运军114500多人，与额定编制大体相符。10多万运粮的军卒，每年都要经过山东运河往返，在山东运河码头闸坝停留。这种长达数百年的、有规律的人口流动，对于山东运河区域社会各个方面都产生了深远影响。

清代山东有7个卫所16个船帮，分别是德州卫、德州左卫、临清卫山东前帮和后帮、临清卫河南前帮和后帮、东昌卫、平山卫前帮和后帮、济宁卫前后左右4个帮和任城帮、东平所、濮州所。清代全国漕船原额10455艘，到嘉庆年间实存6000余艘，运丁6万多人。到光绪年间漕运衰落之后，山东运河区域尚有漕船890艘，运丁8900人，分属德州、临清、东昌和济宁4个卫16个船帮。以上只是直接参与漕运的兵丁，如果将卫所屯田的军丁及其眷属计算在内，数量要高出许多倍。

明清时期管理运河河道的官吏均为专职，管理河道的差役河夫也趋于专业化。明代运河上的夫役，主要有浅夫、堤夫、闸夫、坝夫、溜夫、泉夫、湖夫等。其中浅夫负责捞浚河道沙淤之处，并导引船只；堤夫巡视维修堤防，植柳种草，防止盗决；闸夫启闭闸门和闸门维修；坝夫挽拽船只过坝，修理坝堰；溜夫在河流湍急处牵挽船只上下；泉夫疏浚泉源，导水入运，防止盗引。泉夫沿运其他省份没有，只设在山东；湖夫，管理湖泊，斗门，防止盗决盗引。此外，还有捞浅夫、挑港夫等夫役。明中叶以前，由临清至鱼台段，共设浅铺140处，捞浅夫3840

人。其中汶上、阳谷、济宁等关键运段的捞浅夫都在 500 人以上。这是在编的统计，临时差派的则无定数。清代前期，所设夫役数量与明朝基本相同。

漕运文化是一笔宝贵财富，具有独特的历史文化价值。[①] 漕运文化对山东沿运地区经济、社会、文化的发展产生了重要影响，留下了众多漕运遗迹和故事传说，值得我们去保护和弘扬。

（三）城镇文化

古往今来，大运河在我国经济发展及沿岸城镇的兴起及繁荣上起到了巨大的作用。大运河凭借着其独有的沟通功能以及重大的经济文化价值，极大地推动了沿岸城市的兴起和发展。明清时期运河的流经促进了鲁西地区水路交通的发展，以德州、临清、聊城、济宁为代表的一批运河城市迅速发展起来。这些沿运的城市直接受惠于运河的开通，商贾云集，"四方百货，倍于往时"，成为运河沿岸的商贸重镇。由这些城镇和码头而兴起的道路向东西方向延伸，构成了以运河为轴心的商路网络。

临清和济宁是山东运河区域最早兴起的商业城市，明代初期，都被列入全国 33 个大城市之中。临清位于山东省西北部，与河北省相邻。临清有砖、土二城，因二城相连，故又称"连城"。连城扼汶、卫二水之咽喉，闸通诸省之漕，既是州治和仓储重地，又是工商业和交通运输业的中心，城市功能日趋完善。每届漕运时期，"帆樯如林，百货山积"。鼎盛之时，由塔湾至头闸，市肆绵亘数十里，鳞次栉比，肩摩毂击，以致有"富庶甲齐郡、繁华压两京"的美誉。

济宁与临清一样，在作为本地市场中心的同时，也是一个联结全国各大经济区域、以周转贸易见长的流通枢纽。元朝末年，济宁的工商业已经相当发达。明代重新开凿会通河后，大大提高了济宁的政治、经济地位，济宁工商业迅速发展起来。至明中期，济宁的商业经济已经极为发达，"商贾之踵接而辐辏者亦不下数万家"。清代中前期，经过几十年休养生息，济宁商业进入鼎盛时期，无论是在规模，还是在程度上，都

[①] 曹娟、吴艳：《浅谈漕运文化的传承与弘扬》，《中国水运》2018 年第 4 期。

第一章　山东运河文化资源概况

远远超越明代。清乾隆年间，济宁南门大街与大闸口一带，"百货聚处，客商往来，南北通衢，不分昼夜"。经明清两代发展，济宁商业发展至顶峰，已具有相当规模，大约有上千家商户。其中规模较大的行栈店铺便有三四百家，从业人口达上万人。济宁城内外、通衢要道左右以及河道两岸，商贾云集、百业兴旺，成为当时全国最为著名的工商业城市之一。

聊城，古称"聊摄"，元明清时称"东昌"，明初东昌改路为府。京杭运河的贯通给鲁西重镇的东昌府带来长达400余年的繁荣昌盛，被誉为"漕挽之咽喉""天都之肘腋，江北一都会"。清代前期，由于政府采取了一系列振兴经济的措施，东昌府的商业发展达到鼎盛时期。通济闸一带极度繁荣，竟大大超过了东昌府城区。太原、汾阳的商人是清朝初年开始到东昌经商的，到康熙年间人数渐多，所以他们集资兴建了太汾公所，以解决寄寓聊城旅舍不足的问题。到乾隆年间，山西和陕西的商人又集资在聊城东关修建了一座规模宏大的山陕会馆。据《聊城地区商业志》载：乾隆、嘉庆年间，聊城地区仅山陕商人创办的大型商号便有五六十家，中小型的商号更是难以数计。到了光绪年间，聊城已有大小商号数百家，其中饮食服务的店铺达50多家，烟、酒、茶、糕点摊点300余家。此外，其他外籍商客也陆续在聊城建立会馆，如江西会馆、苏州会馆、武林会馆、赣江会馆等。

德州为明初是京杭运河上的四大"水次仓"之一，收储山东、河南两省漕粮数十万石，为鲁西北军事重镇。明成祖迁都北京后，德州更成为"神京门户"，交通枢纽，不仅京杭大运河傍城而过，而且北京通往南方九省的御路也经过德州，所以德州又有了"九达天衢"之称，成为全国33个著名的工商业城市之一。正德六年（1511），由于德州卫城已经难以满足商业发展在空间与地域上的要求，时任德州知州的宁河与守备桂勇筑外罗城，延袤28里，形成了"九街八巷""二角（喧哗角、二郎庙角）"等繁华的商业区。清代德州商业在明代基础上进一步发展。至乾隆年间，德州城内共有粮食市场十余处、粮食经营店铺百余家，每年粮食交易量五六百万石。城内有手工业作坊200余处，商号400多家，这种繁盛景象一直持续到道光年间。

地处会通河与大清河交会处的张秋镇，为寿张、阳谷、东阿三县共辖，是明清大运河沿岸的重要城镇。自明弘治间刘大夏治河以来，大大减少了张秋运道受黄河冲决淤塞之累。此后一些河道、漕运机构驻扎于此，周围各县也在此设有水次仓。明中期以后的张秋镇，已是"缩毂南北，百货所居"的商业城镇，各地商贾往来其间。万历年间，张秋开始筑城，跨运河之上，周长八里，得以成为漕河重镇。至清代，张秋商业持续繁荣，镇内有七十二条街、八十二胡同，主要街道多以交易品命名，如米市街、果市街、竹竿巷。也有因周边标志性建筑物而得名，如城隍庙街、文庙街等。此外，张秋还是山东地区水果、粮食、棉花的集散地，输入商品以杂货、绸缎为大宗，输出商品主要有枣、梨、棉花、棉布、粮食等。商贾云集使得张秋镇的服务业也得到了较大发展，自北水门至南水门，饭坊、酒肆林立，店铺数量众多。张秋镇商业如此繁华，以致当时有"南有苏杭，北有临（清）张（秋）"的美誉。

此外，山东运河沿岸还有台儿庄、夏镇、南阳镇、鲁桥、南旺、开河、袁口、阿城、七级、周店、李海务、魏家湾、戴家湾、四女寺等市镇。这些市镇原本只是一些农业村落，是运河的畅通带给了它们发展的机遇，使其迅速发展为极具商业性的城镇，担负起了周边区域的商品集散功能，成为某一县乃至数县对外商贸往来的枢纽。它们与鲁西平原的诸多州县城市一起，共同构成山东运河区域的城乡市场网络体系，并在其中发挥着承上启下、沟通城乡的重要作用。

（四）建筑文化

明清时期，山东运河地区借助其发达的经济与便利的交通，兴建了许多富丽堂皇的建筑物。虽然由于经年失修与战乱的破坏，不少建筑物已荡然无存，但仍有一些建筑物保存较好。代表性的建筑遗迹主要有临清舍利塔、聊城光岳楼和山陕会馆、济宁太白楼等。

临清舍利塔位于临清市北郊，运河东岸。因该地旧有"永寿寺"，故又称"永寿寺塔"。塔为9层，砖石木结构，楼阁式，通高61米。平面呈八角形，底座围长40米。塔身逐层递减，收分得体。底层最高，约占塔身七分之一，内设木梯已焚毁。外墙由素面条石砌筑，辟一门三龛，门为南向券拱形，门额镌"舍利宝塔"，款署"大明万历癸丑岁仲秋吉旦立"。内佛像早件。每层檐下均饰垂莲柱和砖雕斗拱，拱眼壁刻楷书"阿弥陀佛"。二层以上皆为砖砌八面八门，四明四暗。塔内各层有刻石，铭记建塔缘起、募化经过及布施人姓名。五层置万历年间进士柳佐撰文《修建观世音菩萨宝塔疏》及《募化方》各1石。塔原置"铃锋百四十有四"，塔顶成八脊盔形，为省内诸塔造型所仅见。明清之际，因运河漕运之便，名人学士多登塔浏览，留有诸多题咏。[1] 舍利塔高峻雄拔，巍峨壮观，同杭州六和塔、通州燃灯塔、苏州文峰塔并称为"运河四大名塔"，现为全国重点文物保护单位。

光岳楼地处聊城市东昌府区古城中央，始建于明洪武七年（1374），是中国现存古建筑中最为古老、最为雄伟的木构楼阁之一。由东昌卫指挥金事陈镛组织修建，材料取自修城余木，目的是修建一座能报时的楼阁。更鼓楼高达百尺，名为"余木楼"。明弘治九年（1496），吏部考功员外郎李赞与太守金天锡曾共登此楼，为之名曰"光岳楼"。光岳楼为四重檐十字脊过街式结构，高为33米，由墩台与4层主楼构成，占地面积约1185.42平方米。四层主楼建于高台之上，全为木质结构，呈方形，带有廊道，共有金柱192根，斗拱200个。数百年来，光岳楼虽几经重修，其构件多为初建时的原物，基本保持原有面貌，具有极高的科学价值和艺术价值。明、清两代，曾有无数历史名人登临此楼，据传乾隆皇帝6次下江南，5次曾登临光岳楼，先后为光岳楼赋诗13首，目前光岳楼为全国重点文物保护单位。[2]

山陕会馆位于聊城东关双街南首运河西岸，创建于清乾隆八年（1743），是一座庙宇与会馆相结合的古建筑群，主要由山门、戏楼、钟鼓楼、碑楼、大殿、春秋阁等160余间建筑物组成。会馆建筑群集中国传统建筑文化之大成，融中国传统儒、道、佛三家思想于一体。整体建

---

[1] 山东省地方史志编纂委员会编：《山东省志·文物志》，山东人民出版社1996年版，第276页。
[2] 韩霞编著：《中国古代楼阁》，中国商业出版社2015年版，第60页。

筑建构布局错落有致、连接得体、装饰华丽，堪称中国建筑史上的杰作。其所用石雕、木雕、砖雕及绘画工艺更是中国建筑艺术的精品，为研究中国古代建筑史、运河文化史以及艺术史等提供了重要实物资料。[①]

图1-2 聊城山陕会馆（作者自摄）

太白楼，即太白酒楼，位于济宁市南部旧城墙之上。传为唐代大诗人李白客游任城（即今济宁市）时饮酒处，后人建楼以纪念。楼原在任城故城内，元代重修。明洪武二十四年（1391）迁今址。1948年因战火毁坏，解放后重修。太白楼建于高约4.5米的台基上，坐北朝南，面宽7间，长30米，进深13米，高达20米，占地4000余平方米。楼为两层重檐歇山式构造，灰瓦覆顶，青砖砌墙。两层楼外均设游廊，廊外砖砌拱间，朱栏环绕、幽深阔雅。二层檐下悬一楷书匾额，上书"太白楼"三字。楼上正厅北壁上方镶嵌明人所题"诗酒英豪"大字石匾，下有李白、杜甫、贺知章"三公画像石"，姿态极为风流典雅。游廊和院

---

① 李仲信：《雕梁画栋：中国传统建筑文化》，山东大学出版社2017年版，第133页。

内有《李白任城厅壁记》和唐代以来文人墨客的赞词、诗赋以及乾隆皇帝《登太白楼》登刻石碑碣40余块。其中含李白手书"壮观"斗字方碑，极为罕见。楼内藏有天宝元年李白醉书的《清平调词三首》狂草横轴和乾隆时孔继速摩李白墨迹刻石的《送贺八归越》诗帖；还陈列着历代名家编撰的李白文集和文章，以及当代著名书画家的数十幅作品。楼之四周、青松掩映，花木扶疏，方砖铺路，花墙围绕、古朴典雅，为济宁城最具代表性的名胜古迹之一。①

（五）工艺美术

大运河沿线的工艺美术作为运河非物质文化遗产的重要组成部分，涵养了中华民族独特的精神价值、思维方式、价值取向和艺术品质，是沿岸民众智慧、劳动与创造的结晶。运河的流经带来了城镇经济的繁荣，促进了工艺制作技巧的不断提高。各地工艺产品随漕船、盐船及商船运销各地，工匠艺人也频繁往来于运河沿线，带动了工艺美术的发展和繁荣。②

山东运河区域的工艺美术独具特色，这些地方特色又与大运河所构成的地缘关系密切相关。在长期的发展过程中，运河发达的水路为山东工艺美术的传播交流提供了便利的条件。较有代表性的工艺美术类非遗主要有德州扒鸡制作技艺、临清贡砖烧造技艺、东昌木版年画、东昌葫芦雕刻、济宁玉堂酱菜制作技艺等。

德州扒鸡源于明代，盛于清末民初，距今已有300余年的历史。制作德州五香脱骨扒鸡采取传统的烧、熏、酥、炸、卤等多种工艺，其生产过程是：将健康的活鸡宰杀，沥血，褪毛，掏净内脏，加工成白条鸡，然后盘为卧姿，口衔双翅，凉透，周身涂匀糖色，用沸油烹炸，再按照鸡的老嫩排入锅内，加入食盐、酱油、原锅老汤及砂仁、丁香、肉桂等佐料，分别以急火和文火炖6—8小时，起锅凉透即成。德州扒鸡

---

① 时鉴总编：《孔孟之乡名人名胜名产》，山东大学出版社1996年版，第882页。
② 肖伟、叶子戎：《大运河与江苏工艺美术关系略论——基于历史学视域下的考察》，《美术大观》2021年第5期。

不仅营养丰富，而且具有理气、开胃的作用，是老少皆宜食用的佳品。①德州扒鸡因其独特的工艺、独到的配方、特殊的口味在德州市和山东省食品行业中占有重要地位，是中华传统美食的优秀代表之一。2014年，德州扒鸡制作技艺被列入第四批国家级非物质文化遗产名录。

  临清贡砖烧制技艺是我国古代建材烧制技艺的重要代表，因其烧制砖窑位于山东的临清而得名。临清贡砖开始于明永乐年间，为落实迁都计划，明成祖朱棣用15年时间大兴土木兴建皇家宫殿。由于临清傍临运河，运输方便，土质特别，水质不碱，成为当时生产贡砖的首选之地。临清贡砖烧制工艺包括选土、碎土、澄泥、熟泥、制坯、晾坯、验坯、装窑、焙烧、洇窑、出窑、成砖检验等多道工序。用土时，先将土用大、小筛子各筛一遍再用水过滤，待其沉淀后将泥取出，用脚反复踩踏均匀后脱砖坯。砖坯要求棱角分明，光滑平整；脱好的砖坯经晾干之后便可装窑烧制。每窑砖需烧制半个月，再经一周时间洇窑后出窑。临清贡砖广泛运用于明清皇家及官府建筑，具有"敲之有声，断之无孔，坚硬茁实，不碱不蚀"的特点，历经几百年仍坚如磐石，显示了临清贡砖烧制工艺的高超。2008年6月，临清贡砖烧制技艺被列入第二批国家级非物质文化遗产名录。

  东昌木版年画的生产已有近300年历史，有着丰富的文化内涵和显著的地域特色。② 东昌木版年画构图简洁流畅、整体感较强；其人物造型眼型狭长、鼻翼收窄，形象质朴丰满；其线条刚劲流畅、刚柔并济；其色彩鲜明古朴。东昌木版年画向来仅有"草版"，只印不画，全印用木板分色套印，共有红、黄、青、绿、黑5种基本色，画面色彩缤纷、装饰性强。人物面部不着色，形象更加突出醒目。在人物塑造上夸张手法的运用较潍县年画为多；在色彩运用上较山西晋南年画更古朴。2008年6月，东昌木版年画入选第二批国家级非物质文化遗产名录。

  东昌葫芦雕刻用料考究，刻工纯熟，线条流畅，图案丰富，制作精

---

① 张从军主编：《山东运河》，山东美术出版社2013年版，第84页。
② 樊艳慧：《探寻东昌府木版年画的文化内涵》，《文物鉴定与鉴赏》2020年第20期。

良。其用料多以"大葫芦""亚腰葫芦"和"扁圆葫芦"为主。其雕刻借鉴雕刻工艺的镂雕技法，将构图以外的空白部分全部镂空，透刻上折线纹、如意纹、古钱纹等各式花纹，不仅改善了葫芦的透气传声性能，也增强了葫芦的整体审美效果。雕刻各种图案后，要用锅底灰或麦秸灰同棉油或豆油搅拌均匀，深抹在雕有图案的葫芦上，留在图案凹槽的油灰会使图案更加清晰逼真，久不褪色。东昌葫芦雕刻的题材内容非常丰富，以写实性的花鸟、鱼虫、走兽、人物、山水居多，其中人物雕刻的取材尤其丰富。[1] 东昌葫芦雕刻艺术风格淳朴、典雅，洋溢着浓郁的乡土气息。其题材的广泛性、技法的独特性以及风格的多样性，在中国民间手工艺品中实属罕见，具有重要的历史、文化和艺术价值。[2] 2008年，东昌葫芦雕刻技艺被列入第二批国家级非物质文化遗产名录。

济宁玉堂酱园位于济宁市城区河南岸，是一家有着300年历史的"老字号"。[3] 玉堂酱园始创于清康熙五十三年（1714），当年有位姓戴的苏州商人顺运河北上，来到济宁州城南门口，发现这里经济繁荣，商业旺盛，且水陆交通便利，是个经商的风水宝地，于是便在此盖起几间门面，开了个酱菜铺，取字号"姑苏戴玉堂"。因戴氏经营的酱菜，南北风味兼蓄，且经营有方，深受百姓喜爱，成为济宁城内的第一大字号。光绪十二年（1886），玉堂酱菜作为贡品进京，被慈禧太后赞誉为"味压江南、京省驰名"。1915年，玉堂酱菜在巴拿马太平洋物品博览会上荣获金奖。

（六）戏曲文化

作为元明清时期重要的南北交通要道，京杭大运河在戏曲艺术产生、发展和传播过程中的地位和影响举足轻重。京杭大运河见证了戏曲的传播和繁荣，戏曲也见证了大运河的兴衰和起落。[4] 明清时期，山东

---

[1] 李宗伟主编：《山东省省级非物质文化遗产名录图典（第1卷）》，山东友谊出版社2012年版，第320页。

[2] 刘书艳：《关于东昌葫芦雕刻工艺与图案的创意》，《天工》2022年第20期。

[3] 张峥：《传统技艺的保护与传承问题探究——以山东省济宁市玉堂酱园为例》，《农村经济与科技》2020年第23期。

[4] 周爱华：《京杭大运河与戏曲传播研究的新视角》，《戏曲研究》2020年第2期。

运河区域繁荣的商品经济，为地方戏曲及民间艺术的发展奠定了坚实的物质基础，而便利的交通则为其传播和交流提供了良好条件。①

曲艺为各种说唱艺术的统称，主要利用语言或音乐叙述故事、塑造人物，从而表达思想感情、反映社会生活。②齐鲁素有"书山会海"之誉，山东运河区域是许多曲艺品种的发祥地，代表性的主要有以下几种：

1. 山东大鼓

山东大鼓是北方诸大鼓中最早的一种。明清时，产生于鲁西北农村。始称"犁铧大鼓"或"梨花大鼓"，后分南口、北口两派。③清同治间，北口派的代表人物何老凤演唱于临清乡间；南口派，又称梨花调，其代表人物为范县人王小玉，艺名"白妞"。王小玉12岁学艺，16岁便"随其父奏艺于临清书肆"，她继承其姨表姐、临清人黄大妞的曲调，又吸收地方小曲、戏剧的腔调，创作出一种新腔。光绪年间，她和黑妞二人到济南，在明湖居演唱梨花大鼓，轰动省城。

2. 山东快书

清道光六年（1826），十几个落第举子自京师返回山东，乘船遇雨，滞留临清客店，落第的失意，旅途的不畅，激起了他们对现实的不满，于是以水浒人物武松为题材，你一言我一语地进行创作，遂产生《武松传》的最初脚本。④作者之一的李长清将此脚本带回故乡茌平，后传给其表侄傅汉章。傅汉章潜心研读，并加以充实改动，遂于道光十九年（1839）到曲阜林门会上正式演出。自此山东快书宣告诞生，在山东省内广为传播。

3. 聊城八角鼓

八角鼓原是满族民间小曲，乾隆间在北京发展成为一种坐唱的曲艺

---

① 姜丽、王静怡：《清代山东运河文化与戏曲发展——以聊城为例》，《戏剧之家》2022年第34期。
② 余益中主编：《广西民族传统文化概观》，广西人民出版社2010年版，第316页。
③ 周惊：《山东大鼓渊源探析》，《山东艺术》2018年第2期。
④ 贾振鑫：《山东快书起源于聊城考释》，《聊城大学学报（社会科学版）》2022年第4期。

形式。① 后辗转传入聊城，渐为当地艺人接受，并与本地的方言、小调相融合，逐渐形成具有地方特色的曲艺形式。北京的八角鼓在嘉庆后渐趋衰落，而聊城的八角鼓却流传至今，保存了 70 多个曲牌，160 多个曲目。

4. 临清时调

临清时调为山东西北部以临清为中心，沿运河一带流行的各种俗曲小唱的统称。② 明朝时期，临清城中的歌妓，吸收民间的小曲小调，演成一种"窑调"的曲艺形式。据传，明代著名歌妓李翠萍（陈三两）即以这种曲种在临清演唱，后来改称"临清时调"。

5. 临清琴曲

临清曲调是山东地方稀有曲种之一，产生于临清城东北蛤蜊屯，至今有 100 余年的历史。③ 清光绪年间，临清蛤蜊屯一位擅长音乐与演奏的秀才徐殿元，把民间故事与传说编为唱词，用民间曲调进行演唱，后来逐渐在临清、夏津、高唐、清平等地流传，定名为"临清琴曲"。

山东具有悠久的历史传统和深厚的文化底蕴，境内流行的戏曲剧种就有 30 余种，约占全国戏曲剧种总数的 10%。各种地方戏争奇斗艳，多元发展，构成了山东戏剧舞台百花齐放的瑰丽景象。④ 京杭大运河同样为山东地方戏曲的形成和传播提供了广阔的舞台。⑤ 明清时期，山东运河区域产生了不少土生土长的剧种，也吸收外地传来的剧种与本地戏曲结合，形成了一些新的剧种。代表性的传统剧种主要有：

1. 武城柳子戏

武城柳子戏，即山东柳子戏，发源于武城县老城镇吕洼村一带，流行地域横跨山东、河南、江苏、河北、安徽许多地区，该剧种乐曲悠

---

① 牟艳丽：《聊城八角鼓源流考》，《民族音乐》2010 年第 3 期。
② 郭学东主编：《曲艺》，山东友谊出版社 2008 年版，第 351 页。
③ 张玉柱主编：《齐鲁民间艺术通览》，山东友谊出版社 1998 年版，第 636 页。
④ 山东省地方史志编纂委员会编：《山东省志·民俗志（1840—2005）》（下册），山东人民出版社 2016 年版，第 687 页。
⑤ 周爱华：《京杭大运河与戏曲传播——以山东地方戏曲为中心的探讨》，《戏剧（中央戏剧学院学报）》2019 年第 4 期。

扬，风趣幽默，深受群众欢迎。上演剧目除传统古装的大型"连台本戏"外，还有一些小型剧目。经常上演的剧目有：《挂龙灯》《大观灯》《佘赛花》《西游记》中的《白云洞》等30多出戏。柳子戏的伴奏乐器很多，其中笛、笙、三弦三大件，为主要伴奏乐器，其余打击乐器主要为板鼓、大锣、小锣、钹等，根据剧情需要判定是否需要战鼓等乐器。这些乐器清脆动耳、声音悠扬，常用于文武场合奏，给人惊心动魄之感。柳子戏曲牌众多，有"九曲十八板七十二调"之说，由此可见柳子戏曲牌之丰富。

2. 夏津马堤吹腔

马堤吹腔属弦索声腔系剧种，因其主要伴奏乐器是笛子、笙、唢呐、三弦等吹奏乐器，故俗称"吹腔"，其前身是近500年前流传于山东、河南、冀南、苏北一带的民间戏曲"柳子戏"，是一个唱曲牌为主的山东古老剧种之一。该剧种曲牌板式固定，保持了自元、明、清以来俗曲小令的风格，颇具学术研究价值。其旋律委婉动听，能够表现细腻复杂的思想感情，有"九腔十八调、七十二哎嗨"之称。该剧种自山东起源和发展后，沿运河传遍各地。在马堤村已有近200年的历史，保留了最初柳子戏的特点，和现在柳子戏又有所区别，是研究最初柳子戏形成和特点的"活化石"。

3. 山东梆子

山东梆子又名"高调梆子"，简称"高调"或"高梆"，是流行于鲁西南及鲁中地区的戏剧剧种，主要流行于山东西南部的菏泽、济宁、泰安以及聊城、临沂等地区的广大城镇乡村。由于其曲调高昂激越，又被称作"舍命梆子腔"。明清时期，大量的山陕商人聚集在山东运河地区进行经商，秦腔剧团随之而来，在地方上进行演出。逐渐地，运河两岸的艺人便接受了这一艺术形式，并融合了鲁西南地区的平调以及鲁中地区的莱芜梆子，使之发展成为一种新的剧种——山东梆子。[①] 这一新兴剧种迅速地在今天的济宁、菏泽地区流传开来，历经300多年仍经久

---

① 孔勇：《山东梆子戏的历史挖掘与当下传承》，《齐鲁艺苑》2021年第1期。

不衰。

4. 枣庄柳琴戏

枣庄柳琴戏是清代嘉庆、道光年间，枣庄、临沂一带的流浪诗人，将当地流传的鼓子、花鼓、四句腔等说唱艺术形式相结合，借鉴柳子戏、拉纤号子等民间小调，逐渐演变而成的一种地方曲艺形式。① 该曲种以柳叶琴为伴奏乐器，节奏欢快明媚，唱腔生动活泼，表演形式灵活多变。其演奏曲目多取材于日常生活，角色行当较为齐全，男生高亢激昂，女生婉转悠扬，叠词、衬词、衬腔深受群众喜爱，有"叶里藏花"之称。因其曲调优美，演唱时尾音翻高或有帮和，又被当地的人们称为"拉后腔""拉魂腔"。柳琴戏不但是枣庄的特色文化项目，也是苏鲁豫皖交界地区群众所钟爱的地方剧种，具有浓郁的乡土气息和独特的艺术魅力。2006年，枣庄柳琴戏被国务院公布为第一批国家级非物质文化遗产保护项目，成为苏鲁豫皖以及泛淮海地区最有影响力、最具代表性的地方剧种之一。

（七）音乐与舞蹈

音乐和舞蹈都是反映人类现实生活情感的一种表演艺术，二者关系极为密切，传统舞蹈中一般会伴随有音乐的演奏。历经千年、贯通南北的大运河，在促进中国古代音乐、舞蹈的繁荣兴盛，南北音乐、舞蹈文化的交流与传播方面起到了不容忽视的作用。山东运河沿岸地区代表性的音乐、舞蹈主要有武城抬花杠、武城运河船工号子、临清五鬼闹判、聊城伞棒舞、台儿庄渔灯秧歌、枣庄四蟹抢船等。运河区域的音乐与舞蹈是运河非物质文化遗产的重要组成部分，是沿岸民众审美情趣和生活方式的生动体现，具有重要的文化价值和艺术价值。

武城抬花杠，又称花杠舞，流传于武城县南屯村一带，由人们抬着花篮祭拜"大姑神"仪式衍生而来。传说由于大姑神爱花，人们便抬着花篮在大姑庙前表演出各种动作让大姑观看，表达对"大姑神"的敬仰

---

① 任跃刚：《枣庄柳琴戏 百年拉魂腔——枣庄柳琴戏源流再探索》，《戏剧之家》2015年第14期。

并博得大姑神的欢心。又由于南屯系武术之乡，抬杠人大都有武术功底，集舞蹈、武术于一体，形成了独具一格的民间表演艺术形式。[①] 2006年12月，被列入山东省第一批省级非物质文化遗产名录。

运河船工号子是促使运河船工进入劳动状态、统一劳动步调、提升劳动情绪的专用歌曲，俗名"船歌"。武城运河船工号子肇始于元代，兴盛于明清两朝，1978年漳卫南运河断流，船工号子也随水运废止而衰落。武城运河船工号子主要有"升帆号""拉充号""起锚号""拉纤号""撑篙号""摇橹号""出舱号"等类型。由于运河水流平缓，因此，运河号子的结构、旋律、节奏也有所不同。除"打篷号""拉冲号""起锚号""绞关号"音乐紧凑，给人浑厚高亢、雄壮有力之感外，其余号子多为中速稍慢或慢速，在曲调上趋向婉转悠扬，带有叙事、抒情意味。[②] 武城运河号子是中国传统民间劳动号子的重要组成部分，是历朝历代武城船工集体智慧的结晶，展现了武城船工的聪明才智，其艺术风格较为独特，具有浓厚的地域特色。

"五鬼闹判"流传于临清一带，是沿运河从江苏南通一带流入本地的一种民间舞蹈。[③] "五鬼闹判"中的"判"指阴司判官，即传说中的镇鬼之神钟馗；"五鬼"即是手执琴、棋、书、画以及撑伞的蝙蝠鬼。"五鬼闹判"一语最早见诸明施耐庵小说《水浒传》。明万历年刻本《梼杌闲评》一书中也有描述："却说临清地方，虽是个州治，倒是个十三省总路，名曰'大码头'。次日正值迎春，但见数声锣响，纷纷小鬼闹钟馗。"由此可知，"五鬼闹判"舞蹈出现于临清至少有五六百年的历史了。[④] "五鬼闹判"借鬼喻理、伸张正义、鞭挞邪恶。经历代艺人相演相嬗，表演技艺不断丰富，深受劳动人民喜爱和拥戴，已被收入《中国民族民间舞蹈集成（山东卷）》。2006年，"五鬼闹判"舞被纳入聊城市

---

① 李群总主编；李建国主编：《传统舞蹈》，山东友谊出版社2008年版，第396页。
② 李宗伟主编：《山东省省级非物质文化遗产名录图典（第1卷）》，山东友谊出版社2012年版，第94页。
③ 中国民族民间舞蹈集成编辑部编：《中国民族民间舞蹈集成（山东卷）》，中国ISBN中心1998年版，第950页。
④ 张玉柱主编：《齐鲁民间艺术通览》，山东友谊出版社1998年版，第414页。

第一批非物质文化遗产名录。

伞棒舞发源于聊城市梁水镇梁闸村，后流传到临清、聊城、茌平一带。该舞蹈因运河漕运的繁荣和兴盛而形成的，故又被人们称为"运河秧歌"。梁闸村原是古运河的水闸码头，据当地民间艺人介绍，明朝末年的一个春天，百余艘运粮船行至梁闸码头南，因枯水而搁浅了七七四十九天，押粮京官闲居无聊，便令地方官邀聚当地艺人登船献艺，但听遍丝竹管弦，仍觉索然无味。地方官为讨好粮官，着令当地武术行家梁某献艺。梁某几套空手拳脚过后，押粮官要梁某持器械与人相搏。梁某灵机一动，戏称须借用粮官头顶上撑的绫罗盖伞与差役们手中持的黑红棍。粮官居然应允。于是，梁某持伞，邀数人持棍，又折挑粮扁担为板，边耍边舞，击棍为节，回旋有序。粮官见后大喜，遂重赏地方官及梁某。此后，每逢重要节日或有重大庆典，当地艺人即自做大伞和黑红相间的棍棒，或五人、或七人、或九人持之相舞。故称其为"伞棒舞"。① 2015年，聊城东昌府运河秧歌（即伞棒舞）被列入山东省第四批非物质文化遗产名录。

渔灯秧歌，又称"太平歌"，流传于鲁南台儿庄运河两岸地区。它取俗谚"喜庆有余"中"余"的谐音"渔"，"五谷丰登"中"登"的谐音"灯"，故称"渔灯秧歌"。② 渔灯秧歌的表演形式是以歌舞为主，以欢快、喜庆为主调，即情即景，自由发挥，即兴表演。有时也表演一些有故事情节的戏曲小节目，内容大都是才子佳人，儿女姻缘方面的，如"梁祝"之类，也有表现男女说逗的，如夫妻逗趣、男女调情之类，是一种歌、舞、戏、逗（丑）四位一体的民间表演艺术形式。③

四蟹抢船，又叫四蟹抢亲、四蟹夺船，是流传在枣庄市中区税郭镇一带的民间舞蹈之一，距今已有700多年的历史。四蟹抢船主要采用民

---

① 中国民族民间舞蹈集成编辑部编：《中国民族民间舞蹈集成（山东卷）》，中国ISBN中心1998年版，第1011页。

② 中国民族民间舞蹈集成编辑部编：《中国民族民间舞蹈集成（山东卷）》，中国ISBN中心1998年版，第400页。

③ 张玉柱主编：《齐鲁民间艺术通览》，山东友谊出版社1998年版，第424页。

间游艺的表现形式，加入戏曲的表演手法，角色有渔翁、渔姑和四只螃蟹精。渔家父女多以轻盈飘逸的划船、撒网、赶场动作为主；四蟹多以爬行、翻滚为主，骄横顽皮，变化多端，逗人欢快。四蟹抢船音乐为民乐合奏，伴奏乐器以唢呐为主，配以笛子、二胡、扬琴、笙、打击乐烘托气氛。乐曲时而热情欢快，又时而婉转抒情，配合剧情的反复变化。[①] 四蟹抢船多在逢年过节、庙会社日时演出，是深受广大群众喜爱的地域性民间舞蹈，在丰富群众文化生活方面发挥着重要作用。

（八）武术与杂技

武术、杂技作为民间技艺，其兴盛、发展与运河有着极为密切的关系。大运河便利的水路运输和保障人员、货物安全的现实需求也促进了传统武术的发展和传播。明清以来，由于运河漕运的发达，带动了沿线区域社会经济的发展，众多城镇、码头的兴起，为艺人的杂技表演提供了重要的活动场所，促进了民间杂技的传承和发展。

临清是京杭大运河沿岸著名的商业都会，也是南北通衢的交通要道。"临清人历来就有习武健身的优良传统。民风尚武是民间武术发展的重要基础，仅清一代，表就有武进士37人，武举117人之多。"[②] 无论是军旅武术还是民间武术，都深深影响着临清，使临清乃至周边地区孕育和发展了多种拳种流派。唐末宋初，源出于临清龙潭寺的潭腿，充分利用了腿长力大的特点，内外兼修，开创了"北腿"之先。清道光年间，临清瑶坡人张东槐巧妙使用多种肘法、拳法而创编了刚柔并重的肘捶，并远播冀、鲁、豫广大地区。

梁山县位于山东省西南部，是水浒英雄故事的故乡，同时也是中国武术的四大发祥地之一，与河南少林、湖北武当、四川峨眉齐名。自古以来，梁山民间习武之风就极为盛行，素有"喝了梁山水，就会伸伸胳膊踢踢腿"之说。据统计，梁山一带习练的拳术多达十余种，其中梅花

---

① 李宗伟主编：《山东省省级非物质文化遗产名录图典（第2卷）》，山东友谊出版社2012年版，第164—155页。

② 政协山东省临清市委员会编：《运河名城：临清》，中国文史出版社2010年版，第237页。

拳、子午门、太极拳、少林拳、佛汉拳、洪拳、三晃膀大洪拳、秘踪拳等习者众多，影响较大，是梁山武术的代表拳种。各个拳种门派相互学习借鉴，切磋提高，共同促进了梁山武术的传承和发展，形成了独具特色的一大武术流派。

聊城地区是中国杂技的发源地之一，其历史可追溯至新石器时代晚期。春秋战国时期，聊城杂技马戏得到初步发展，到汉代已经基本成熟。三国时期，杂技马戏在聊城东阿一带已很盛行，成为一种以杂技为主兼有其他技艺的表演形式，东阿王曹植曾以"斗鸡东郊道，走马长楸间"的诗句来描述这种状况。历史上黄河经常在聊城境内泛滥成灾，许多农民为了生存不得不弃农学艺，东阿县孟庄、贺庄、张大人集等村就是著名的杂技村。民国初期，仅东阿县就有几十个杂技马戏班。此外，阳谷、茌平、莘县、临清等还有几十个杂技团。其中有些团体曾前往朝鲜、日本、新加坡演出。1990年，全市共有杂技马戏团体20多个，杂技艺人数以百计。2006年5月，聊城杂技被列入第一批国家级非物质文化遗产名录。

（九）书院文化

书院是中国古代社会一种独特的文化教育机构，集古代优良教育传统于一身，是一笔相当难得的文化遗产，值得我们现代文化教育继承。[1] 明清两朝，运河贯通给鲁西带来生机，经济文化得到迅速恢复，运河两岸书院遍布，科举兴盛。明朝山东兴建书院77所，运河地区有19所，占全省的25%，清朝共建75所，运河地区有27所，约占全省的36%。[2]

林立的书院使得沿运各州县科举兴盛、人才辈出。据学者统计，山东运河区域举人数量占比为全省半数以上，尤其是明朝后期，运河管理更加完善，运河区域举人数量也达到顶峰，占到了全省举人数的近70%，这恰恰又与这一时期该区域创建的书院的比例相吻合。据统计，

---

[1] 陈薛俊怡编著：《中国古代书院》，中国商业出版社2015年版，第170页。
[2] 王云：《明清山东运河区域的书院和科举》，《聊城大学学报（社会科学版）》2009年第3期。

中国历代状元,有籍贯可考的397人,其中山东籍36人。明清两代,山东籍状元共26人,而运河区域有12人,占总数的46%。①

(十) 藏书与刻书文化

山东运河区域浓郁的文风、发达的刻书业、便利的交通,为该区域私人藏书业的兴起提供了十分有利的条件。据王绍曾统计,明代山东藏书家为84人,数量少于江苏、多于浙江;清代山东藏书家为349人,其数量远远超过江浙地区。自宋至清,山东境内藏书家达10人的县(州)共18个,其中运河区域占8个,占比近45%。② 明清两代,山东运河城市的刻书业亦极为发达,这与大运河贯通带来的城市交通地理优势和经济文化变迁密切相关。③ 其中又以聊城的海源阁藏书和刻书业最具有代表性。

聊城私家藏书肇始于魏晋南北朝时期,发展于宋元时期,繁盛于明清时期,其中以杨氏海源阁最为有名。④ 海源阁位于聊城古城光岳楼南的杨氏宅院内,始建于清道光二十年(1840),为清代四大藏书楼之一,也是聊城文风昌盛的标志。⑤ 藏书阁内部藏书种类之丰多达4000余种,藏书数量之多竟达22万余册,其中更不乏众多宋元时期的珍本,是杨氏四代人的心血,享有"四经四史斋""琅嬛之府、群玉之山"等美誉。

聊城不但以海源阁藏书而名扬海内外,这里的刻书出版业也很发达。⑥ 明代,聊城即有雕版印书业。当时城内有山西移民开办的名为"好友堂"的小型印书馆,专门刻印百家姓、三字经等启蒙与通俗读物。到了清代,聊城的印书作坊多达十七八家,其中,"书业成""善成堂""宝兴堂""有益堂"为四大书庄。聊城的印书业,在制版、印刷、纸张、校勘、装订方面,十分考究,独具特色。其刊印的书籍,除经、史、子、集之外,还有医书、术书、卜书、棋书、画书及启蒙与通俗读

---

① 李泉、王云:《山东运河文化研究》,齐鲁书社2006年版,第215—216页。
② 李泉、王云:《山东运河文化研究》,齐鲁书社2006年版,第229—230页。
③ 杨轶男:《清代运河城市聊城的坊刻出版业》,《出版发行研究》2011年第12期。
④ 王欣妮、丁延峰:《聊城历代私家藏书考略》,《山东图书馆学刊》2021年第4期。
⑤ 王云燕、陈婵:《海源阁的兴衰及其原因》,《长江论坛》2020年第6期。
⑥ 苏道宏:《聊城刊刻出版业的兴衰》,《聊城大学学报(社会科学版)》1992年第3期。

图1-3 聊城海源阁藏书楼（作者自摄）

物。除在山东本省销售外，还远销北京、大同、张家口、洛阳、徐州、天津、南京、上海及东北等地，聊城的东关大街因此成为全国著名的图书产销市场。①

（十一）饮食文化

自大运河通航之后，运河沿线地区就孕育出特有的饮食文化。② 运河的贯通，使南北往来更为便利，各地特色美食得以传播和交流，南北口味兼容、品种花样丰富的美食层出不穷，改变了各地原有的饮食习惯与饮食结构。明清时期，山东运河地区的饮食文化，由于经济、文化的交流而发生了显著变化。便利的交通运输条件和繁盛的商业环境使全国各地的食材汇聚于此，极大地丰富了饮食原料市场；以客店、酒楼饭馆

---

① 杨轶男：《清代运河城市聊城的坊刻出版业》，《出版发行研究》2011年第12期。
② 王赛时：《运河饮食文化的历史成就与现代风貌》，《美食研究》2011年第2期。

等为代表的餐饮服务业的兴盛，推动了当地饮食口味的多元化。①

临清是山东段运河的枢纽城市，多种饮食文化在这里交融汇聚。②其中最有代表性的当数"什香面"和清真八大碗。临清"什香面"，又称"什锦面"或"十香面"，即小说《金瓶梅》中所提到的"温面"，形成于运河文化兴盛时期，距今已有三四百年的历史。据民间相传，乾隆皇帝南巡时，曾享用过此面，并为其赐名。相沿至今，已成为临清最具运河文化特色的代表主食之一。临清清真八大碗是回族同胞顺应临清当地饮食习惯而创作的独具特色的清真美食，分别为烧肉、炖肉、黄焖鸡、黄焖肉、圈巧阁、肉杂拌、松花羊肉、清氽丸子八道菜，距今已有700多年的历史。

聊城地处运河之滨，漕艘云集，商业发达，有"江北一都会"的美誉，南北文化在此汇集，从而为饮食业的发达提供了条件。聊城饮食文化不但种类繁多，而且还形成了诸多的老字号与知名品牌。③其中最具运河文化底蕴和聊城地方特色的当属魏氏熏鸡。魏氏熏鸡，又名"铁公鸡"，距今已有两百余年的历史。清嘉庆十五年（1810），魏氏扒鸡店传人魏永泰继承祖传扒鸡工艺，吸收传统熏烤方法，研制出能够长时间保存的魏氏熏鸡。此品制作方法，选3—4斤的一年生本地家鸡，配以丁香、八角、桂皮、茴香等12种香料，放在烟火上熏烤而成。既可下酒，又可佐茶，成为馈赠佳品。当时的过往客商竞相购买，用木箱成批运往京津、江浙等地。④

山东运河区域的酿酒业历史悠久，明清进入全盛期。各府、州、县皆有酿酒作坊。德州古贝春酒是鲁酒的代表之一，也是北方浓香五粮酒的代表之一。其传统的酿造技艺历史悠久，据考证，早在商代，武城便产国酒名为"秬鬯"。大运河开通后，武城酿酒业凭借舟楫之利迅速发

---

① 李芳菲、姚伟钧：《明清山东运河区域饮食文化的嬗变》，《美食研究》2022年第3期。
② 周嘉：《运河城市的饮食文化考论——以山东临清为例》，《美食研究》2017年第4期。
③ 郑民德、岳广燕：《运河文化建设中的饮食文化研究——以清末山东聊城县为例》，《聊城大学学报（社会科学版）》2018年第6期。
④ 张庶平、张之君主编：《中华老字号》（第五册），中国商业出版社2007年版，第20页。

展。隋唐时期，武城一带酿酒业达到鼎盛，在全国居于领先地位。"要买酒，贝州走，大船开到城门口"，"一杯状元红，醉得公鸡不打鸣；一壶高粱烧，醉得船家不开艄"。这些俗语至今仍在武城民间流传。由宋迄清，武城政治、经济重心逐渐东移，运河两岸失去经济领先地位，但依旧以"美酒之乡"享誉全国。

山东运河区域的酱菜制作业历史也很悠久。临清的"济美酱园"，最初是安徽歙县人王永椿于乾隆五十七年（1792）创办，因酱菜色鲜味香，质地细腻，很快与济宁"玉堂酱园"、北京"六必居酱园"以及保定"槐茂酱园"齐名，并称为"江北四大酱菜园"。济美酱园的甜酱瓜、豆腐乳，誉满中外，豆腐乳被定为朝廷贡品。①

（十二）民俗文化

"运河民俗，就是在运河开凿、经营的长期历史过程中逐渐形成的，是沿运民众自然、社会、精神等层面，自觉或不自觉遵循和认同的、重复进行的生活方式。"② "大运河在便利交通运输的同时，也孕育了运河两岸特有的民情风俗。人们依河而居，以水为生，一代又一代地在运河上劳作、生息，形成了运河沿岸特殊的生产、生活、婚庆、节庆习俗。"③ 运河民俗是运河区域内部不同地域文化相互碰撞、交流和融合的结果，更具有南北文化融会、撞击与相互滋养的特色，也更能体现运河文化的独特魅力和本质特征。

大运河山东段历史悠久，文化底蕴深厚。运河的流经给沿线各地打上了深深的文化烙印，其中的运河民俗风情尤为引人注目。山东运河民俗充分展现了大运河文化重交流、善沟通的独特魅力，成为运河文化活态性、融合性的典型代表。④ 山东运河区域民俗文化种类众多，内涵丰

---

① 岳玉玺：《山东运河文化的历史考察及其借鉴价值》，载于德普主编《运河文化·山东·文集》，山东科学技术出版社1998年版，第153页。

② 刘玉平、贾传宇、高建军编著：《中国运河之都》，中国文史出版社2003年版，第189页。

③ 何永年、吴玉山：《淮安运河两岸的民俗风情》，《江苏地方志》2013年第5期。

④ 杨琦：《大运河山东段民俗文化的价值挖掘及旅游活化路径研究》，《品位·经典》2021年第4期。

富，代表性的民俗项目主要有聊城山陕会馆庙会、临清歇马亭庙会、微山县夏镇泰山庙会、微山湖渔家婚俗、台儿庄运河渔灯节等。

1. 微山县夏镇泰山庙会

夏镇泰山庙位于微山县城南端的泰山村，被老运河环绕。据史料记载，夏镇泰山庙最早建于明朝天启年间。庙会定在每年的农历四月十八日，会期4天。庙会开始，附近几百里内的村民、商客都会赶来，参观圣母出巡和进行商品交易。会址南起火神庙，北到华祖阁，西自运河西沿，东到小新河西岸，日赶庙会人数不下五六万人。庙会期间，南从南庄，北到造纸厂，十几里长的运河河道中，渔船紧靠，覆盖了整个水面。周边十里、二十里的村庄，大多全部出动，庙会人员可达10万之众。2011年，夏镇泰山庙会被列入济宁市第三批非物质文化遗产名录。

2. 微山湖渔家婚俗

微山湖渔家婚俗是受运河文化浸染下形成的一种独特的婚礼形式。每当有人家要举办婚礼时，婚船上都会有高高挂起的"物子"，出嫁的姑娘家还会找来年轻力壮的小伙子将陪嫁挑到船上。结婚的人家也会专门邀请戏班前来表演助兴。结亲的两家要将船都要撑到一块去，只保持一定距离。水上的船只彩旗飘扬、鼓乐齐鸣。新郎站在头船的船头，回程时，新娘与新郎并肩而立。直到现在，湖区渔家依然保持着这个老传统，只是婚礼的规模会更加隆重。每逢湖区有渔家举办婚礼时，整片水域都热闹非凡，挂满彩旗的船只来回穿梭，响起阵阵欢声笑语。2011年，微山湖渔家婚礼被列入济宁市第三批非物质文化遗产名录。

3. 台儿庄运河渔灯节

枣庄台儿庄地区还有正月十五举办渔灯节的习俗。据台儿庄文化部门考证，台儿庄在明代就开始举办渔灯节。制作走马灯所需要的时间很长，大约需要一个月的时间。元宵节这天是人们展现手艺的好时机，惟妙惟肖的龙灯、狮子灯、凤凰灯，都能看出制作人的好技艺。花灯制作艺人扎出的复杂的"百鸟朝凤"灯、"群龙戏珠"灯，不仅要美观，还要牢固，这更考验艺人的技术。这些复杂的花灯在灯穗、灯座上有许多巧思，点灯之后可以映出多种图案，看起来玲珑剔透，形态逼真。到了正月十五这天晚上，运河两岸悬挂各类彩灯，燃放烟花鞭炮，河内放置渔灯。岸上灯火辉煌，河内一河通明。

为庆祝渔灯节，运河两岸人民载歌载舞，不但进行狮子、龙灯、高跷、花车、旱船、黑驴灯各类民间游艺表演，而且扭起了独具台儿庄特色的渔灯秧歌，敲起了独具台儿庄特色的鲁南花鼓。2007年，渔灯秧歌在山东省首届农民文化艺术节上获得银奖，鲁南花鼓已被列入山东省第一批非物质文化遗产项目名录。2010年，台儿庄文化部门经过查阅有关历史资料，精心策划，在台儿庄老运河两岸举办了台儿庄首届渔灯节，岸上彩灯高挂，鞭炮齐鸣，烟花绽放，河内燃放河灯，空中施放孔明灯，再现了康乾盛世时期，台儿庄"一河渔火，歌声十里，夜不罢市"的繁盛情景。2010年，台儿庄运河渔灯节被列入枣庄市第二批非物质文化遗产名录。

二　山东运河文化的价值

京杭大运河山东段全长约643千米，是南北航道转换及运行的桥头堡；山东运河文化是千百年来运河开凿通航过程中各地民风民俗凝结成的文化艺术沉淀，是重要的文化遗产资源。探究山东运河文化的内涵及价值，对于弘扬和传承中华优秀传统文化，具有重要而深远的意义。[①]

（一）山东运河文化的历史意义

从春秋时期初凿菏水开始，山东运河距今已有2500余年历史。随着时代演进，运河在山东境内分布地域越来越广、长度越来越长、功能越来越丰富，对区域社会影响也不断增强，形成了与儒家文化、黄河文化、泰山文化交相辉映的运河文化。直到今天，山东运河仍然发挥着重要的交通、文旅、生态功能，在区域社会发展中占有重要地位。

[①] 张思坚：《山东运河文化的历史意义与现实价值》，《山东行政学院学报》2015年第6期。

1. 政治意义

山东运河北接京津、南通江淮，政治地位异常重要。历史上，大运河（山东段）一直作为沟通北方政治中心与南方经济中心的生命线存在，是南粮北运、物资调配、经商赶考的交通动脉。没有山东运河的畅通，江南及山东、河南诸省的漕粮、军事物资就不能顺利抵达京城，国家统治的根基就不能稳固，因而有"国家漕运江南四百万，寄径于山东漕河一线"之说。由于大运河山东段是整个京杭大运河地势最高、修建维护最为复杂的河段，工程技术巧妙复杂，地位作用突出，许多重大工程难题在此集中。为了保障运道的畅通和漕运的顺利进行，明清两代中央政府在山东境内设有总理河道、北河工部郎中、巡漕御史等官职，地方政府亦有专职官员管理河道和漕运。此外，还有众多从事治河的漕河夫役以及从事漕粮运输的漕军、运丁等。这些群体的活动都与运河、漕运有关，因运河而产生。

2. 经济意义

山东运河不仅是一条交通之河与政治之河，也是一条经济之河与商业之河。山东运河的贯通促进了沿线市镇的崛起与商业的繁荣，刺激了经济作物的广泛种植，加快了区域农产品的商品化进程，构建起了山东运河经济圈与市场圈，提高了民众的生活水平。全国各地的商人、商货沿运河北上或南下，或以沿线市镇为中转枢纽，或于当地开设店铺，刺激了临清、济宁、张秋镇、东昌府、德州等市镇的发展与繁荣，形成了"南有苏杭，北有临张""繁华压两京，富庶甲齐郡"的繁盛局面。

3. 文化意义

山东运河是一条流动的河，也是一条文化的河，促进了齐鲁文化与燕赵文化、吴越文化、荆楚文化之间的互动与联系，不同地域的服饰、饮食、舞蹈、音乐、建筑等文化类型沿运河传入山东，并与山东区域文化融会贯通，形成了独具特色的山东运河文化。山东运河还是沟通古代中国与海外联系的重要通道，意大利人马可·波罗与利玛窦、苏禄国东王、朝鲜人崔溥及诸多外国使团、僧侣都曾通过山东运河前往京城出使或朝贡,促进了中外文化之间的交流与碰撞。

(二) 山东运河文化的现实价值

1. 精神文化价值

作为世界上长度最长、规模最大的人工运河,大运河凝结了中国古代劳动人民的智慧与汗水,是一项举世瞩目的伟大创造。大运河沟通南北、联结古今,展现着中华民族的历史基因,也承载着中华民族源远流长的历史及文化。《大运河文化保护传承利用规划纲要》指出,要深入挖掘运河的精神内涵,顺应时代要求,弘扬运河精神,为其赋予新的时代内涵与文化价值,展现中华文化的永久魅力与时代风采。作为中国大运河的重要组成部分,山东运河文化蕴含着丰富的精神内涵和显著的时代价值,是沿线地区宝贵的精神文化财富。传承弘扬运河文化,能够使广大人民群众尤其是青年学生深刻认识中华民族百折不挠、勤劳勇敢、自强不息、厚德载物的伟大民族精神,自觉树立兼收并蓄、敢于创新的精神品质,品味人与自然和谐共生的人生智慧,凝聚起山东人民奋发前进的精神力量。[1]

2. 旅游开发价值

着力发展运河文化旅游产业,不仅有利于运河区域生态环境保护与文化遗产保护利用,还能提供大量的就业岗位,丰富当地民众的生产生活,提升城镇化水平,促进当地经济发展。[2] 山东运河文化积淀深厚,运河区域旅游资源丰富,吸引力强,旅游开发价值很高,具有极大的开发潜力。山东运河文化既具有运河文化的典型性,又具有其独特性。它包括了漕运文化、民俗文化、饮食文化、商文化等多种文化类型,体现在文学艺术、科学技术、文化教育、风情习俗、文物古迹等众多领域,具有较高的旅游吸引力和开发价值。2014年6月,大运河成功申遗,山东段运河共有8段河道及15个遗产点被列入了世界文化名录。此外,沿线地区还有众多富有地域文化特色的物质及非物质文化遗产。在经济社

---

[1] 夏东昌:《大运河文化的精神内涵及当代价值》,《神州印象》2019 年第 11 期。
[2] 夏东昌:《大运河文化的精神内涵及当代价值》,《神州印象》2019 年第 11 期。

会快速发展的今天，我们应当深入挖掘山东运河文化的内涵和价值，同时，投入更多的资金及科技力量，将文化资源优势转化为经济发展优势。要在发展速度与方向上着力经营，将山东运河区域打造成为集内河航运、商业贸易、科学技术、环境保护、生态旅游于一体的绿水长廊，使运河文化重新焕发出生机与活力。①

3. 生态环保价值

大运河生态环境是大运河价值不可分割的重要组成部分。② 大运河生态环境保护与文化带建设，二者之间是相互依存、融合促进的关系。如果将文化看作是精神、是灵魂的话，那么与之相应的，环境就是形体、是骨骼，只有拥有了骨骼作为载体，那么文化才能够传承和发扬下去。近年来，山东省坚持"绿水青山就是金山银山"的理念强化污染综合治理，实施了一批重大生态保护和修复工程，生态文明制度体系日益完善，生态文明建设成效显著。山东省相关部门及沿线各地着力构建水污染防治大格局，全面推行河长制，加大对大运河山东段沿线生态环境的治理、保护力度，在实践中不断探索，持续改善运河区域内的水环境质量。大运河（山东段）涉及的韩庄运河、梁济运河、老运河、卫运河等河流和流经区域的湿地保护建设取得重大成效。成功创建国家"让江河湖泊休养生息"示范省，大气和土壤质量不断改善，农业面源污染防治加快推进，林木覆盖率持续提高，采煤塌陷地等生态脆弱区保护治理成效明显，城乡环境优美宜居，良好的生态环境正在成为山东运河沿线地区经济社会持续发展的重要支撑。

4. 水利航运价值

京杭大运河是世界上现存时间跨度最久、通行里程最长并且至今部分河段仍在发挥作用的人工运河，南水北调工程则是当今世界最大的跨区域调水工程，两者皆是中国人民凝聚心血与智慧造就的不朽奇迹。③

---

① 张思坚：《山东运河文化的历史意义与现实价值》，《山东行政学院学报》2015年第6期。
② 姜师立：《探索建立大运河生态保护联动机制》，《群众》2020年第16期。
③ 张劲松：《南水北调助推大运河复兴与生态保护》，《群众》2019年第24期。

南水北调的东线一期工程利用京杭大运河及其平行河道完成对水资源的逐级北送，其途经山东省内的长度为 1191 千米。此工程不仅使得古老的运河重新焕发出了生机与活力，还使得长江水、黄河水与当地水源得以联合调度，实现水资源的优化配置与可持续利用，鲁南、鲁北地区及山东半岛的水资源匮乏问题得以缓解，地下水位下降局面得到控制。此外，在途经地区的防洪、排涝中，此工程也发挥了显著作用，大大减小了沿线城市的防洪压力。在做好节水节粮的前提下，南水北调东线一期工程逐步破解山东省粮食重要产区水资源短缺问题，确保粮食安全和生态安全。

近年来，山东全力推进大运河主航道升级和支线航道整治，如今，沿线各地市凭借着大运河的交通物流优势，再一次迎来了新的发展可能性，大运河也成为推动区域经济发展的"黄金水道"。"十四五"期间，山东将建设以京杭运河、小清河以及新万福为主干的"一纵两横"内河航道总体布局，形成以济宁为主港，泰安港、枣庄港、菏泽港为地区性重要港口的内河港口布局。2023 年 6 月，《山东省加快内河航运高质量发展三年行动方案（2023—2025 年）》与《关于支持内河航运高质量发展的若干政策》正式印发，更是为山东运河航运的发展指明了新的方向。

第二节　山东运河文化特点分析

运河文化因运河的贯通而兴，也因运河的发展而盛，是一种区域性文化现象。在运河文化发展演变的过程中，它又充分融合了地方地理环境、历史背景及人文特色，展现出了其独一无二的地域文化特色。[1] 山东段运河文旅融合发展的关键，就在于挖掘沿线城市的本土文化传统，搭建地方文化与运河文化共享发展的平台，实现运河文化

---

[1] 涂可国主编：《鲁商文化概论》，山东人民出版社 2010 年版，第 245 页。

与各地文化的有机融合。要牢牢把握大运河成功申遗、大运河文化带建设、大运河国家文化公园建设等重大历史机遇和国家战略，充分利用好山东运河文化这一宝贵文化资源，充分体现沿线地区历史文化底蕴和自然风貌特色，打造特色文化旅游品牌，更好地服务于沿运地区经济社会发展。

一 水工科技特色突出

大运河（山东段）由南运河段山东段（冀鲁交界——聊城市临清市）、会通河段山东段（聊城市临清市——济宁市微山县）和中河段山东段（济宁市微山县——苏鲁交界）三部分组成。由于大运河（山东段）是地势最高、修建维护最为复杂的河段，工程技术巧妙复杂，地位作用突出，许多重大工程难题在此集中，凝聚了中国古代水利科技的最高成就。

山东运河被称作大运河的"水脊"，这是由于其地势中间高、两端低，其中以南旺为最高点。距南旺北150千米的临清，地势要比南旺低90尺（约28米）；距南旺南195千米的镇口，地势要比南旺低106尺（约33米）。并且，运河河道的比降十分大，分别约为1/5000、1/6000。这就造成了山东段运河的水位落差极大，漕船难以正常通行，于是只得建造众多船闸，通过船闸的启闭来达到控制水位的目的。因此，山东运河航运的关键在于各个船闸的正常运作。在整个大运河中，山东运河无疑是船闸数量最多的河段，同时也是运行最为复杂的河段。运河船闸的设计、建造与使用，集中体现了我国古代劳动人民的勤劳和智慧。目前，还有相当部分船闸经历了数百年风雨的洗礼，依然屹立于运河之上，成为山东运河水工科技的历史见证。

南旺枢纽工程是明代中叶以后会通河的引水分水枢纽，它由戴村坝—小汶河工程、南旺分水口工程、南旺水柜工程、南旺引泉济运工程和南旺挑河工程构成。南旺枢纽通过修建戴村坝，阻拦大汶河水由小汶河至"水脊"南旺入运，南北分流，为会通河带来了稳定的水源。明代中叶以后，又通过完善水柜和节制闸等方式，不断提高引水、蓄水、用水效率。南旺枢纽工程是世界水利史上的杰出范例，集科学性与技巧性于一体，可与中国古代灵渠和都江堰水利工程相媲美，为保障运河的长期畅通作出了巨大贡献。

山东境内的会通河地处北方，由于汶泗等河水量季节性变化大，夏秋水大、冬春水小，很不均衡。特别是春季、秋季漕船北上南下之时，山东降水较少，运河水源补给不足，水位下降，给漕船通航带来巨大困难。为弥补运河水源的不足，明清两代政府都采取了引泉济运的手段，即引鲁中山地的泉水，让其作为运河水的来源。同时，政府还专门设置了泉官、泉夫对泉源及水道等进行专门的管理，及时疏浚，以保障泉源不会枯竭。这些都显示出了中国古代劳动人民的高超智慧。

除了将泉水引入运道外，明清两代政府还设置了一些水柜来对水量进行调节，以解决山东运河的水源问题，其中最主要的便是"北五湖"与"南四湖"。水柜的运作原理非常简单，即依据水柜与运河的水量多少，或是将运河多余的水引入湖泊以泄洪，或是将湖水引入运河中以济运，从而保持运河水位的稳定，使得漕船能够顺利通行。运河水柜的设置是保证运河畅通的重要环节，是中国运河航运史上的一个伟大创造。

二 城镇经济作用显著

历史上，大运河山东段一直是沟通中国北方政治中心和南方经济中心的生命线，是南粮北运、商旅交通、军资调配的交通动脉。运河的畅通使沿线的德州、临清、东昌府（今聊城）、张秋、济宁、台儿庄等地成为交通运输和贸易的重镇。德州因建造漕仓而选址运河东岸兴建的卫城，清代已成为商贾往来，帆樯云集，百货荟萃的商品交换集散地。东昌府因运而兴，成为"漕挽之咽喉，天都之肘腋，江北一都会"；济宁向南可抵徐沛，向北可与汶泗相接，且可直达京师，是南北运输的必经之地，也是大运河中段的重要交通枢纽与水旱码头，被人们称为"江北小苏州"。

时至今日，山东段运河的航运价值仍很突出。据相关部门统计，济宁段大运河通航的总里程为1100千米，其中主航道可达210千米，通航里程居沿线城市第一位。现在的济宁拥有各种类船舶达8500多艘，从事航运的人员更是有10万人之多。如今的济宁港已经跻身于全国28个内河主枢纽港之中，运量更是在运河沿线城市中位列第一。随着京杭运河泰安段通航，东平县、泰安市"因水而兴"，迎来发展良机。据《泰安港总体规划（2016—2030）》吞吐量发展水平预测，到2030年，泰安市每年水路运输吞吐量，煤炭将达到400万吨、金属矿石400万吨、水泥300万吨，总吞吐量将达到3950万吨，可节约社会运输成本10多亿元，对GDP的贡献率约为30亿元，创造近5万个就业岗位。

三 历史文化底蕴深厚

山东段运河处于京杭大运河中段位置，是贯通运河南北的重要河段，也是全方位展现中华文化多样性的代表性区域。[①] 在儒家文化及齐鲁文化的保护、传承与利用过程中，山东大运河文化发挥着不可比拟的作用。[②] 近千年时光，使运河沿线的济宁、聊城、枣庄、德州等城市积淀了深厚的历史文化底蕴，也留下许多与运河文化相关的珍贵遗产。[③] 山东运河沿线地区遗产数量众多，类型丰富，基本上涵盖了运河文化遗产的全部类别，既包括与运河本体、功能等直接相关联的运河水工设施和民俗文化，也包括衍生、形成、发展于运河沿线的历史遗存和非遗文化资源。[④]

[①] 范玉刚、许诗怡：《山东大运河的文化空间与场景塑造》，《中原文化研究》2022年第3期。

[②] 余志林：《山东大运河文化带建设助推区域经济高质量发展研究》，《现代交际》2021年第18期。

[③] 杨琦：《大运河山东段民俗文化的价值挖掘及旅游活化路径研究》，《品位·经典》2021年第4期。

[④] 王雁：《运河文化带建设背景下大运河山东段非遗的旅游开发研究》，《山西青年》2021年第4期。

表 1-3　　　　　大运河山东段文化遗产分类统计表①

遗产总量	四大类遗产数量	7小类遗产数量	3子类遗产数量
物质文化遗产128处、非物质文化遗产27项	水利水运工程（水工）遗产104处	运河水工设施	河道遗存（正河10处、减河、月河5处、引河7处、支线运河1处）
			湖泊/水柜/泉8处
			水工设施67处
		运河附属设施6处	恩县洼滞洪区、北厂漕仓遗址、临清运河钞关、魏湾钞关分关、阿城盐运司、济宁河道总督府遗址
	运河城镇6处	—	临清中洲古城、聊城东昌古城、济宁古城、南阳镇、七级镇运河古街区、台儿庄古城
	运河相关遗存18处	古建筑	临清鳌头矶、临清舍利宝塔、聊城山陕会馆、山西会馆、禹王庙、南旺分水龙王庙遗址、柳行东寺、济宁仲子庙、吕公堂春秋阁
		古墓葬	苏禄王墓
		古遗址	河隈张庄明清砖官窑遗址
		人造山	临清龙山
		石刻与碑碣	大元新开会通河记事碑、开河闸碑、清雍正疏浚济州河碑、微山县乾隆御碑、黄林庄明崇祯碑、黄林庄清咸丰碑
	非物质文化遗产27项	民间文学、传统技艺、工艺美术、音乐舞蹈、传统戏曲、运河民俗	运河船工号子、临清贡砖烧造工艺、康乾南巡过济宁、金口坝下聚金石、鲁班传说、夏镇八景的故事、微山湖歌谣、东平硪号子、大排斧、运河秧歌、拉粮船、湖上端鼓腔、济宁八角鼓、鲁西南鼓吹乐、济宁渔鼓、临清架鼓、四音戏、东平渔鼓、山东梆子、枣梆、南阳夜市、长沟大集、渔民敬大王、湖上婚礼、渔灯秧歌、鲁南花鼓、运河大鼓

近年来，山东尤为重视运河文化的保护和开发。早在 2013 年，山东省人民政府就已颁布施行《山东省大运河遗产山东段保护管理方法》，

---

① 山东省发展和改革委员会：《大运河文化带（山东段）基础研究材料》2017 年。

这是我国第一部由省级人民政府出台保护大运河的专项政府规章，也是山东省第一部与运河遗产保护相关的法律法规。2020年，山东省人民政府办公厅印发《山东省大运河文化保护传承利用实施规划》，要求沿运各地市深入挖掘山东段运河文化资源，凝聚运河思想理念、人文精神与文化特质，顺应时代要求，讲好运河故事，弘扬运河精神，传承运河记忆。随着大运河文化带和大运河国家文化公园建设的持续推进，山东段运河必将成为宣传山东形象、展示山东文化、彰显文化自信的亮丽名片。

四 运河功能持续发挥

大运河山东段始凿于公元7世纪的隋朝，自元代至清中期500余年间，运河作为生命线沟通南北，将政治中心与经济中心相连接。沿运城镇、商埠多因河而兴，实现了区域社会经济与文化的发展。目前，山东境内黄河以南段运河现在依然通航，是组成山东省内河航道网的重要线路；运河其他河段则在防洪排涝、南水北调、生态景观等方面发挥着重要作用。

作为我国古代劳动人民创造的一项伟大的工程，大运河成为展现中华民族勤劳与智慧的重要文化符号，其蕴含着中华民族源远流长的文化基因及历久弥新的精神内涵。在实现中华民族伟大复兴的关键时期，更好地传承和发展大运河文化，有利于涵养社会主义核心价值观，提高中华民族的文化自信，从而更好地将历史文脉代代传承下去。在文旅融合的新时代背景下，我们应重新认识大运河的精神文化价值，对运河文化资源进行保护性开发，让珍贵的运河遗产在继承和传播中，释放薪火传承的文化精神，真正实现运河文化的创造性转化与创新性发展。

第二章 运河文旅融合发展现状及问题

对于运河文化资源的开发和利用,很早就引起了学界的关注。1997年,钱志荣等学者就曾对运河苏杭线旅游经营战略转变的问题加以探讨。① 1999年,张帆亦对运河沿线垄断性旅游资源与旅游开发潜力进行了分析。② 随后,相关研究主要围绕资源状况、开发模式、产品体系、空间格局、协作联动等内容展开,并涉及遗产保护、旅游管理等多个领域。近年来,运河文化带建设、文旅融合与高质量发展、沿线城市旅游开发、建筑遗产旅游开发、旅游体验等主题逐渐上升为研究热点。③ 已有研究成果为运河文旅融合提供了重要参考和借鉴,不过,尚缺少聚焦于大运河山东段文旅融合的研究成果。2014年6月,大运河成功申遗。在新的发展形势下,大运河山东段文旅融合的现状如何?又面临哪些困境和问题?在探讨文旅融合发展的路径和策略之前,必须对这些问题进行深入的调查和研究。

第一节 文旅融合发展现状分析

在京杭大运河深厚的文化底蕴以及强大吸引力的影响下,运河沿线

---

① 钱志荣、范巧珍、刘学刚:《浅议实现大运河苏杭线向旅游经营战略转变》,《综合运输》1997年第3期。
② 张帆:《对大运河线旅游开发潜力的思考》,《旅游科学》1999年第2期。
③ 任唤麟、余敏辉:《大运河长三角中心区段文旅融合现状与发展路径》,《淮北师范大学学报(哲学社会科学版)》2021年第5期。

城市争相推出运河主题游宣传及促销活动,并制定了相关旅游发展规划。如今,多个项目已经启动建设,部分项目已建设完成。[①] 山东运河有着悠久的历史,区域内留存着丰富的文化遗产,因此,山东沿运城市高度重视运河旅游资源的开发工作,积极开发运河文化,以运河为依托不断建设主题景区以及文旅产品。特别是在大运河成功申遗后,运河文化旅游业迎来了重要的发展机遇。如今,运河沿线城市的旅游业相较之前拥有了长足的发展,已经初具规模,在基础设施以及服务水平等方面都得到了前所未有的提升,为运河文化旅游的进一步发展打下了坚实的基础。[②]

近年来,山东省努力做好运河文化的保护、传承和利用工作,积极推动运河文旅深度融合,各项工作取得了显著成绩。

一 政策制度日益完善

为实现运河文旅融合发展,山东省出台了不少相关的政策文件,包括《山东省大运河遗产山东段保护管理方法》《山东省大运河文化保护传承利用实施规划》《大运河(山东段)文化和旅游融合发展实施方案》《大运河国家文化公园(山东段)建设保护规划》等。沿运各地市也积极响应号召,结合本地区实际,制定《泰安市文旅胜地建设实施意见》《济宁市文化旅游融合发展三年行动计划实施方案》《德州市大运河文化保护传承利用实施方案》《枣庄市"六个慢城"特色文旅康养产业融合高质量发展三年行动计划》《大运河(聊城段)文化和旅游融合发展实施方案》等文件。这些政策文件从规划、保护、管理等多方面助力山东省文化与旅游业发展,为大运河山东段的保护和管理提供了政策保障。

二 管理职能显著提升

随着大运河文化带、大运河国家文化公园建设等战略的提出,山东

---

① 赵春雪:《山东运河的开发历史及其旅游对策探析》,《科技视界》2012年第26期。
② 钟行明:《山东运河遗产廊道的旅游协作策略与路径》,《中国名城》2014年第5期。

运河文化旅游逐渐迈入"快车道"。山东省委、省政府高度重视大运河文旅资源的开发与保护工作，山东省文化和旅游厅策划举办多场关于大运河文旅的活动，持续优化文旅产业的发展环境。运河沿线 5 地市积极承担任务落实的责任，加强与规划、财政、税务等部门的协作和政策衔接，优化文旅项目审批流程，提高文旅部门行政管理效能，完善投融资政策，大力支持民营文旅企业发展，为文旅融合发展提供了坚实的制度保障。

三　文旅融合力度持续增强

近年来，山东省举办了多场关于运河文化的大型节庆活动，如"我家门前有条河"文旅系列营销活动、"2023 中国大运河（临清）非遗美食文化季"活动等，这些活动完美融合文创、国潮、美食等文旅元素，激发消费活力，提高了节庆活动的综合效益，充分带动了旅游产业的发展，形成新的经济增长点。旅游消费者在旅行的过程中，深度参与并充分感受节庆活动的文化内涵，为实现文旅深度融合发展提供了新的途径。

大运河山东段沿线城市拥有非常灿烂的历史文化，非遗文化资源丰富，代表性的有山东梆子、德州扒鸡制作技艺、济宁梁山武术、枣庄运河船工号子、泰山剪纸、东昌葫芦雕刻等。山东省相关部门高度重视非遗的保护传承与创新发展，鼓励开发非遗主题文化产品，推动非遗与旅游深度融合。比如先后举办"河和之契：2023 黄河流域、大运河沿线非物质文化遗产交流展示周"等系列活动；在部分景区定期开展剪纸、杂技等非遗展演展示，使游客近距离、沉浸式地感受传统非遗的魅力。

四　项目建设稳步推进

在文旅融合发展理念的助力下，山东省采取多项举措，深入挖掘大运河等世界级优质文化旅游资源，加快打造"大运河历史文化长廊"，加速推进大运河国家文化公园建设，持续推动大运河文化和旅游招商引资项目，引导和激励社会力量参与文旅项目建设。沿运地区充分发挥优势,加强文旅项目建设。例如,德州市着力打造建设"一廊六片"大运河文化景观带,统筹实施黄河、大运河"两河牵手"工程;济宁微山县持续推进大运河风情观光带项目,微山湖旅游区成功创建为国家5A级旅游景区等。

五 宣传推介不断加强

作为大运河流经的重要省份,山东沿运地区文旅资源丰富。凭借独具特色的运河文化,山东省启动了"鲁风运河"文旅高质量发展媒体采风活动、"通江达海好'运'来"网络主题宣传活动,展示大运河山东段不同地区的历史文化和风土人情。同时,还以"大运河主题旅游海外推广季"为契机,向世界讲好大运河的故事。在新媒体技术的支持下,"好客山东 好品山东"的形象日益深入人心。

第二节 文旅融合面临的困境和问题

山东是京杭大运河流经的重要省份,历史文化遗存丰富。如何保护和传承山东运河文化,如何对文化资源进行开发和利用,已经成为当前研究工作中的重要课题。[①] 如今,山东运河沿线城市的旅游开发已经获得了长效发展,各地旅游业初具规模,对运河文化的挖掘也不断深入,相继推出一系列运河主题项目及产品。不过,相关部门的重视程度以及对运河文化旅游资源的开发力度仍旧不足,运河文旅品牌不够响亮,旅游开发水平有待提高。[②]

一 研究阐释力度有待加强

运河文化体现的探索、创新、务实等精神和开放、包容、多元等价

---

① 吴树青、苏立平:《山东运河文化旅游开发现状与建议》,《旅游与摄影》2022年第24期。
② 赵春雪:《山东运河的开发历史及其旅游对策探析》,《科技视界》2012年第26期。

值取向，具有很强的时代性。目前来看，对运河文化的当代性、创新性诠释还有待加强，与时代发展和社会进步的新形势、新特点结合得不够紧密。运河沿线遗产活态传承载体和传播渠道还需进一步丰富，少数非物质文化遗产代表性项目存在濒危风险，系统性、全方位的遗产保护和文化展示仍显不足。新建设的一些展示场馆、工程等在应用现代信息技术方面有所行动，但大量展示场馆仍需要技术改造和提升，整体提高数字化展示能力。

二 文旅融合水平有待提升

运河沿线地区推动文旅融合发展理念和意识还需强化，文旅资源整合和服务协作机制有待创新，运河文旅精品线路产品亟须市场化开拓，旅游演艺等领域文旅融合发展的标志性项目还不够多，文化和旅游与相关产业的融合程度还不够高，"鲁风运河"品牌影响力和美誉度有待进一步提升。以观光为主的旅游产品差异化不够鲜明，休闲度假产品开发力度需要加强，体现运河特色的沉浸式、交互式体验型项目还需加大力度打造。旅游与文化、农业、工业、城乡建设以及上下游产业融合不深，产业融合、经济文化融合发展潜力尚未得到充分释放。产城融合发展促进机制不够完善，生产型园区经济向综合型城市经济转型步伐不快，乡村振兴潜力挖掘不够。

三 协同发展机制有待完善

大运河山东段跨部门、跨区域协作机制和平台还需健全完善，部分地区还存在运河整体环境风貌分割、生态岸线不足、亲水平台较少等现象，配套公共服务设施有待完善提升，"城河共荣""景河共生"格局尚未完整呈现，水与岸、河道与建筑、设施与景观的协调之美彰显不够。区域发展不平衡问题仍比较突出，有水段与无水段资源差异很大，沿线区域合作机制和利益分享机制不完善，存在各地各自为政、重复建设和同质化竞争现象，未能形成区域整体发展合力。

四 专业人才和机构支撑不足

运河文旅融合发展是一项庞大的系统工程，涉及遗产修复、遗迹保护、考古发掘、文物资源普查、历史文化典籍整理、非物质文化遗产传承、文化产业创意发展、文化艺术创作、利用新一代信息技术展示、标志性工程设计建设等方方面面，需要庞大的专业性、技能型人才队伍和大量专业机构支撑。目前，人才规模偏小、结构不合理，缺少权威性专业机构，对山东运河文旅融合发展形成较大制约。

五 文旅产品的内涵有待丰富

文旅产品的研发设计要有代表性，突出文化特性，蕴含地域文化特色符号。山东沿运各地由于对运河文化元素的发掘不够深入，没有与地域文化进行深度融合，导致开发的文化旅游产品特色不够突出，同质化现象严重。目前运河沿线游等精品线路较少，部分人文景观和自然景观没有妥善利用起来，大运河山东段的差异化优势没有得到充分体现。目前，以大运河山东段为主题的文创产品虽然不少见，但是知名度和影响力较小，而且在兼具文化性、创新性和实用性方面还存在一定欠缺。

六 旅游经济规模有待提高

自济宁市微山湖旅游区确定为国家5A级旅游景区后，山东省5A级旅游景区已达到14家，与江苏省、浙江省等沿运省份相比，数量和质量均需要提高。大运河山东段标志性景区、景点数量较少，吸引力不足，沿运城市之间在文化旅游产业等领域的合作有待加强，在创建"国家全域旅游示范区"和"全省全域旅游示范区"、构建全域旅游发展新格局方面仍需下功夫。同时，沿运地区文旅市场的消费活力有待激活，大众夜间文化和旅游的消费的需求呈上升态势，但就规模来说还有较大的拓展空间。

虽然山东沿运地区文化资源种类丰富、特色鲜明、价值突出，但除台儿庄运河古城、东昌古城开发较好外，沿线其他地区主要为依托自然资源开发的旅游产品，如湿地公园、森林公园等，旅游产品开发层次不高。各地对运河旅游产品的设计缺乏独特性，在品牌建设上缺乏足够的创意与策划，旅游产品存在低层次重复开发现象，运河沿线水上旅游产品开发不足。目前，旅游与文化、体育、农业等的联系互动融合较少，旅游产业结构相对单一，导致旅游产业链短、旅游业态不够丰富，旅游业带动作用没有得到充分发挥。山东运河沿线旅游基础和公共服务设施建设与省内外先进省市相比还有差距。应通过系统谋划、产品设计、品牌打造、提升宣传等措施，在全面梳理山东运河文化旅游资源的基础上，实现运河文旅深度融合发展。

第三章　运河文旅融合发展的理念和原则

随着国家经济与国民收入的快速增长，旅游逐步从小众走向大众，成为国民日常生活常态。而文旅产业则是旅游产业结合文化产业，二者融合发展，形成的一种新业态。由于文旅产业更好地满足了游客深层次的需求，因此越来越受到人们的关注，使其成为许多地区的支柱产业，并将其作为实现经济转型发展的有效途径。文旅融合是文化以及旅游产业结合其他相关要素，不断相互渗透、交叉融合，形成新的共生关系的现象和过程。探索运河文旅融合之道，便是要深入挖掘沿线地区文化资源，赋予旅游景区文化特色，推动文化和旅游快融合、深融合、真融合。既要"以文促旅"，用文化丰富旅游内涵、提升旅游品位，又要"以旅彰文"，把文化作品转化成旅游产品，把文化设施建设成旅游景点，促进运河文化得到更好的保护、传承与利用。

第一节　文旅融合相关理论问题概述

随着我国经济社会的快速发展，文化与旅游产业的融合发展已是大势所趋。在国家相关政策文件的指导要求下，各地区、各部门都将"以文促旅、以旅彰文"作为推动文旅融合发展的共识，并以此指导相关工作。文旅融合这一新业态不仅是产业转型升级的内在要求，同时也是时代发展的必然要求，体现了人们对美好生活的需求与向往。

将文化与旅游产业相融合,使得二者充分发挥自身优势,相辅相成、协同发展,这样不仅可以有效实现经济的高质量发展,同时也能够坚定文化自信,提高文化自觉性,为把我国建设成社会主义现代化旅游强国提供有力支持。不过,文旅融合如何真正地走深、走实还需要进一步的探索,文旅融合在实践层面的落实力度还需要进一步强化。本节在论述文旅融合内涵、关键和理论基础的同时,探讨文旅融合的逻辑、模式与路径。

一 文旅融合的内涵解析

文旅融合的实现方式多种多样,一般通过文化资源的梳理与挖掘、相关要素的整合、文旅产品开发等形式实现。文旅融合,并不是简单地把"文和旅"拼凑在一起,而是要真正理解融合的内涵。[①]

(一)文旅融合的概念

文旅融合是指文化、旅游产业及相关要素之间相互渗透、交叉融合或整合重组,逐步突破原有的产业边界或要素领域,彼此交融而形成新的共生体的现象与过程。[②] 文化的本质是发现价值和创造价值,旅游的本质是体验价值和分享价值,文旅融合的本质是价值倍增和价值永续。[③] 文旅融合的最终目的是将文化和旅游产业重组再构,拓展两者的发展空间,促进文化和旅游的价值提升,通过对文化产业和旅游服务进行改造升级,增强旅游目的地的核心竞争力。[④] 对于文旅融合来说,其根本的思路是"以文促旅,以旅彰文"。前者指的是借助文化特色赋予旅游独特的内涵,以文化品牌为旅游赋能,以文化展演活动活化旅游业,并进

[①] 祝坤:《公共图书馆发展及其文旅融合路径探究》,吉林人民出版社 2021 年版,第 172 页。

[②] 徐虹、焦彦、张柔然编:《乡村旅游文化传承与创新开发研究》,中国旅游出版社 2021 年版,第 20 页。

[③] 董观志:《山河壮志:从文旅富民到乡村振兴的操作模式与行动策略》,华中科学技术大学出版社 2022 年版,第 230 页。

[④] 张玉萍、刘潇微:《体验设计:成都漆器的传承与嬗变》,中国发展出版社 2021 年版,第 117 页。

行艺术工艺产品的创作，对 IP 价值进行整合，促进旅游业的优化升级。后者指的则是将文化进行产品化、业态化、品牌化，使得文化资源转化为文旅产品。

总的来说，文化资源转化为旅游产品的主要方式可以概括为七种：第一，场景场馆化，依托文化资源打造新场景，形成文化景观和氛围，借助文化资源打造博物馆或展览馆，形成旅游新项目。第二，景区景点化，将文化遗产、遗址、文物等进行景区化打造，形成文化旅游区或精品旅游线路。第三，演艺活动化，依托文化资源的故事讲述，形成文化演艺、节庆活动、仪式体验、沉浸式参与类新产品。第四，要素配套化，提炼文化符号，在食、住、行、游、购、娱的旅游配套项目上植入文化符号，营造出文化消费大环境。第五，IP 形象化，提炼文化资源特质，打造鲜明的文化 IP 形象，形成一系列品牌化产品。第六，生态融合化，将文化资源与生态资源融合，形成自然与人文交相呼应的旅游项目，获得立体化的体验。第七，服务品质化，将文化资源的内涵精神或气质进行人性化表达，通过人性化服务和服务人员的文化传递，形成特色旅游产品和形象。[①]

（二）文化与旅游的关系

文化产业和旅游产业在发展上有许多方面有所交叉和重叠，旅游极大地促进了文化产业的发展、融合、商品化、产业化。同时，旅游也通过文化发展充实了其内在价值，提升了旅游目的地的吸引力，所以说，"没有旅游，文化就是孤立的；没有文化，旅游就是空洞的"[②]。从这个意义上来说，文化可以通过旅游提升知名度，旅游也可以通过文化增加内涵，增强旅游目的地的吸引力。

目前，关于文化与旅游二者的关系，有着多重描述，其中最常见的有三："灵魂与载体""诗和远方""资源和市场"，而官方则是用"文化是灵魂、旅游是载体"来形容。不过，这些说法的本质都是为

---

① 徐虹、焦彦、张柔然编：《乡村旅游文化传承与创新开发研究》，中国旅游出版社 2021 年版，第 120—121 页。

② 沈中印：《文化旅游理论与实践研究》，光明日报出版社 2020 年版，第 22 页。

了说明文化与旅游两者之间相辅相成、相互促进的关系。① 对于文化和旅游两者来说，它们有着内在逻辑发展的共通性。一方面，文化是旅游的灵魂，旅游的长足发展离不开文化资源，文化是旅游不可或缺的重要组成部分；将文化注入旅游之中，也赋予了旅游特色与魅力，使得旅游产品拥有更多的附加值；同时，文化消费活动也在旅游消费活动中占据着较高的比重。另一方面，旅游是文化的载体，通过旅游使得文化能够进行广泛的交流与传播。对于精神文化、非物质文化遗产来说，由于它们没有实体，因此必须通过一个载体进行呈现，使得游客们能够切实地体会到它们的存在。旅游是有目的地对地域文化进行开发，并将其呈现在游客们的眼前，让文化"活"起来，使得游客们能够主动了解这些文化，潜移默化地接受这些文化，使得这些文化能够通过游客们向外传播，达到文化交流的目的；人们的文化生活也离不开旅游，旅游助推了文化的繁荣发展。文化与旅游二者有着共同的属性：从功能上来说，二者都能够给人以精神体验；从产业上来说，二者也可以为社会创造出经济价值，并且关联性极强，在资源上能够进行互通，产业之间也能够形成互补，还能够扩大国内的消费需求，促进国内大循环，加速经济发展方式的转变，使得产业结构得以优化升级。从发展机制上来说，二者都具有生活指向性。文化来源于生活，因此文化产品的创作必须"生活化"，要贴近生活；而旅游也是人们生活的一部分，因此旅游产品的开发也不能够脱离现实生活。可以说，生活是文化和旅游的出发点以及交叉点，同时也是文旅融合发展关注的焦点，因此必须以人民对美好生活的向往为出发点和落脚点，以此来推动文化和旅游产业的发展。

1. 文化产业与旅游产业融合的必然性

随着旅游行业的不断发展，旅游产业由于机制体制落后、缺乏核心旅游吸引力、旅游产品单一等各种问题面临着转型升级。文化由于文化

---

① 祝坤：《公共图书馆发展及其文旅融合路径探究》，吉林人民出版社2021年版，第173页。

附加值较低、文化消费需求并未得到满足、缺乏持续的创新能力等问题需要推进文化发展方式转变。文化产业和旅游产业均处于发展的瓶颈期,亟须一个转型升级的机会,在这个意义上,旅游产业和文化产业的边界逐渐模糊,慢慢融合形成"文化旅游产业"和"旅游文化产业",在具备自身特点的同时也包含了文化或旅游产业中的融合部分,以有利于两个产业的可持续发展。①

2. 文化产业与旅游产业融合的外在驱动力

在现今的形势下从中央到地方都十分重视文化与旅游之间的融合发展。为促进文化产业和旅游产业的融合,政府出台了相关文件推动文旅融合的发展。2009年8月,由文化部与国家旅游局共同制定的《关于促进文化与旅游结合发展的指导意见》指出,着力推动文化产业和旅游产业的融合,有助于我国文化影响力的增强,推动文化更好地走出国门。国务院2009年12月颁布的《关于加快发展旅游业的意见》也提到了将文化产业与旅游产业相融合的内容。2014年2月,国务院又出台了《推进文化创意和设计服务与相关产业融合发展的若干意见》。2018年十一届全国人大一次会议提出将文化部与国家旅游局重新组建成文化和旅游部,这是文化与旅游产业融合的一大创举,使得文旅融合在政府层面上真正得以实现。从2009年开始,政府出台多项政策促进文旅融合发展,为文旅融合的发展提供了制度支持和规划保障。文化产业和旅游产业融合关系的基础是文化资源,旅游产业的地理空间是其融合的必要条件。两者的融合对于双方来说都具有重要的意义,并且是利大于弊的,文化和旅游产业的融合极大地丰富了文化和旅游产业的内涵,促进了文化旅游产业的转型升级,实现一加一大于二的效果。②

3. 促进文化产业与旅游产业融合的基础条件

文化与旅游具有天然的耦合性,正是由于这种耦合性才构成了文化

---

① 沈中印:《文化旅游理论与实践研究》,光明日报出版社2020年版,第22页。
② 沈中印:《文化旅游理论与实践研究》,光明日报出版社2020年版,第22—23页。

产业和旅游产业融合的基础，有利于文化产业和旅游产业扩大其产业发展边界，同时也能更好地服务于文化产业和旅游产业消费者的需求。文化资源和旅游资源具有相通的部分，这是两者融合的基础，文化资源和旅游资源的边界并不那么清晰，两者可以共享共通，即在保护文化资源的同时，融合发展旅游资源，利于两者互利共赢。科学技术的发展是文化产业和旅游产业融合的技术支撑，在"互联网+"的大形势下，文旅融合的发展也离不开科学技术的支撑，博物馆的实时讲解APP，"携程""去哪儿"网等一大批线上旅游企业的出现都为提升文化旅游服务作出了重要的贡献。[1]

二 文旅深度融合的模式

新时代我国文旅深度融合发展具有重要的现实意义，主要表现在为经济转型提供新的增长点、为旅游产业发展提供新的增长极、为社会主义文化大发展大繁荣提供新的活力、为满足人民美好生活需要提供新的实践路径。[2] 从政策发展的角度看，文旅融合的动机已经从以提高旅游业的经济效益为主转向追求经济效益与社会效益的统一。从最终意义上看，文旅融合的社会效益将是未来期望的主要目标，即通过文旅融合，提升民族整体文化素质和文化自信，最终实现社会主义文化的大繁荣、大发展。[3]

文旅融合不是简单盲目地将二者拼凑起来，"不能简单地把两者叠加在一起，而是要通过系统内部的耦合关系促成两者在系统要素上密切关联，产生化学反应"[4]。文旅融合是通过将文化注入旅游，使得旅游产品有着更深厚的内涵，以提高其品位，增加体验感。同时，让旅游成为

---

[1] 沈中印：《文化旅游理论与实践研究》，光明日报出版社2020年版，第23页。

[2] 燕连福：《新时代文旅融合发展：一个新的增长极》，《人民论坛（学术前沿）》2019年第11期。

[3] 周红雁：《文旅融合环境下的公共图书馆转型研究》，安徽大学出版社2021年版，第27页。

[4] 张胜冰：《文旅深度融合的内在机理、基本模式与产业开发逻辑》，《中国石油大学学报（社会科学版）》2019年第5期。

文化的载体，使得文化得以活化，更好地传承和发展下去。为了实现这样的目标，我们必须思考两个问题：一是文旅融合要融合什么，即文旅之间的契合点和对接面在哪里；二是要在确定对接点的基础上思考科学的对接程度。①

有关文旅融合的模式，不同的学者提出了不同的观点和看法，如"渗透型、延伸型、重组型三种文旅融合模式"②，"开发型、体验型、再现型、创造型"四种模式③以及原生态文化保护型、文化资源开发利用型、IP延伸授权型、"文化+科技"的娱乐型和"文化+地产"的休闲度假型五种融合模式等。④ 不同地区应当结合自身的实际情况，因地制宜地选择适合自身实际的发展模式，只有这样才能够真正地将二者的优势充分发挥出来，形成互补，达到共赢的局面。⑤

三 文旅融合的理论基础

（一）产业融合理论

目前，国内外学者基于不同角度对产业融合理论进行了研究，但一直没有形成统一表述。总的来说，产业融合可大致归纳为不同产业相互渗透、相互交叉，形成新产业的动态发展过程。⑥ 当产业发展逐渐成熟起来，科技水平到达一定的标准，政府的管制有所放松，并且整个社会的观念进行了更新时，产业融合也便悄然地开始发展。产业的融合发展，一方面能够使得产业进行优化升级，并产生一种全新的业态，同时

---

① 李任：《深度融合与协同发展：文旅融合的理论逻辑与实践路径》，《理论月刊》2022年第1期。

② 程晓丽、祝亚雯：《安徽省旅游产业与文化产业融合发展研究》，《经济地理》2012年第9期。

③ 黄细嘉、周青：《基于产业融合论的旅游与文化产业协调发展对策》，《企业经济》2012年第9期。

④ 张胜冰：《文旅深度融合的内在机理、基本模式与产业开发逻辑》，《中国石油大学学报（社会科学版）》2019年第5期。

⑤ 李任：《深度融合与协同发展：文旅融合的理论逻辑与实践路径》，《理论月刊》2022年第1期。

⑥ 谯薇：《四川省依托家庭农场模式发展现代生态农业的现状与扶持政策研究》，四川大学出版社2021年版，第35页。

也能给融合的双方创造更多的经济和社会效益。①

旅游业不仅是现代服务业中的综合性服务行业，又是一个关联带动性较强的战略性产业。产业融合既是旅游业形成的本质属性，也是现代旅游业发展的主要方式。② 如今，文旅融合还是简单的文化与旅游产业内容的融合，其中包含基于产业边界的扩展和分工理论的研究体系。从产业边界扩展的角度来看，无论是文化产业还是旅游业都能够实现产业发展边界的扩展，它们不仅能够实现内部的融合发展，而且能够实现和其他产业的跨界合作，从而拓宽各自的发展空间，提高自身的竞争力。在文化和旅游的发展体系中，应当对社会分工进一步细化，通过各种手段和方式加强合作共享。

（二）文化变迁理论

不同的学者对于"文化变迁"这一概念有着不同的看法与理解，如有些学者将文化变迁看作"在技术、社会、政治、经济组织以及行为准则等方面所发生的变化过程"③。而对于人类学者来说，文化变迁在于不同族群在接触过程中所产生或引入的新的观念和行为，这改变了其传统的行为观念。黄淑娉、龚佩华所界定的"文化变迁"概念为："或由于民族社会内部的发展，或由于不同民族之间的接触，因而引起一个民族的文化的变化。"④

文化变迁理论的来源是西方的文化人类学。不同的人类学学派在文化变迁理论上有着不同的见解，不过这些理论都存在着自身的不足之处。对于早期的进化学派来说，社会文化的变迁就是一个从低级到高级的发展过程，但他们忽视了族群间的文化交流。对于传播学派来说，他们将文化变迁等同于文化传播，但其对于文化传播的过程没有作出有效

---

① 王庆：《休闲农业高质量发展的实现路径与对策建议》，湖北人民出版社2019年版，第64页。

② 罗明义编著：《旅游融合发展：旅游产业与相关产业》，中国环境出版集团有限公司2016年版，第1页。

③ 马广海：《文化人类学》，山东大学出版社2003年版，第398页。

④ 黄淑娉、龚佩华：《文化人类学理论方法研究》，广东高等教育出版社2004年版，第216页。

的解释。对于博厄斯这一类的历史学派来说，他们更加看重的是具体民族自身的历史文化特性，并认为这种特性不仅受到社会内部的影响，同时也为社会外部所作用。传播要素是历史学派研究文化变迁最重要的考量标准，不过他们并不认同极端传播论。同样地，他们也存在着自身的局限性，就是过于注重详尽的描述，而忽视了理论。随着二战的爆发，伴随着殖民而产生的文化变迁与现代化成为人类学研究的热潮，其中以巴尼特理论为典型，其认为文化变迁是在创新的前提下进行的，内容包括进化、发明和发现，以及传播、借用。[①]

在社会学、民族学、人类学和旅游学等众多学科中，文化变迁的理论已经得到了广泛的应用。文化的变迁导致不同地区的文化存在着巨大的差别，而这些差别又是各地旅游发展的动力。一些学者运用文化变迁理论对旅游地的文化变迁进行了研究，并从旅游地内部主体的行为入手，剖析了旅游地文化变迁的机制。文化的变迁是一种必然的客观规律，而在这一变化中，旅游产业的发展对文化产生了巨大的促进作用。旅游开发中引入的外来文化，与旅游地的地方文化发生碰撞，形成示范效应、累积效应和激受效应，构成了文化变迁的主要驱动力。旅游业的发展，一方面增强了旅游地与外部世界的交往，增强了当地人的文化认同，从而推动了当地的文化重塑；另一方面，也造成了本土文化舞台化、庸俗化和趋同化，从而造成了本土文化变迁的负面效应。[②]

从文化变迁的理论来看，其实文旅融合也可以看作一种文化类型的变迁。文旅融合是一种文化时间和空间两方面的变迁：一是随着时间的影响，其自身发生了融合；二是在空间上也进行了主动的融合。国内学者根据文化与旅游不同的时空融合尺度将其分为几个阶段。初始阶段时，受体制机制的限制，文旅融合在合作领域、融合机制、政策制度及资源利用等方面出现各种各样的问题。但随着时间的推移，文化和旅游

---

① 岳国芳：《延安时期陕甘宁边区乡村社会文化变迁研究》，陕西人民出版社2020年版，第5—6页。

② 邓敏：《乡村旅游背景下南岭瑶寨聚落文化保护发展研究》，企业管理出版社2020年版，第48页。

开始主动地从彼此身上吸纳有益之处，相互促进。此后，在任何旅游空间上都有着文化的体现，任何文化的空间上也都开发了旅游的功能。最后，文旅实现跨越发展，二者原有的边界逐渐淡化，逐渐融为一体，奠定新时代"大文化"发展格局。

（三）场景理论

场景理论起源于20世纪80年代，由以特里·克拉克和丹尼尔·西尔为首的"新芝加哥学派"创立，这是世界上第一次对城市文化形态、审美特征在城市发展中所起的作用进行系统研究的理论。场景理论覆盖了社会生活的各个方面，包括经济发展和居住地点的选择，以及选举和新社会运动。场景理论从消费视角对后工业化都市的经济和社会现象进行了阐释，因而不同于以往以生产为中心的工业理论。场景理论既将消费看作一种消费行为，又将其重点放在了消费的社会组织形态上。[1]

场景理论最初是研究场景和城市发展的理论，它不同于以往聚焦在土地、资金、技术等生产性要素上展开的研究，而是将目光转向了城市中的文化设施，探索其背后的文化及价值观，并认为文化场景中的文化价值观念能够形成吸引力，促进文化的消费活动，形成城市形态的新动力。场景理论认为，场景作为一种社会情境，通过对公共活动的作用，来推动城市的发展。在对纽约、洛杉矶、芝加哥、巴黎、东京、首尔等世界知名大都市进行研究后发现，通过对城市休闲设施的不同搭配，可以形成不同的城市"场景"。每个城市场景中都包含着一种特殊的文化价值取向，这些文化价值取向会吸引不同的人群，促进他们的文化消费，促进区域经济的发展，这也是后工业城市发展的典型特征。[2]

文化和旅游融合发展是一个由来已久又历久弥新的话题。由来已久是因为文化和旅游密不可分，一直都是你中有我、我中有你。人们通过旅游认知社会、感受自然，满足精神文化需求。与此同时，文化又需要

---

[1] 何晓雷：《文化认同型国家的现代建构路径研究》，武汉大学出版社2022年版，第91页。

[2] 虞华君、陆菁、吴丽：《文旅融合的"拱墅模式"研究》，上海三联书店2020年版，第39页。

通过旅游来创新、传承与传播。[①] 文旅融合作为大运河有效开发的重要方式，同样需要相关理论的支撑。通过对文旅融合相关理论问题的阐述，对于我们探讨运河文旅融合发展的理念与原则无疑具有重要的参考价值。

第二节　运河文旅融合发展的理念

推进大运河文化和旅游的深度融合，对于保护好、传承好、利用好大运河文化有着重要意义，同时它也是实现传统文化创造性转化、创新性发展的优质载体。要坚持保护和利用并重，坚持"以保护为先"的原则，使古运河文化和当代文明相得益彰，促进沿运地区经济和社会实现高质量发展。[②] 要重点把握好"深度"二字。首先，在工程的设计上要遵循"宜融则融"的原则；在旅游资源、场所、设施和空间中融入文化元素、文化符号和文化精神，重点培养和开发旅游文创产品、旅游演艺、主题公园等各种新业态，提高旅游业的创新发展水平。其次，按照"能融尽融"的原则发展产业。把"融合"的思想贯彻到整个旅游发展过程中，促进文旅与教育、科技、体育、金融、农业、工业等产业的融合与发展，继续扩大旅游业的范围与界限，持续健全旅游产业链，为旅游目的地营造良好的人文环境。最后，遵循"因地制宜"的原则，在地区开发上做到因地制宜。一方面，要注重选择契合旅游发展的文化资源，将旅游驱动力、文化再生性、文化保护等各个层面都考虑进去，以保证所开发的文化资源可以持续发展。另一方面，要针对特定的文化资源条件，对旅游资源进行优化升级和更新配置，以相适应的方式组织生产、调整产品、培育市场。[③] 要根据当地资源禀赋和经济社会发展状况，选择符合自身实际的文旅融合发展模式，打造特色文化旅游产品，努力

　　[①] 马珍：《文旅融合背景下宁夏文创产品开发研究》，载牛学智主编《宁夏文化发展报（2022）》，宁夏人民出版社2022年版，第68页。

　　[②] 郑自立：《运河文旅融合应协同发展》，《经济日报》2022年4月4日第3版。

　　[③] 王菡薇、侯力：《文旅融合视角下的大运河文化带建设》，《唯实》2019年第12期。

提升产品的知名度、美誉度和竞争力。①

一 文化保护与旅游发展有机结合

如今，旅游已成为中国人民生活中不可缺少的一部分。文化遗产的丰富内涵及其特有的魅力，使其成为重要的旅游资源，也成为新时期文旅融合的一个重要依托。② 现代旅游发展是否有助于遗产保护，始终是一个存在争议的话题。一方面，旅游带来的商品化效应，可能会对地方传统文化形成冲击；另一方面，旅游也可能为生存空间受到严重压缩的文化遗产提供新的发展路径。但是，也有学者认为，现代旅游可为文化遗产提供发展的条件、资金的支持和价值的最大化，使遗产融入居民的日常生活，从而实现旅游的文化遗产化。③ 然而，要实现文化遗产和旅游的完美结合，需要充分考虑到经济增长与文化保护之间的协同和平衡。一方面，要注重经济收益的最大化，通过合理规划和管理旅游资源，提高旅游服务质量，吸引更多顾客和投资，从而实现旅游业的可持续发展。另一方面，要制定相关政策和法规，增强对文化遗产的监管和保护力度，确保文化遗产得到妥善保存和传承。在运河文旅融合过程中，亦应注重文化遗产旅游的社会责任，保护运河遗产及其环境，尽量减少旅游业可能造成的负面影响，做到有效保护、合理开发，确保文化旅游资源永续利用，实现文旅产业可持续发展。④ 各级地方政府必须监督与管理整个开发过程，保证运河文化资源的规范性开发与利用。⑤

二 文旅产业和文旅事业有机结合

从文旅产业发展演化的角度而言，文旅产业经历了"文旅行业、文

---

① 赵蕾：《从三个维度推进文旅融合》，《奋斗》2023年第3期。
② 王运良：《文化遗产旅游开发与提升要素研究》，《中国名城》2023年第2期。
③ 孙九霞：《文化遗产的旅游化与旅游的文化遗产化》，《民俗研究》2023年第4期。
④ 任唤麟、庄道元：《运河文化重塑与运河文旅景观带的构建——以大运河安徽段为例》，《宿州学院学报》2020年第5期。
⑤ 孟涛：《文旅融合背景下大运河沧州段民间美术开发策略探究》，《漫旅》2023年第6期。

旅产业、文旅事业"三个不同的阶段,但三者之间也相互并存,相互促进。"文旅行业、文旅产业、文旅事业"的管理,构成了文旅产业高质量发展管理的三维逻辑框架。① 文旅行业倾向于行业管理,强调文化和旅游局的行政职能,从目前来看,旅游行业是相对比较狭小的范畴,其包括行业监督、行业管理、行业引导、行业咨询等相关内容,即文旅行政部门为文旅行业提供必要的服务。文旅产业倾向于产业发展,强调政府的顶层设计、宏观指导、市场监管、产业布局以及产业政策制定,是政府为文旅产业提供必要的服务。文旅事业关注的是文旅的公益性,强调政府的服务职能。

　　文旅事业与产业的功能虽然各有重点和特点,但不是截然不同、互相排斥的,而是可以互补和互促的。② 从中国仍处于社会主义初级阶段的国情出发,环视世界发达国家文化事业与产业长期并存、互补的普遍状况,探索、谋划文化与旅游、产业与事业融合发展的新途径,建立公益机构与盈利企业混合运营的新模式,创造事业促进产业、产业反哺事业的新机制,推动文旅事业与产业的联动发展,是新时代下文化和旅游界面临的一大课题。③ 因此,当前文旅发展理念,应该由文旅行业管理、文旅产业发展向文旅事业公益性服务转变。④ 在推动运河文旅融合发展的过程中,同样应该遵循这一理念。大运河的旅游规划与开发要以保护为主,彰显文化内涵,协调性是其开展开发活动的理性前提。⑤ 运河文旅融合既有利于旅游业的发展,也有利于文化事业的发展,但在公益事业与旅游业之间应取得平衡。⑥ 在发展文化产业时,不忘补齐文化产业

---

　　① 朱岚涛、王文丽、潘杰:《宁波文旅产业高质量发展研究》,海洋出版社2022年版,第216页。
　　② 王兴斌:《旅坛思辨录》,旅游教育出版社2021年版,第74页。
　　③ 王兴斌:《旅坛思辨录》,旅游教育出版社2021年版,第75页。
　　④ 朱岚涛、王文丽、潘杰:《宁波文旅产业高质量发展研究》,海洋出版社2022年版,第217页。
　　⑤ 刘润楠:《大运河文化带(江苏)旅游资源的嵌入式开发》,《淮阴工学院学报》2021年第6期。
　　⑥ 任唤麟、庄道元:《运河文化重塑与运河文旅景观带的构建——以大运河安徽段为例》,《宿州学院学报》2020年第5期。

的短板，促进文化的旅游化；在对旅游产业进行发展的同时，不忘补齐旅游短板，促进旅游的遗产化。

三 继承传统与创新发展有机结合

在文旅融合的背景下，文化传承的重要性是不言而喻的。做好文化传承创新，大力推进文化旅游深度融合协调发展，可以更好地满足人们对美好生活的向往。在发展旅游经济的过程中，要将创新与传承结合起来，在继承中创新，在创新中发展，在求新、求变、求精的同时，将优秀的民族文化和民族精神发扬光大。要在尊重历史传统的基础上，古为今用，与文化旅游的实际需要相结合，融合现代的价值观和生产生活模式，不断推陈出新，实现文化的创造性转化和创新性发展。具体来说：一是业态创新。在整合本土文化资源基础上，可尝试打造精品旅游路线、文化旅游体验区等，植入餐饮住宿、服装摄影、会展表演、地产经济等多元业态，推动游客的消费环境从"封闭"走向"开放"，丰富游客的旅游体验，推动旅游业的高质量发展。二是内容创新。通过对旅游主题、旅游景观、旅游空间、旅游活动、旅游功能和旅游服务等元素进行创新设计，进一步完善旅游基础设施，推出系列化、精品化旅游产品和线路，不断丰富旅游内容、创新服务方式、拓展服务领域、提升服务品质。三是产业创新。坚持"区域协调、跨界合作、景区联动"的发展思路，统筹和推进景区特色项目，重构以休闲、旅游、文化、产品、设施、服务等产业格局。通过发展文化创意旅游，打造特色品牌产业链，使旅游产业由粗放型向精细化、标准化、人性化发展。

千年来，绵延不绝的京杭大运河，在新的发展契机下，仍在不断地为沿线的城市、居民和社会创造新的价值。运河的时代特征决定了人们对运河文化的认识动机，而传承性则是其传承的根本保障。运河文旅开发应力求当代性和传承性相结合，使人民群众从中汲取更多的大运河文化养分，从而使运河文旅品牌不断壮大。[1]

---

[1] 王格、李凤娇：《高质量发展视域下大运河文化带扬州段文旅品牌建设研究》，《无锡职业技术学院学报》2023年第1期。

四　地域文化与创意产品有机结合

文旅产业的发展建立在地域文化资源的充分利用之上，与此同时，创作出的文化产品也是地域文化最有效的载体。① 从文化的视角出发，通过对地域性文创产品的开发，可以让我们更深层次地发掘出地方文化的精华，并对其进行有效传承。② 由于我国幅员辽阔，人口众多，各地区又有各自独特的文化系统，因此，我们可以将其文化遗产划分为有形和无形两种。有形部分包括古迹、历史建筑、部落、城镇、地方特产等；无形部分则主要有传统艺术、民俗风情、当地特有的曲艺等。③ 目前，在各级地方政府都十分注重文化传承的情况下，大量的有形文化得到了积极的发展，而无形文化也被列入非物质文化遗产的保护范围，引起人们的广泛关注。把文化创意产品和当地的地域文化有机地融合在一起，能够更好地提高产品的识别度。以材料、造型和美感代替传统的市场营销方式，为产品注入更多的文化色彩，同时还具备了文化的观赏性与功能性。④

在开发旅游文化资源时，应充分考虑地方的人文特征，并对其进行科学、合理的开发，才能更好地促进区域旅游业的发展。⑤ 从特定的地域文化资源中提取出核心元素，使其实物化，由独特的自然风光、流传的历史故事衍生出文创产品，能够进一步提升地域旅游的吸引力，促进地域文化的传播和发展。⑥ 运河文化旅游品牌的构建不仅要与宏观的品牌形象保持默契，而且要结合地方特色进行创新。⑦ 在推动山东运河文

---

① 刘方靓、吕慧子：《甘肃地域性文化创意产品设计方法研究》，《工业设计》2019年第8期。
② 汪思颖：《地域性文化创意产品设计研究进展》，《湖南包装》2018年第1期。
③ 刘美琪、蒋滟彤：《地域性文化符号在文创产品设计中的创新应用——以敦煌纹样的创新设计文创为例》，《现代盐化工》2020年第2期。
④ 邹冬芳：《地域性文化创意产品设计研究》，《轻纺工业与技术》2021年第10期。
⑤ 符章凯：《基于地域文化的旅游文化资源开发探究》，《鸭绿江》2020年第9期。
⑥ 张玉领：《基于地域文化的旅游文创产品设计》，《旅游与摄影》2022年第4期。
⑦ 王格、李凤娇：《高质量发展视域下大运河文化带扬州段文旅品牌建设研究》，《无锡职业技术学院学报》2023年第1期。

旅融合发展的过程中，同样要将地域文化与具体产品进行有机结合，积极发展独具特色的文化旅游和文化创意产业。为了实现这一目标，我们需要创新文化旅游的形式和表达方式，将抽象的文化转化为具体的文旅体验项目。通过提供住宿、饮食、购物、娱乐等服务，有效地展示和传达文化内涵，使之成为游客易于接受的具体文化符号和体验性产品活动。

第三节　运河文旅融合的基本原则

文旅融合是当下的热门话题，影响着我国文化产业和旅游产业的发展方式。文旅融合发展的主要突破点在于将文化资源转化为旅游产品，进而形成文旅融合性新业态和新项目。要想实现文化资源的活化利用，需要坚持五个基本原则：一是坚持保护优先，在不伤害、不破坏和保持原真性基础上，对特色文化进行有效利用；二是坚持市场导向，满足人们日益增长的文化需要，满足市场的多样化需求；三是坚持创意开发，注入文化创意的智慧，形成高品质的文创产品；四是坚持文化与生态融合，将文化景观与自然生态结合，赋予自然要素以文化风情；五是坚持以人为本，当地居民是文化的核心载体，原生态生活方式及风土人情是基础。[①] 在推进山东运河文旅融合发展的过程中，亦需要遵循一些基本原则。

一　坚持因地制宜、稳步推进原则

文化与旅游在资源上的融合是文旅融合的核心问题，也是后续工作的实施基础。文旅资源融合指的是将历史、文物、手工艺等文化资源与相关的自然、交通、景区、食宿等相关的旅游资源进行整合，把文化资

---

① 徐虹、焦彦、张柔然编：《乡村旅游文化传承与创新开发研究》，中国旅游出版社2021年版，第120页。

源转变成旅游吸引力，以旅游资源承载文化，提升旅游资源的文化附加值，从而推动两种资源的优化升级和更新。① 真正意义上的"融合"，是指在一个体系中，有联系的元素间的融合与协调，即元素的融合。没有元素的融合，就很难实现深层次的融合，它的融合也就只是一种形式。如果仅仅在产品的表面上增加几个文化符号，那就不是深层次的融合，而是对文化元素的简单、表面的移植、添加或嫁接。深度融合需要从旅游产品的创新入手，考虑在旅游产品中融入文化元素，为产品赋予深刻的文化内涵，使文化成为旅游的生命线。当前，越来越多的文旅融合注重将文化元素融入产品之中，对产品的文化内涵进行深层次的挖掘，强调文化对文旅融合的重要作用。② 在推动运河文旅融合的进程中，要根据不同的情况，遵循文化与旅游业发展的客观规律，对文化与旅游的融合进行准确的定位，注重其最终成效。

二 坚持文旅互促、协同发展原则

文化是旅游的灵魂，旅游是文化的载体，"以文促旅，以旅彰文"已成为推进文旅融合发展的基本共识与总的工作思路。③ 文旅融合已成为发展现代旅游业、促进文化产业发展的必然选择。④ "以文塑旅、以旅彰文"高度概括了文化建设和旅游发展相互促进、相得益彰的关系，明确了文化和旅游融合发展的基本原则和根本方向。⑤ 一方面，文化为旅游资源的开发提供了源头和思路，通过对优秀文化资源的挖掘利用，可以为旅游产品和服务注入文化内涵，探索类型多样的旅游产品和丰富精彩的旅游活动，创新旅游业发展模式，拓展旅游业的规模，丰富游客的

---

① 王菡薇、侯力：《文旅融合视角下的大运河文化带建设》，《唯实》2019年第12期。

② 张胜冰：《文旅深度融合的内在机理、基本模式与产业开发逻辑》，《中国石油大学学报（社会科学版）》2019年第5期。

③ 李任：《深度融合与协同发展：文旅融合的理论逻辑与实践路径》，《理论月刊》2022年第1期。

④ 周鸥鹏、王佳莹：《文旅融合发展的逻辑、维度与路径》，《商丘师范学院学报》2022年第7期。

⑤ 宋子千、宋潇玉：《"以文塑旅、以旅彰文"的科学内涵、理论价值和实践意义》，《发展研究》2022年第11期。

感知和体验。另一方面,通过文化市场和旅游市场相结合,文化活动更加具有市场参与性,文化建设的主体力量得到增强,有助于实现文化和经济发展双丰收,促进文化传播,彰显文化自信。

具体到山东沿运地区来说,要充分发挥文化的灵魂作用和旅游的载体作用,推动文化和旅游的加速融合,形成发展合力。设立专门的文旅商品研发中心和生产基地,深入挖掘大运河山东段文物遗迹、非物质文化遗产和运河文化博物馆等资源中的特色元素开发文化旅游产品,研究和开发具有运河特色的传统工艺品,加大优质旅游产品供给力度,打造独属于大运河山东段的文旅品牌,更好地满足消费升级带来的新需求。

三 坚持特色创新、质量发展原则

有特色才有吸引力、竞争力和生命力,依托旅游资源的旅游产品开发成功与否,在较大程度上取决于旅游资源特色是否突出。山东沿运各地市都有自己独特的文化气质和旅游特色,文旅融合一定要发挥各地的文化优势,设计开发出融入地方特色文化元素的旅游产品,培育、塑造独特而响亮的地方文旅品牌。具体来说:一方面,是要以丰富的旅游资源为基础。要依托具有较高稀缺性和历史悠久的旅游资源进行产品开发,以其独特性来吸引游客。另一方面,在发展旅游产品时,应注重保护旅游资源的原貌和环境的原貌。在开发基于自然风景旅游资源的旅游产品过程中,一定要将其原本的自然资源和环境特征充分地展现出来,并且要尽量避免对自然美的破坏,尽可能地让道路、食宿、娱乐和购物等辅助性旅游设施和人工景观与周围的自然环境融为一体,形成一种和谐的氛围。在开发基于历史文化遗产的旅游产品时,要尽可能地保留其原始风貌,并按照"修旧如旧"的原则对其进行修缮,使其成为游客参观和欣赏的场所。如此一来,既可节约开发旅游产品的费用,又可使游客感受到历史的厚重,怀旧思古之情油然而生。设计以民俗风情旅游资源为依托的旅游产品时,主要对民俗风情进行挖掘、整理、改造、加工和组织,突出民族特色、地方特色、文化底蕴,设计各种体现当地社会生活和历史文化的旅游项目。①

　　创意创新是文旅融合发展的催化剂。创新是运河文旅品牌建设与打造的一个重要环节。②从文化旅游项目的策划，各种景观的规划，到体验项目的研发，旅游纪念品等旅游周边产品的设计，都要有优秀的创意元素。优秀的创意可以满足旅游者的需要，极大地提升游客的体验感，较好地顺应市场的发展和变化，打造一批享有盛誉的文化旅游产品。③政府部门要依托当地文旅资源禀赋，营造文化创意与旅游创新互相融合的良好环境，制定文旅创新的激励政策，建设文旅创意产业园区，组织文旅创新活动，激发文旅工作者创新的动力和活力，促进文旅产业新业态、新模式、新产品、新技术、新方法的产生。要深入挖掘文化内涵，突出文旅特色，引导文旅融合特色化发展，打造特色鲜明的文旅新产品和新业态。

　　旅游产品的质量是提高旅游产品的市场化程度，加速其市场化进程的基本保障。④旅游产品生产与消费的同步性使得游客在进行旅游产品的购买与消费前，不能对旅游产品的品质进行检测，这成为影响旅游产品走向市场化的核心因素。虽然说宣传和促销是旅游产品走向市场的重要手段，但旅游产品能否在市场上站稳脚跟、留得住游客的根本，还是在于旅游产品本身的质量。⑤正因为旅游产品的质量是旅游产品走向市场化的重要保证，所以在运河文旅资源开发过程中，相关部门和企业必须高度重视旅游产品质量管理，建立健全旅游产品质量保证体系。

四　坚持统筹协调、互补共赢原则

　　文化资源是有限的，对文化资源的开发要坚持经济效益、社会效

---

　　①　高元衡、李肇荣主编：《旅游经济基础》，旅游教育出版社2006年版，第29页。

　　②　段七零、许金如、董广智、李芸：《江苏文旅深度融合的原则与十大融合路径》，《无锡商业职业技术学院学报》2021年第3期。

　　③　任红、马天：《文旅融合趋势下文化旅游品牌建设的原则与策略》，《太原城市职业技术学院学报》2023年第1期。

　　④　高元衡、李肇荣主编：《旅游经济基础》，旅游教育出版社2006年版，第30页。

　　⑤　徐飞雄等：《现代旅游经济》，湖南人民出版社2003年版，第296页。

第三章 运河文旅融合发展的理念和原则

益、环境效益相协调的原则，考虑开发对当地文化遗产、传统习惯和社会生活的影响，处理好开发和保护之间的关系，采取前瞻性和预防性的措施，避免造成对文化资源价值的损害，同时还要通过开发使文化资源价值增值。[1] 一个旅游项目在为当地带来巨大的经济效益时，还必须考虑给当地社会及生态环境所带来的种种影响。因此进行旅游项目设计时，要综合考虑经济、社会、生态环境三大效益。[2] 旅游业作为一项经济产业，在其开发过程中必然把提高经济效益作为主要目标；同时，旅游业又是一项文化事业，因而，在讲求经济效益的同时，还必须讲求社会效益和环境效益，也就是要从开发的总体水平考虑，谋求综合效益的提高。[3]

山东运河文旅融合发展，同样应辩证地处理好政治效益、社会效益和经济效益的关系，注重三大效益的协调与统一。一是要讲求经济效益，旅游业的势头强劲，若良性发展带来的经济效益十分可观，但同时也兼具风险。所以旅游地的开发、旅游路线的规划和旅游项目的投资等，都要先搜集资料进行综合评估，确保此项目具有可行性，投资回报率较高。二是要注重社会效益，在进行旅游景点的开发和线路的设计时，要将当地的社会、经济发展水平、当地的风土人情、文化发展程度等都纳入其中；要考虑文化和旅游的公共产品属性特征，让民众共享发展成果，促进文明发展，推动社会进步。三是要讲求生态环境效益，要科学评估和计算自然环境的可承载力，尊重旅游产品开发的规律，注重提高开发的综合效益，建设环境友好型社会，实现人与自然的和谐发展。最后，应充分调动政府各部门、企业、社区、群众的力量，强化共识，激发文化活力，提升旅游品质，提高文旅产业的综合效益。同时，要处理好文化与旅游之间的关系、文化保护和利用之间的关系，坚持文旅融合的可持续发展，在保障各方利益的同时，共享文旅发展红利。要

---

[1] 唐任伍、赵莉：《文化产业：21世纪的潜能产业》，贵州人民出版社2004年版，第131页。
[2] 吴国清：《旅游规划原理》，旅游教育出版社2010年版，第163页。
[3] 高元衡、李肇荣主编：《旅游经济基础》，旅游教育出版社2006年版，第30页。

处理好文化资源和旅游发展的关系，坚持合作共赢，推动文化和旅游产业的相互促进、互补协调、共同提升和可持续发展。

五 坚持市场导向、项目带动原则

旅游市场的定义既有狭义的，也有广义的。从狭义的角度看，旅游市场仅是一个商品交换的场所；从广义的角度来看，旅游市场是在旅游产品交易中所表现出来的一系列经济行为，以及由这些行为所引起的各种经济关系。它既包含了旅游物品交易的地点，也包含了在一定区域内的供给与需求方之间的种种经济行为与经济关系，也就是使旅游物品互相转让的交易关系的总和。① 旅游者作为旅游市场当中的主体，在旅游的体验感等方面具有话语权，他们希望旅游资源价值能够不断得到提升。随着旅游业的发展，旅游者的需求越来越多样化，因此，旅游资源价值的提升必须以旅游者的需求为依据，以增强旅游资源的市场竞争力，实现其最大价值为最终目标。② 从长远来看，游客的文化教育程度越来越高，对具有较高文化内涵的旅游产品的需求量也会越来越大。为此，必须密切关注旅游市场的发展动态，只有这样才能使文旅产品的开发更好地适应当前的发展趋势。这就要求在开发旅游产品时，要改变观念，把资源导向转变为市场导向，并且随时注意市场需要，定期开展市场调研，牢固树立市场观念。在开发旅游产品的过程当中忽视市场需求，可能会造成旅游资源和生态资源的双重损害，而且没有销售的动力。拥有旅游资源并不等于就拥有旅游产品，而旅游资源要开发成旅游产品，还必须根据市场需求进行开发、加工和再创造，从而组合成适销对路的旅游产品。③ 在强调市场导向原则的同时，我们也应该看到，如果过多强调旅游市场导向而忽略旅游资源特色的把握，旅游产品就会变成"无根之木"，就会缺乏可持续发展的基础。因此，在旅游产品策划

---

① 卢善庆主编：《二十一世纪旅游经济与文化》，国际华文出版社2004年版，第109页。
② 王朋薇：《自然保护区生态旅游资源价值研究》，上海交通大学出版社2021年版，第131页。
③ 高元衡、李肇荣主编：《旅游经济基础》，旅游教育出版社2006年版，第28—29页。

中，需要辩证地看待旅游市场和旅游资源，力争做到旅游市场机遇与旅游资源魅力兼得。①

推动山东运河文旅融合发展，要以更好地满足广大人民群众多层次文旅消费需求为导向，对重点文旅项目进行综合评估和实地考察，助力文创企业发展，积极推进文旅产业市场化进程，增强市场核心吸引力和竞争力。具体来说，一是把重点放在项目上。要积极策划、论证和储备一批具有一定影响力的文化旅游标志性工程，进一步加强对资金的引入，优化营商环境，推动各种资源要素的合理流动，积极培育文旅市场，增强其活力与竞争力。加快项目落地率和开工率，以项目建设带动资源整合和产业融合。② 二是注重培养主体。在文旅行业中开展龙头企业培育计划，扶持本地骨干企业发展壮大。要吸引更多的知名企业、著名团队和战略投资者，鼓励实体经济、影视制作、演艺院团等领域的龙头企业积极投资文旅产业。三是要抓好品牌建设。打造"文旅名县""名镇""名村""名街"，通过统筹和挖掘，打造"文旅企业""景区"和"演艺"品牌，打造多层次文旅融合品牌。四是加强品牌推广。除了要做好传统的宣传工作之外，也要学习、借鉴那些旅游先进城市的宝贵经验，通过网络平台、影视节目、流行歌曲等来打造更多的网红之都、休闲之都。③ 坚持市场导向，突出文旅品牌的精细化定位，强化文旅品牌的符号化生产，强化文旅品牌的整合和推广，提高文旅产品的整体品质，推动运河文化旅游高质量发展。④

六　坚持保护第一、系统规划原则

发展文化产业和旅游产业不能以牺牲宝贵的文化遗产为代价，要妥

---

① 周作明：《旅游策划学新论》，上海文化出版社 2015 年版，第 293 页。
② 李任：《深度融合与协同发展：文旅融合的理论逻辑与实践路径》，《理论月刊》2022年第 1 期。
③ 李任：《深度融合与协同发展：文旅融合的理论逻辑与实践路径》，《理论月刊》2022年第 1 期。
④ 周鹍鹏、王佳莹：《文旅融合发展的逻辑、维度与路径》，《商丘师范学院学报》2022年第 7 期。

善处理好保护与开发的关系，以保护传承为基础，加大大运河山东段文化遗产的保护力度。要结合大运河山东段的特点，合理利用文化生态资源，构建完善的规划体系，有计划地推进大运河山东段文旅深度融合工作。要严格贯彻落实山东省出台的相关政策文件，以规划中的一系列具体要求和举措为导向。例如《山东省"十四五"文化和旅游发展规划》中提出加强文旅融合，打造大运河文化带；在《文物保护利用"十大工程"实施方案》中也明确提出实施大运河遗产保护利用工程，这些都为沿运地区开展工作提供了有力支撑。建设大运河国家文化公园（山东段）也是山东省"十四五"规划中的一项重大任务布局，这既能充分展现大运河的精神内涵，又有着重要的现实意义。目前，大运河国家文化公园的建设工作在山东省已经全面展开，大运河山东段被赋予新的时代含义和文化价值。

七　坚持以人为本、惠民乐民原则

大运河山东段文旅产业的蓬勃发展为沿线各地带来新的发展机遇。一方面来说，其丰富了人民的精神文化生活。沿运地区不断加大优质文旅产品供给，定期推出一系列丰富多样的活动，如运河专题展览、运河非遗进景区文化惠民展演等，让游客沉浸式感受运河民俗、美食、戏曲等，为游客献上精彩的文旅盛宴。同时，加大对特殊群体的门票减免优惠力度，规范景区管理，提升工作人员服务水平，让游客有更好的体验，玩得更加舒心。另一方面，大运河山东段文旅产业的发展在引导消费、促进就业、带动区域经济发展等方面发挥着巨大的作用。通过推进文旅融合，可以带动沿线群众就业增收，促进地区经济发展。沿运各地要积极推进图书馆、博物馆高质量建设，充分发挥运河文博机构的作用，向人们讲好讲活运河故事。

当前，我们正进入文旅融合的大众旅游时代，地方政府和旅游企业要做好旅游中的文物资源保护，开发挖掘好文物资源内涵，发挥文化在旅游产品和服务中的灵魂作用，通过职能融合，推进资源融合、产业融合、服务融合和交流融合，让旅游化利用成为文物保护利用的重要途径和文化交流传播的重要渠道。① 从短期的调整来看，开发商、运营商和主管部门要加强实践和融合。从长期来看，深层次地推进文化和旅游融合，必将依赖多部门之间的协同推进。② 总而言之，山东运河文旅融合发展，要坚持因地制宜、保护优先、特色突出、可持续发展等基本原则，坚持文化为内容、旅游为载体、保护为前提、传承为目的，深入推进运河文旅融合发展的力度、深度与广度，最终实现遗产保护和旅游开发的协调发展。

---

① 何晓雷：《文化认同型国家的现代建构路径研究》，武汉大学出版社 2022 年版，第 318 页。
② 范周：《言之有范：新消费时代的文化思考》，知识产权出版社 2021 年版，第 13 页。

第四章　山东运河文化遗产的挖掘与转化

　　大运河文化作为"流动的文化",具有多样性、包容性、创新性、和谐性等特征。作为中华优秀传统文化的重要组成部分,推动其创造性转化、创新性发展是新时代背景下大运河文化保护、传承、利用的新理念。[①]"文化遗产是文化形成和发展的根本载体,大运河文化与大运河文化遗产两者是不可分割的统一体。"[②]在当代文化与大运河历史文化完美融合的过程中,将大运河作为文化遗产进行保护和利用也逐步成为大运河文化延续发展的一部分。针对山东运河文化遗产的保护、挖掘与转化,一方面,沿运各地和相关部门应该加强对大运河的保护和管理,制定相关的法规和政策,增强对大运河的监督和保护力度。同时,社会各界也应该积极参与到大运河的保护中来,加强对大运河的宣传和教育,提高公众对大运河的认识和重视程度,共同推动大运河的保护工作。另一方面,大运河作为一项重要的文化遗产,具有巨大的旅游和经济价值。沿运各地要充分利用大运河的旅游和经济价值,在保护遗产的前提下,提高其对地方经济社会发展的贡献。

　　[①] 宋长善:《大运河文化创造性转化创新性发展的路径思考》,《常州工学院学报(社科版)》2022年第6期。

　　[②] 李标标:《以文化遗产的视角探析大运河文化的内涵和意义》,《文物鉴定与鉴赏》2021年第12期。

第四章　山东运河文化遗产的挖掘与转化

第一节　山东运河文化遗产现状分析

山东运河源远流长，流经德州、聊城、济宁、泰安、枣庄五市，有大量文化遗产分布于沿线地区。这些遗产数量多、科技含量高、文化内涵丰富，具有重要的历史、文化价值，通过对运河遗产现状及存在问题的分析、研究，有助于进一步挖掘山东运河文化的内涵，促进政治、经济、文化、生态的协调发展，实现文化强省目标。

一　山东运河文化遗产现状

山东段运河文化遗产种类丰富、特色鲜明、影响深远。2014年6月，中国大运河成功申遗，包括27段河道与58个遗产点在内的85个遗产要素被列入世界文化遗产名录。其中山东境内有8段河道，15个遗产点，23个遗产要素，在沿运省份中仅次于江苏，位居第二位。山东省运河文化遗产具有自身特点，那就是河道基本全部为人工开挖、水利工程数量多、科技含量高，在整个京杭大运河区域非常具有代表性。除物质遗产外，山东运河区域还有大量的非物质文化遗产，如船工号子、戏剧、音乐、舞蹈、体育、武术等，这些非遗项目或因运河而形成，或与运河有着密切关系，具有较高的历史、文化和艺术价值，是运河文化遗产的重要组成部分。总的来说，山东运河文化遗产现状内容丰富、特色突出、形式多样、底蕴深厚、潜力巨大，但同时也面临诸多问题。

（一）遗产类型丰富，历史底蕴深厚

山东运河的开凿有着悠久的历史，早在春秋时期，吴王夫差就曾在山东开凿菏水，以进取中原。隋唐大运河开凿后，又流经山东临清、德州等地，元代开会通河，京杭运河贯穿山东西部全境，对山东的政治、经济、文化产生了重要影响。目前山东运河区域文物古迹众多，涉及河道、工程、附属建筑诸多类型，而木版年画、船工号子、竹编制品、饮食文化等非遗产品更是不计其数。如此众多的文化遗产分布于德州、聊城、泰安、济宁、枣庄等地，发展潜力大，文化内涵丰富，是重要的旅游产业、文化产业资源。

（二）运河南北断流，河道现状差异巨大

1855年黄河铜瓦厢决口后，夺大清河河道入海，自此以济宁为界，以北为断流河段，以南仍然通航。目前济宁至枣庄段山东运河仍然承担着繁重的运输任务，每年运输量庞大，沿岸码头、港口、航道的建设不断发展，内河航运发挥着重要的交通运输、灌溉、防洪、调节生态的作用。而济宁以北河道除部分作为景观河道仍能通行游船外，多数已淤塞不通，河道内既有大量的闸坝等文化遗产，同时还有部分已被种植上庄稼、树木，难以有效利用。

（三）旅游开发程度不同，差异较大

自大运河列入《世界文化遗产名录》后，山东沿运各城市对旅游业的发展相当重视，采取了诸多措施以保护运河文化遗产、发展特色运河小镇、打造运河旅游品牌，取得了一些成绩。如台儿庄古城已成为国内外享有盛名的运河文化旅游景区，每年有大量游客前来参观，创造了大量的经济价值。而德州、聊城、济宁等地也致力于运河古镇的规划、开发，相关项目或已完成，或正处于实施之中，但也有部分项目效果一般，没有达到预期的目标。

二 存在的问题和不足

山东运河文化是在大运河的开凿和通航过程中逐渐形成、发展的文化艺术积淀，是极其宝贵的文化遗产资源，在山东数千年的历史文化长河中占有重要地位。但同时也有着诸多问题和不足，主要体现在以下几个方面：

（一）遗产保护压力巨大

山东运河流经德州、聊城、泰安、济宁、枣庄5市。由于各地政策与重视程度的差异，在遗产保护与利用上存在着不少问题：第一，不少地区重申报、轻保护，遗产保护意识薄弱，缺乏完善的遗产法规、政策，甚至认为保护就是大拆大建，严重破坏了文化遗产的真实性和完整性。第二，缺乏对文化遗产的长远规划，没有制定分步实施、科学统筹、协调发展的策略，存在着盲目冒进、急功近利等弊端与缺陷，导致出现了种种问题。第三，很多运河城市将申遗成功作为终点，而对于后申遗时代文化遗产的保护、利用缺乏全面、系统、深刻的认识。第四，没有意识到运河包含不同层次的文化，即制度文化、社会文化、技术文化，普遍认为运河文化就是遗产保护，没有实现对运河文化的深层次挖掘与利用。第五，运河文化的宣传力度不够，多数民众对运河文化的认知较为匮乏，缺乏了解运河、认识运河、保护运河的热情与主动性，没有形成全社会普遍参与的氛围。

目前，山东沿运地区除一些重点文物得到较好的保护外，大多数遗产由于保护资金不足、对管理的认识不到位、保护规划不科学等，导致大运河文化遗产保护现状不容乐观：一些河段水质较差，河道内外杂草丛生，垃圾随处可见，交通和卫生问题都亟待解决；一些附属河工建筑物因年久失修或生活生产过程中的破坏性改造而失去了原有的风貌；一些目前还能够发挥通航作用的河道也因拓宽或改建等人为活动，使原有景观遭破坏；还有部分运河古镇由于开发活动不适当，破坏了古镇的历史真实性及风貌完整性。另外，随着经济的高速发展、生活水平的不断提高，以及生存环境的改变，民风民俗、戏剧曲艺、文学歌谣、工艺美术、音乐舞蹈、武术杂技等非物质文化遗产日趋消亡，这些传统文化面临着失传的危险。大运河以及大运河文化遗产的保护面临着严峻挑战，如果再不重视保护工作，大运河的自然生态环境和历史文化遗存将不复存在。

（二）传承利用质量不高

相比沿运其他省市，山东省对运河文化多元价值体系的研究阐发不够，未能与儒家文化、泰山文化、黄河文化、水浒文化等实现有机融合，其文化引领能力没有得到充分发挥；对各类文化生态资源进行活化利用的形式和途径单一，一些优质资源长期未能得以利用。同时，运河文化旅游与其他产业的融合力度有待加强，无法对遗产保护形成支持，传承和利用的质量有待提升。对运河文化多元价值体系研究阐发不够，重发展、轻保护的思想还不同程度地存在，已开发的项目和工程大都着眼于旅游、航运等发展功能，文化园区、古镇打造等方面存在同质化现象，对运河文化丰富内涵的挖掘和展示不足，相关文化创意产业发展相对滞后，对运河文化的时代性、创新性阐释和活态化展示还需要进一步加强。

（三）生态环境保护形势严峻

在历届省委、省政府的带领和国家有关部委的支持和指导下，山东沿运五地市各级党委、政府积极努力构建水污染防治大格局，坚持把环境保护作为转变经济发展方式的重点着手之处，牢固树立习近平总书记提出的"绿水青山就是金山银山"理念，坚定不移地实施生态文明建设千年大计，执行最严格的生态环境保护制度。这些举措使得山东沿运地市的生态环境得到了明显改善，但总的来说，生态环境保护面临的形势依然严峻。部分地区的配套管网建设不完善，无法实现流域内生活污水的全收集和全处理，导致城镇居民生活产生的污染治理不够彻底。沿河农村产生的生活污水和垃圾收集处理率较低，对河流水质产生较大影响。部分河段航运污染日趋严重，港口码头的污染防治和应急能力有待提高。

（四）协调机制亟待加强

大运河功能综合性强，管理跨地域、跨领域、跨行业，需要建立科学高效的管理体制。但是，目前基本上仍然处在交叉管理、多头管理状态，文保、旅游、水利、林业、交通、国土、城建、环保、规划等部门之间缺乏完善的协调和沟通机制，严重制约了大运河文化带的整体保护开发和建设。各地区在文化遗产保护上缺乏协调与合作，没有统一的规章与制度。山东运河长达数百公里，运河遗产点散布于城市与乡村，在保护与开发上难度极大。同时，各运河城市没有将山东运河视为一个整体，只注重凸显区域特色，条块分割严重，不同城市之间缺乏交流与合作，甚至存在诸多矛盾与冲突之处。这导致了山东运河区域在旅游开发、文化产品创意、古镇打造方面同质性严重，重复性建设、盲目性建设大量存在，既严重浪费了资源，也严重破坏了运河生态环境。

依托运河历史遗存打造线性旅游文化带,是一种全新的以遗产廊道理念为主体的活化利用思路。① 运河文化遗产,尤其是运河非物质文化遗产,通过活化利用实现创造性转化,可以更好地融入当代社会和民众生活。② 在保证遗产真实性和完整性的前提下,对其进行活化利用反而是更好的一种保护方式。就山东运河遗产保护与开发的现状而言,对其进行活态传承和活化利用已经刻不容缓。文旅融合作为大运河活化利用的重要手段,将遗产蕴含的文化价值与当前旅游产业的发展相融合,在促进运河文化遗产的传承复兴和活化利用方面无疑具有重要作用。

第二节 运河文化遗产的挖掘与阐释

运河遗产作为一种"纪念之地"和特殊的遗产形态,其文化价值被公众广泛认知并持续传承下去,需要有效的阐释系统。③ 阐释和展示是文化遗产保护与管理的关键环节,对文化遗产进行有效的阐释和展示可以丰富游客的亲身经历,提升游客对文化遗产的认识和鉴赏能力,增强公众对文化遗产的保护和可持续发展的认识。在对大运河文化遗产进行解读和展示的过程中,要将其结合社会、文化、历史和自然的发展脉络进行分析,挖掘其在历史、政治、艺术、精神等方面的价值,从而推动人们认识、传承和利用大运河文化遗产。④ 但长期以来,大运河在保护与展示方面存在着系统性、全方位的不足,对其丰富的文化内涵保护、挖掘与阐释还不够充分。在当今时代,对大运河文化的内涵与价值进行

---

① 王淑娟:《京杭大运河历史遗存活化利用模式及发展策略》,《唐山师范学院学报》2020 年第 6 期。

② 任唤麟、余敏辉:《大运河长三角中心区段文旅融合现状与发展路径》,《淮北师范大学学报(哲学社会科学版)》2021 年第 5 期。

③ 秦红岭:《论运河遗产文化价值的叙事性阐释——以北京通州运河文化遗产为例》,《北京联合大学学报(人文社会科学版)》2017 年第 4 期。

④ 孙婷、李永乐:《运河历史档案与大运河文化遗产的阐释与展示》,《档案与建设》2019 年第 7 期。

深度挖掘，对于其在推进中国历史与中华文明的发展演变过程中所发挥的重大作用有着深刻的意义。

一 深入阐释遗产内涵和价值

全面开展山东运河文化遗产调查，对运河文化进行系统的发掘和整理，并搭建公共信息平台。在此基础上，进一步深化大运河文化的研究和阐释，形成一批具有前瞻性和独特性的研究成果，推进运河文化的深层次阐释和精准阐释。深入发掘山东大运河沿线丰富的文化内涵，阐述大运河对促进南北文化、东西文化、中外文化交流和交融的重要意义。充分发掘运河文学艺术、传统工艺、地方戏剧、民俗、饮食文化、神话传说、名人逸事，民间故事等非物质文化遗产，系统阐释其现实意义和当代价值。整合高校、科研院所和学术机构，建立运河文化高端研究平台，力争形成具有世界影响力的大运河文化研究高地。

二 丰富遗产展示手段和方式

对运河沿线丰富的水利工程遗址进行充分利用，加强对古代水利工程的基础研究和技术研究，从历史背景、建造流程、结构、工艺功用等方面，展现中国人民改造自然的伟力，展示中国古代水利工程智慧和自然生态理念，向世界传播中国水利文化。充分发掘漕运文化和商贾文化，运用地域化的元素和国际化的视野，采用虚拟现实、全景展示、历史文化纪录片等，建设漕运主题公园，重现山东运河沿岸地区重要历史文化面貌，打造表现和传播运河文化的艺术作品，展示大运河在促进和巩固中华民族统一、推动南北经济文化交流、促进沿线城市繁荣中的积极作用，讲述大运河水上文明史。结合大运河历史兴衰和运河发展中的制度变迁，讲述中国传统治国理政理念中的仁爱思想和民本思想，讲述历代河道总督带领人民治河的故事。借助各地文化馆、博物馆、图书馆等，举办各类运河主题的书画展、摄影展，开设运河民俗文化活态体验馆，展现运河沿岸的风土人情、历史文化，彰显千年运河的风采。

三 弘扬文化遗产时代价值

坚持以社会主义核心价值观为引领，实施中华优秀传统文化传承提升工程，推动运河文化进学校、进家庭、进机关、进社区、进村庄、进企业，使得优秀传统运河文化能够源源不断地为社会主义核心价值观注入生机与活力。以天下兴亡、匹夫有责为中心思想开展家国情怀教育，以艰苦奋斗、无私奉献为精神导向开展红色文化教育，以仁爱共济、立己达人为文化内涵开展社会关爱教育，以正心笃志、崇德弘毅为培养目标开展人格修养教育，使得社会主义核心价值观在社会及每个人的心中生根发芽。在教育引导、舆论宣传、文化熏陶等方面，针对适宜调节社会关系、激励人向上向善的内容，根据当前的情况，赋予新的内涵，为践行社会主义核心价值观提供丰富的养分。整合资源优势，对不同的艺术形式进行全面的运用，创作一批多层次、成系列、开放式的运河文化的普及和推广作品，使其达到思想性、艺术性和观赏性的统一，发挥其滋养心灵、启迪心智的作用。

四 推动文化传播与交流

充分运用数字化、多媒体等现代信息技术，对大运河文化进行数字化展示。制作与运河相关的电视节目、微电影、宣传片等，讲好运河故事，促进运河文化的传承和传播。以运河文化为主题，组织高层次的论坛和活动，组织各种运河文化节、主题庙会等，推动运河沿线不同文化之间的交流与融合。开展高端对话、主题讲座、文明体验、文化表演等活动，探讨大运河文化保护、利用、开发及其现代化与国际化发展，推介运河沿线地区发展成果与经验。充分发挥图书馆、文化馆、博物馆、美术馆等公共文化机构在推动运河文化传承发展中的作用，引导各地博物馆合理定位，围绕运河发展的不同角度，实现差异化发展。加强与大运河沿线省市的合作，积极开展国际运河城市交流，促进运河文化的大发展、大繁荣。将重点聚焦在"一带一路"沿线区域，以海外中国文化中心、孔子学院等机构为载体，利用中国文化周、博览会、文体活动、旅游推介及各类品牌活动，策划开展以大运河文化为主题的专题活动，通过运河大型图片展、运河书画精品展、运河沿线城市文化主题展、非遗工艺美术展及对外宣传报道活动，推动运河文化"走出去"，展现中华文明和中国智慧无穷魅力，打造运河文化国际交流平台。

中国大运河作为流动的巨型文化遗产，地理空间跨度大，延续使用时间长，遗产种类多，经济社会发展基础好，是具有2500多年历史的活态遗产，是中华民族繁荣兴盛的历史见证，也是中华民族文化基因和中国特色社会主义文化的优质载体。对其进行科学保护、活态传承和合理利用，具有重要而深远的意义。[①] 大运河山东段历史悠久，蕴含着丰富的物质与非物质文化遗产，其主题特征、空间特征、资源特征与活态保护理念高度契合。[②] 针对山东运河文化遗产现状及其保护、挖掘与转化中存在的问题，我们要坚持活态化传承、创新性发展这一理念，深入挖掘大运河山东段历史文化资源，凝练大运河文化的思想理念、人文精神和文化特质，积极探索和创新保护、传承与利用的手段和方式，结合时代要求，讲述运河故事，传播运河精神，激活运河记忆，让大运河文化展现出永久魅力和时代风采。

第三节　运河文化遗产的转化与利用

大运河是中华文明的重要标志，它承载着中国悠久的历史、辉煌的文化，是中华优秀传统文化的一个重要组成部分。在新的时代条件下，推进大运河文化的创造性转化与创新性发展，具有十分重要的意义。据学者的研究，大运河文化的创造性转化主要有理论性转化、抽象性转

[①] 肖潇、安娜：《保护与传承：大运河文化遗产》（河北篇），研究出版社2022年版，第197页。

[②] 徐奇志、王艳：《大运河（山东段）文化遗产及其活态保护》，《理论学刊》2018年第6期。

化、跨类别转化、融合性转化四种方式。① 推进大运河文化保护传承利用，要善于运用现代文化呈现形式和技术手段，创新方式方法，发挥文化引领风尚、教育人民、服务社会、推动发展的作用。需要统筹文化与经济、文化与社会、文化与生态的关系，处理好传统性与时代性、民族化与国际化的关系，充分发挥有效市场和有为政府的作用。具体到大运河山东段来说，就是推动运河相关文物、文艺作品和非遗文化与旅游的深度融合发展。

一 促进文物和旅游融合发展

在运河文化遗产的保护与利用过程中，文物古迹作为重要的文化资源，其保护和传承一直处于核心地位。唯有不断地创新与完善文物保护的传承与利用方式，使散落于辽阔土地上的中华传统文化得以"复活"，才能使更多的人去关注、去体验大运河文化的魅力。②

（一）提升文博场馆旅游体验

大运河文博场馆包括沿线地区的与运河相关的博物馆、展览馆、文化馆、纪念馆、美术馆等，均应充分发挥展示展览的功能作用。③ 目前山东运河沿线文博场所的展示手段还不够丰富，缺乏基于游客偏好的个性化内容推介，制约了运河文旅融合的发展。针对这一情况，要结合大运河国家文化公园（山东段）重点项目建设，高标准建设运营运河主题文博场馆，将其打造成为彰显大运河文化理念的时代经典之作、运河沿线新地标以及运河旅游重要目的地。加快建设全景展示数字博物馆及专题博物馆群，推进沿线城市社区和名镇名村建设一批运河文化记忆馆，构建一批线上展示空间，建立完善拥有深度主题展陈、趣味产品设计、

---

① 宋长善：《大运河文化创造性转化创新性发展的路径思考》，《常州工学院学报（社科版）》2022年第6期。

② 邵波、钱升华：《论大运河文化带建设中的文物保护与传承利用》，《聊城大学学报（社会科学版）》2019年第1期。

③ 任唤麟、张兰、李晶晶：《大运河文化建设的功能作用和发展理路》，《淮北师范大学学报（哲学社会科学版）》2022年第6期。

品质休闲空间的大运河文化展陈体系。强化文博场馆社会教育阵地作用，鼓励博物馆、图书馆、文化馆站、非遗（展示）馆等公共文化设施丰富大运河文化展示内容、提高展示频次，创设互动体验项目，提升展陈和智慧导览服务水平，适应游客参观、休闲、购物新需求完善旅游服务功能，打造有温度、有故事、有品位、有体验的文化会客厅，吸引更多人特别是青少年到文博场馆参观和研学。推动全省各类博物馆深入挖掘利用馆藏文物资源，打造运河主题精品展览并组织巡展，推动博物馆展览进景区景点，发挥国家等级博物馆资源优势，与城市公共空间、旅游区等结合，建立小型流动文化展示空间，提供互动式、沉浸式深度体验。

（二）发展大运河文物旅游

在借鉴国外运河遗产保护利用先进经验的基础上，结合当地的文化传统、社会风俗等实际情况，对现有的文物建筑、工业遗产、传统村落、历史街镇等开展活化利用工作，通过业态更新、功能置换等方式让古老的运河遗产再现活力。[①] 深化运河遗存保护利用，推动将更多文物保护单位、考古遗址公园等纳入运河旅游线路、融入景区景点。设计形式多样的研学旅行、体验旅游、休闲旅游项目，打造体现历史底蕴、文化内涵、人文精神的大运河文物旅游精品，吸引更多游客游览文物古迹、感悟优秀传统文化。

（三）推动红色旅游提档升级

加强对运河沿线革命文物的保护和利用，推动运河沿线红色旅游的发展，促进红色旅游与乡村旅游、研学旅游、生态旅游等业态相融合，以沿线革命文物保护利用片区为重点，依托红色旅游景区和爱国主义教育基地等载体，推出一批承载革命文化内涵、群众喜闻乐见的红色旅游产品。依托运河沿线红色革命遗址和旅游景区，精心设计旅游线路，建设一批沿运河红色旅游融合发展示范区，更好发挥红色旅游教育功能。

---

① 邵波、钱升华：《论大运河文化带建设中的文物保护与传承利用》，《聊城大学学报（社会科学版）》2019年第1期。

加强对名人故居的爱国主义教育功能的打造,在运河沿线建设一批山东红色名人旅游地。

二 促进文艺和旅游融合发展

注重文艺创作与旅游的结合与融合,是加强"以文塑旅、以旅彰文"的重要抓手。[①] 山东沿运 5 地市历史悠久,文化底蕴深厚,为文艺创作提供了丰富的素材。文艺工作者要进一步深挖山东沿运各地的文化内涵,创新文艺形式,创作更多的文艺精品。

(一)提升艺术活动旅游吸引力

加大对大运河题材文艺作品扶持引导力度,推出一批优秀戏剧、影视、文学、音乐、舞蹈、曲艺、美术作品,纳入国家级、省级重点资助项目。整合省内文艺院团力量,招引全国知名旅游集团、旅游演艺公司,联合创排"鲁风运河"题材旅游演艺剧目。建立大运河沿线优秀传统剧目复排、优秀新创舞台艺术作品演出制度,每年开展大运河沿线18县(市、区)优秀作品展演。组织运河沿线5市举办大运河艺术节、艺术季等活动,通过线上线下融合、演出演播并举的方式多渠道展示推广大运河主题艺术精品,让人们产生审美的感动、旅游的冲动。

(二)推动旅游演艺精品化

随着旅游业的蓬勃发展,集文化和旅游双重魅力于一体的旅游演艺越来越受到社会各界人士的关注和重视。[②] 旅游者通过观看旅游演艺节目,可以获得当地历史人文地理的相关体验。[③] 推动旅游演艺精品化,发挥旅游对文艺作品的传播推广作用,是促进运河文旅深度融合的重要手段。山东沿运地区文艺演出机构众多,要鼓励沿运城市发展旅游演艺产业集聚区和运河剧场群落,完善沿线剧院剧场旅游演艺服务机制与功

---

① 段七零、许金如、董广智、李芸:《江苏文旅深度融合的原则与十大融合路径》,《无锡商业职业技术学院学报》2021 年第 3 期。
② 王燕、范永娟:《浅论中国旅游演艺市场的运营发展》,《中国商论》2017 年第 33 期。
③ 丁美琴:《文旅融合背景下的江苏旅游演艺发展研究》,《旅游纵览》2020 年第 8 期。

能；支持利用景区、历史街区、室外广场、商业综合体、老厂房等拓展中小型旅游演艺空间，布局打造一批街头巷尾的公益性小剧场；支持沿线各地发展中小型、主题性、特色类、定制类旅游演艺项目和小剧场精品剧目，打造充分展示山东段运河文化内涵、人文精神的实景演出和剧场演出，培育一批知名度和吸引力较高的旅游演艺精品，用艺术手段展现历史运河与当代运河盛景。

三　推动非遗和旅游融合发展

非物质文化遗产是中华优秀传统文化的重要组成部分，是旅游的重要资源。大运河作为中国悠久历史和文化的重要象征，承载了丰富的非遗元素，为实现大运河文化旅游融合发展提供了良好条件。[①] 推动大运河非遗与旅游深度融合发展，对于弘扬和传播运河文化，促进运河沿线地区非遗的保护、传承与发展具有重要意义。大运河山东段非物质文化遗产丰富，类型多样。具有良好的旅游开发潜力。[②] 在市场经济条件下按照一定的生产标准进行的传统性生产，并不会对包括传统工艺美术在内的非物质文化遗产造成破坏，而是其在市场经济条件下实现传承不可或缺的环节。[③] 合理的旅游开发可以有效提高其自我生存能力，使其摆脱诸资源濒危的困境，亦是实现非物质文化遗产保护传承与利用的重要方式。[④]

（一）丰富非遗旅游产品体系

由于运河非遗内涵与承载形式的不同，其价值各异，旅游发展的潜力也不同。山东沿运地区非遗资源丰富，具备进行旅游开发的良好条

[①] 文斌、李晶晶等：《非物质文化遗产与旅游深度融合发展研究——以大运河（安徽段）为例》，《周口师范学院学报》2023 年第 4 期。

[②] 王雁：《运河文化带建设背景下大运河山东段非遗的旅游开发研究》，《山西青年》2021 年第 4 期。

[③] 张兆林：《传统美术类非物质文化遗产项目生产标准探微》，《文化遗产》2020 年第 6 期。

[④] 刘博、赵金金：《大运河（安徽段）非遗旅游开发价值的评价》，《淮南师范学院学报》2023 年第 6 期。

件。要依托沿线民间文学、传统体育游艺杂技、传统音乐、工艺、美术、舞蹈、戏剧、曲艺、民俗等非遗项目,将运河非遗展示作为增强文化旅游吸引力的重要内容。针对不同类别的非遗进行分类保护与旅游开发,丰富非遗旅游产品的类型供给,创新非遗旅游开发模式,增强旅游产品的互动性和参与性。[1] 推动非遗与原有历史空间相结合,融入吃、住、行、游、购、娱各环节,建设非遗特色景区,推出一批有特色、有效益、可持续的非遗主题旅游线路。支持聊城东昌古城、临清中洲古城、台儿庄古城等运河非遗资源丰富的地区定期举办大运河(山东段)非遗联展,打造运河非遗展演品牌。建立大运河(山东段)传统工艺名录,培育一批运河特色非遗品牌。

(二)推进非遗项目进景区活动

引导沿运各地创新举办非遗进景区活动,打破以往时间及空间对非遗展示的限制,采取多种形式对非遗项目进行陈列、展示、展演,开发非遗体验项目,提升非遗项目融入性、非遗展示互动性、非遗活动代入感。鼓励大运河传统工艺美术大师工作室、非遗体验工坊进入运河沿线旅游景区、度假区,推动非遗传承传播、展示展演。鼓励沿线省级非遗创意基地、非遗旅游体验基地开发具有运河文化特色的非遗衍生品,丰富旅游商品市场。

新时期,坚定文化自信和巩固文化主体性,迫切需要推进文化遗产和旅游业的深度融合发展。将文化遗产保护与旅游相结合,既有利于文化遗产的传承与保护,又能促进旅游业的可持续发展。近年来,山东省相关围绕运河文化遗产的保护、传承与利用做了大量工作,取得显著成效。但同时也存在遗产保护压力大、相关配套服务设施不够健全、宣传和推广力度不够、公众参与性较弱、旅游开发相对滞后等问题和不足。[2]

---

[1] 王雁:《运河文化带建设背景下大运河山东段非遗的旅游开发研究》,《山西青年》2021年第4期。

[2] 《人文天下》杂志编辑部:《"对话文物":山东省大运河文化遗产的保护传承与利用》,《人文天下》2021年第4期。

针对这一现状，我们要着力强化文化遗产保护传承能力建设，深入阐释遗产内涵和价值、丰富展示手段和方式，加强对运河文化遗产的传承与保护，加大宣传推介力度，做好运河文化遗产的挖掘与阐释工作。在此基础上，确定大运河文化与旅游的融合发展目标，以运河文化遗产为载体，推出一批具有山东特色的文化艺术作品，打造文旅融合的精品线路和特色品牌，推动文化遗产与旅游的融合发展。

第五章　运河文化旅游产业现状及发展策略

文化旅游产业对于转变经济发展方式、优化经济结构、扩大就业、促进区域经济跨越发展具有重要意义。① 文旅融合是促进区域经济协调发展的重要路径，通过文旅融合可以提升区域发展整体竞争力，促进山东经济整体稳步发展。② 在历史因素和现实因素的交织下，长期以来大运河沿线地区文化旅游产业面临低水平发展、整体协调能力差等问题，亟待优化升级。③ 目前，山东运河沿线各地市旅游与文化、体育、农业等产业或行业的联系互动融合较少，旅游产业结构相对单一，旅游产业链普遍较短。此外，"鲁风运河"在空间上属于显著的线性形态产业，所串联城市跨度空间大，受行政区划、地域资源影响显著，也阻碍了泛旅游产业的形成。

第一节　文旅产业及其相关理论概述

分工与互惠不但存在于若干个体之间，也在不同社会群体之间发挥

---

① 赵红、赵鲁：《关于文化旅游产业发展问题的思考——以山东省东平县为例》，《环球市场信息导报》2014年第35期。

② 余志林：《山东大运河文化带建设助推区域经济高质量发展研究》，《现代交际》2021年第18期。

③ 刘倩、王秀伟：《基于熵值法——突变级数法的大运河文化带文化产业优化升级能力评价》，《文化产业研究》2020年第2期。

着协调关系、合作共赢的作用。① 当今社会，分工和融合已经成为社会发展的一个必然趋势。随着文化部与旅游局的合并，许多学者着眼于文化产业与旅游产业的融合研究，但现今只是浮现在表面的理论研究，并未上升到实践研究。从国外研究来看，对文化旅游和文化旅游产业有所涉及，但有关两者融合的研究还不多；从国内来看，对文化产业和旅游产业融合的内容较少提及，更多地聚焦于如何将文化转化成旅游产业，发展文化旅游产业，对文旅融合的研究也是近几年才受到专家学者们的垂青。改革开放以来，我国的社会生活水平有了明显的提升，普通民众的消费观也随之从满足温饱的需要转变为渴求精神上的满足，在大环境的驱动下，旅游业有了质的发展。然而随着精神生活的日渐丰富，普通民众对于旅游的要求已经不是当初的走马观花，简单的自然风光已经难以满足其需求，更多的游客开始注重深层次的文化体验。在这个背景下文旅融合就成了当下旅游发展的一个重要方向。②

一 文化产业理论

要明晰"文化产业"的概念，亟须掌握"文化"和"产业"的概念。"文化"的概念具有广义和狭义之分，广义上指的是人在生产过程中所创造的各种物质和精神财富的总和；狭义上则是专门指人所创造的精神财富。我们一般说的"文化"是狭义上的。"产业"是指在生产力发展与社会分工基础上，由各有利害关系的各工业部门所构成的一种经济行为的总和。"产业"是伴随着社会生产力发展而发展起来的，它的内涵和外延都在逐步扩大。综上所述，文化产业是第三产业，属于经济范畴，而不是一个文化概念。③ 世界各国、各地区根据自己的发展阶段特点和实际需要，赋予了"文化产业"不同的内涵。有的称之为"创意

---

① 张兆林：《分工与互惠：中国民间艺术生产的协作实践——基于聊城木版年画内部生产关系考察》，《民族艺术》2022年第1期。
② 沈中印：《文化旅游理论与实践研究》，光明日报出版社2020年版，第82页。
③ 梁芷铭、周丹丹、唐林峰：《"文化强国"战略视域下中国文化产业发展研究》，北京理工大学出版社2019年版，第27页。

产业",如英国、新加坡、印度、奥地利、泰国等;有的称之为"文化休闲产业",如西班牙等;韩国称之为"内容产业";美国称之为"版权产业"。从各国对其的命名来看,文化产业更多具有服务产业属性,但也有一些国家,尤其是发展中国家扩展了文化产业的内涵,也将一部分与文化服务相关的制造业归入文化产业。

(一)文化产业的概念

文化产业是以生产并提供精神产品来满足人民的文化需要为主体的。广义上的"文化产业"是指以文化意义本身为基础所进行的设计和营销,狭义上的"文化产业"是指文学、美术、音乐、舞蹈创作以及工业、建筑设计等。文化产业是在21世纪经济全球化的社会背景中逐步发展的新兴产业,被公认为新时代下的"朝阳产业"或"黄金产业"。

1. 文化产业概念的诞生

文化产业作为一种特殊的文化与经济形态,影响人们对文化产业本质的判断,不同国家出于不同角度,对其的理解不同。

文化产业的概念诞生于20世纪初,英语名为"Culture Industry",译作"文化工业",又可译作"文化产业",最初出现在霍克海默与阿多尔诺合著的《启蒙辩证法》一书中。作为著名的德国哲学家、法兰克福学派的倡导者,霍克海默通过对20世纪三四十年代美国社会现象的描述,揭示了文化进步走向其对立面的趋势这一主题,对西方的启蒙运动尤其是启蒙所提倡的理性本身进行了批判。

在《启蒙辩证法》一书中,霍克海默与阿多尔诺主张用"文化工业"代替"大众文化",来表示现代大众传媒及其传播的流行文化。书中认为,文化工业的产品不是艺术品,而是商品,它从一开始就是作为市场上可以替代的项目被生产出来,其目的是交换和实现商业价值,而不是满足人的真正精神需要。总的来说,文化工业作为批判性概念,包含两个层面:一是以艺术为名,向民众兜售可以获取商业利润的文化产品,使大众可支配时间变为剥削劳动;二是由资本主义意识形态隐形控制,在人们沉浸于文化带来的情绪价值时,潜移默化地操纵人们的身心活动。大众文化即是文化工业,是一种使控制变得更加严密,使社会统治秩序变得更加坚固的"社会水泥"。这个概念暗示了大众文化的本质属性，表明其只不过是商品生产和消费体系的产物。

2. 英美等国家对文化产业的界定

1997年，时任英国首相布莱尔成立创意产业特别工作组，正式提出"创意产业"这一概念。创意产业特别工作组对于"创意产业"的概念进行了界定："创意产业"源自个人的创意与才思，经过对其开发与应用而形成的具备经济价值与就业潜质的行业。[①]

在美国，人们主要采用"版权产业"来表述商业和法律意义上的文化产业。美国国际知识产权联盟1990年提出将美国的版权产业划分为"核心产业""交叉产业""部分版权产业"以及"边缘版权产业"。这些产业的范围很广，包括文学、音乐、美术、影视、广告、程序，播放工具的生产与批发零售，服装、珠宝、家具、室内设计、瓷器、墙纸、地毯、电信和网络服务，大众运输服务等。可见，版权在美国是以其在文化产业商品中的地位作为行业分类的核心标准。伴随现代科技的兴起，内容产业应运而生，内容产业为信息产业和文化产业的总和。相较于其他国家，韩国文化产业相当重视法律制度建设、国家与社会认知、创造性内容开发、人才培养、地区产业发展、国际交流与合作、灵活投资与流通渠道。《文化产业振兴基本法》（韩国1999年2月颁布）将文化产业视作文化产品的生产创作、市场流通、文化消费的产业，涵盖广播电视、动漫卡通、音乐美术、出版印刷、创意设计、网络游戏、传统工艺、食品服装、多媒体设计等相关产业，其他产业视情况包含其中。韩国统计厅对文化产业的统计指标范围界定如下：游戏与影视产业、唱片与出版产业、演出产业与广播产业以及其他文化产业（例如广告、摄影、图书、文物、工艺品及特色服饰、创意设计、新闻、艺术教育等）。欧盟于2000年在其信息规划中提出，内容行业是指生产、开发、包装和销售信息产品和服务的行业，它的业务涵盖了各类媒体的印刷（书报

---

① 梁芷铭、周丹丹、唐林峰：《"文化强国"战略视域下中国文化产业发展研究》，北京理工大学出版社2019年版，第28页。

杂志等)、电子出版物(联机数据库、音像制品、游戏软件等)、音像传播内容(影视录像和广播)、用作消费的各种数字化软件等。

3. 联合国教科文组织对文化产业的界定

2009年,联合国教科文组织从不同角度对文化产业进行界定,它涉及文化产品的生产、流通、分配和消费的标准化。所谓的"文化产业",就是指根据行业规范,对文化产品进行生产,再生产,储存和销售的一系列活动。

虽然各国从不同角度出发对文化产业进行界定,但文化产品蕴含精神性、娱乐性的内核不变,因而文化产业是具备精神性与娱乐性的文化商品的生产及消费活动。

4. 我国对文化产业的界定

2003年9月,《文化部关于支持和促进文化产业发展的若干意见》明确了文化产业是指以文化为基础,以提供文化产品为目的的经营活动。"文化产业"和"文化事业"都是我国社会主义文化建设中不可或缺的一部分。文化工业是中国社会生产力发展到一定阶段的产物,是伴随着社会主义市场经济和现代生产方式的不断完善和进步而出现的一种新型工业。[①] 2004年,国家统计局对"文化及相关产业"进行了界定,即向社会大众提供娱乐和服务,并与之相关的一系列活动。因此,我国对于文化产业的定义是文化产品和服务的集合,区别于具有国家意识形态的文化事业。

(二)发展文化产业需要具备的条件

1. 较高的文明程度

文化产业的发展受社会观念、文明程度、道德规范和习俗等因素的影响。比如,在改革开放之初,有些歌舞厅在某些城市中出现,但由于是新生事物,刚开始的时候还不能被大众所接受,这是当时社会开放性的最真实写照。由于文化观念的滞后,使得歌舞厅、音乐茶室等文娱行业在相当长的时期内发展相对滞后。但是,伴随着人类文明的进步,我

[①] 梁芷铭、周丹丹、唐林峰:《"文化强国"战略视域下中国文化产业发展研究》,北京理工大学出版社2019年版,第29页。

国部分娱乐业也步入了快速发展的轨道。

2. 政策支持

一种文化产业的发展离不开政策的扶持,包括资金投入、税收优惠、宏观调控、激励机制等。近年来,我国文化产业得到了很大的发展,这与国家的大力扶持是分不开的。然而,我们也要清醒地看到,因为相关政策体系不够完善,总体而言,文化产业的发展并不平衡,实力也不强,所以,必须有一套比较宽松的长效机制,来推动文化产业的发展。

3. 物质基础

文化产业的发展离不开人的物质需求,也就是要有一定的物质基础做保证。唯有如此,人们才能有时间、有精力并有意愿在精神生活中进行更高层次的文化消费。

4. 区域性因素的需求

文化产业的发展离不开一个庞大的文化消费群体。在人口密集的城市,其交通、通信等配套基础设施较为完备,且经济较为发达,因而有利于形成较大规模的文化产业。在边远的山区,由于人口稀少,经济落后,所以很难发展文化产业。

(三)文化产业的分类

文化产业的定义具有很大的模糊性和不确定性,而且各国的文化背景、经济背景和产业政策都不尽相同,所以各国对文化产业的划分也存在着不同的标准。在文化产业飞速发展的今天,世界上许多国家针对自己的国情和发展趋势,制定了自己的分类系统,以便从容应对伴随文化产业发展带来的各种挑战。

早在1985年我国统计部门便把"文化艺术"纳入第三产业统计项目中,2002年党的十六大明确提出加强文化建设。2004年国家统计局联合多个部门开展深度调研,在《国民经济行业分类》(GB/T 4754—2002)的基础上,首次对文化产业内容进行科学划分,制定颁布首个国民经济分类指导标准《文化及相关产业分类》。2012年7月,国家统计局以《2009年联合国教科文组织文化统计框架》为参照,对《文化及相关产业分类》(2004)进行修订,颁布实施了《文化及相关产业分类》(2012),此次修订对文化产业的定义进行更为精准的界定,进一步规范了文化产业分类,拓展了文化产业的内涵和范围。[①]

关于文化产业的内部结构或者划分,不同的标准具有不同的结构类型。根据实践发展的要求,比较典型的分类是:

1. 文化产品制造业

文化产品制造业包括但不限于出版印刷、工艺美术、音乐器具、文体用品、玩具手办、视听设备等文化产品的制作行业。

2. 文化产品批发零售业

文化产品批发零售业主要表现形式为图书、报刊批发零售业、音像制品批发零售业以及其他文化产品的批发零售业等。由于该产业比较低端,随着网络技术的发展,该产业得到较大限制。当然有的借助电子商务开展文化产品的批发零售。

3. 文化服务业

文化服务业大体可分为园林设计、摄影摄像、教育体育、出版印刷、文物艺术、广播电视、经纪代理以及不属于以上分类的其他文化服务业。根据国家统计局颁布的《文化及相关产业分类》的规定,文化产业的范围包括供给文化产品(如图书、影音制品等)、文化传播服务(如广播电视、文艺表演、博物馆等)和文化休闲娱乐活动(如游览景区服务、室内娱乐活动、休闲健身娱乐活动等),其构成文化产业的主体;此外,还包括与文化产品、文化传播服务、文娱活动直接相关的产品、设备的生产与销售活动以及相关文化产品(如工艺品等)的生产与销售活动,其构成文化产业的补充。[②]

(四) 文化产业的基本特征

1. 精神产品与经济效益的双重属性

文化产业体现为精神产品与经济效益相结合。文化产业最明显的特

[①] 梁芷铭、周丹丹、唐林峰:《"文化强国"战略视域下中国文化产业发展研究》,北京理工大学出版社2019年版,第30—31页。

[②] 陆小成:《品牌视域下的文化产业发展:基于低碳转型的思考》,东北师范大学出版社2014年版,第30页。

征莫过于它的意识形态和经济生产双重属性。在精神层面，文化产业首先是文化，即满足人们在精神层面消费需求的产品或服务。同时作为产业而言，是以企业为主体来满足市场文化消费需求的，是消费者需要付费的经济活动，是具备一定经济效益的文化产品与服务。文化产业与传统的文化生产和文化创造有着巨大的差异，它是一种经济活动，它的投入和产出、生存和发展更多地依赖于消费市场，而传统的文化生产却与此相反，它的生存和发展以国家支持为主，以弘扬优秀传统文化为目标。

现代意义上的文化产业并不仅仅依靠政府的投入，党的十八届三中全会指出要发挥市场在资源配置中的决定性作用，这就意味着文化产业的主体是企业，要发挥企业在文化产业中的主体性作用。文化产业的双重属性决定了文化产业既是产业，符合产业的一般发展规律，又属于文化活动，具有追求精神享受和经济效益的双结合。其既然属于产业，当然应该按照市场规律进行运行和发展，否则文化产业的发展将会受到约束与限制。文化产业是一种区别于普通物质产品的生产活动，它在某种意义上承载着意识形态和文化艺术的内涵。文化产业的发展必须符合经济和市场两个方面的规律，并在一定程度上实现经济与社会的平衡。文化产业是一种兼具"文化"和"经济"双重属性的"新经济"，其特征表现为一种"第三种生产"。

2. 文化产业的原创性

原创性指从一开始就应该有一种批判、创造的基本理念和重要精神，是抛弃与否定或者部分抛弃与部分否定过去或者过去的一切。文化生产的核心在于文化内容的生产，文化内容生产的关键则在其原创性。文化生产是原创性知识产权研究与创造的过程，且原创文化产品之间具有不可重复性、不可替代性和不可再生性，因而英国在对文化产业进行界定时，将其命名为"创意产业"。缺乏创造性特别是原创性的文化产品或者服务的文化产业是不可持续的，也不会具有长久的竞争力。原创性是文化产业的精神内核和重要动力。[1]

---

[1] 陆小成：《品牌视域下的文化产业发展：基于低碳转型的思考》，东北师范大学出版社2014年版，第26页。

党的十八大提出了"建设社会主义文化强国"的目标,关键在于提高全民族的文化创造力。要提高文化创新的活力,就必须突出文化内容的原创性。当一个民族或区域具有强大的文化创造力时,就会有大批的原创作品出现;相反,当一国或一区域的文化创新活力较弱时,其原创作品就会急剧萎缩。要让整个国家都充满创新的热情,就要鼓励和扶持原创文化作品的创作和传播,这是文化繁荣的基础和动力,也是文化产业可持续发展的核心竞争能力。只有培育原创文化,企业才能在文化发展中占据主动。创意文化是一国或一区域的文化兴盛与否的标志。一个企业,如果只是一味地抄袭和模仿,是很难拥有自己的核心竞争能力的。有创造性的产品才能形成自身的特色,实现差异化竞争,获得品牌竞争力。文化品牌主要还是靠文化产业的原创性。只是模仿与复制,短时间内虽能取得大量关注,获取部分经济价值,但终究不是长久之计,只有原创性得以凸显,文化才具备可持续发展的能力。我们应当积极发扬原创性文化,生产真正满足人民群众精神需求的文化产品,为文化产业发展提供源源不断的动力。追求文化产品的原创性与创新性,正如高科技行业的科技创新一样,除了巨额的经费支撑之外,还需要文化工作者有一种废寝忘食、专心致志的精神境界。文化产业的发展,除了要大张旗鼓地做好宣传工作,争取到经费的支持以外,还要潜心创作,踏踏实实地进行内容创新。只有创造出一种为大众所喜爱的原创文化作品,它的可利用价值才能真正体现出来;只有充分把握原创性产品的本质,文化产业才能真正具有核心竞争力。

3. 文化产业的复制及文化消费的特殊性

尽管原创性特别强调文化产业的创造特征,似乎与复制性相矛盾。但作为产业特征的文化活动而言,复制性指生产加工过程的可复制,同类产品可以批量生产,否则就难以满足大量的文化消费需求。如不可能每场电影只放一次,否则其成本很高,经济效益无法得到提升。

文化产业或产品不同于一般物质产品的生产或消费,一般意义上的物质产品一旦消费不可再重复消费,如粮食消费完毕不可能再重新消费,而文化产品如电影、电视节目可以重复播放。从经济学角度讲,文化产业的产品并不是公共产品,不具有非竞争性、不可分割性、非排他性等特征。在传统社会中,许多文艺作品是个人独特的创作,其思想意义和审美价值也是独特的,表现出个人才智与社会文化的丰富性。当现代意义的文化产业,由于其性质的限制,其生产方式主要是通过工业化的机械复制方式进行大规模的生产和消费。现代文化产业在一定原创性基础上可以进行复制生产和大规模推广传播。[①] 有专家指出,文化产业必须是能够人为创造出新产品的产业,并且具有可复制性。要做成产业,该文化内容必须是可复制的,也就是产品、模式或者是营销方法可复制。

所谓"可复制",就是指可以通过仿制原始的文化符号,实现大规模的文化产品的生产。文化产业的复制生产与传统制造业的批量生产不一样,传统制造业的批量生产只是一种机器的制造,而文化工业的复制生产是对一种产品进行重新编码,并结合自身内容反复重现。文化消费将生产过程和消费过程有机地结合了起来。文化消费以实现消费者的精神文化满足为基础,同时要求消费者具备较高的文化素养。这些特征和要求决定文化产业的内在发展规律和特质。

4. 文化产业与科技的融合趋势

现代文化产业不再是传统的低端产业,是借助现代技术手段的知识密集型、技术密集型高端产业。在"知识经济"时代,随着科学技术的不断发展,在各行各业中掀起了一场知识风暴,诸如高清数字电视技术、多媒体技术、数字媒体和激光照排技术等新兴技术的出现,为文化产业增添了技术含量。文化与科技的融合,本质上是现代科技对文化领域的浸染和冲击,迫使文化产业形态的变迁和消费模式的转变。文化产业与科技的高度融合,在有效地提升文化产业的层次与核心竞争力的同时,进一步推动文化产业的传播与推广。在科学技术的支持下,文化产业得以迅速发展,而文化和科学技术的结合则是当今社会和文化发展的

---

① 陆小成:《品牌视域下的文化产业发展:基于低碳转型的思考》,东北师范大学出版社2014年版,第27页。

第五章 运河文化旅游产业现状及发展策略

一种必然。在文化发展中,科技创新是最主要的推动力,我们应该有效地使文化和科学技术之间的互动关系得到有效的利用,从而更好地落实创新驱动发展战略,提高文化产业的自主创新能力。

党的十八大报告指出,要促进文化与科技相融合,发展新兴文化业态,提高文化产业规模化、集约化及专业化水平。目前文化产业面临文化与科技融合发展的有利时机和良好机遇,科技创新突破文化产业的技术壁垒与瓶颈,通过对产品进行自主创新来提升文化产业的技术含量和价值链层次,不断创造文化品牌。科技创新提升了文化产业的品质与内涵,实现文化业态的领域拓展和文化服务的品质优化。西方发达国家重视文化产业与科技创新的融合,形成"知识经济""文化产业""数字地球""互联网生存"等新概念,产生包含网络游戏产业、动漫动画产业、移动网络产业、影音影视产业等为主要内容的数字产业群,为文化产业持续发展、跨越发展注入了新的动力与活力。文化产业应当充分利用现代科技的技术成果,加强技术集成创新,提高文化领域的科技含量与技术水平,强化发展模式、提升服务模式、创新管理模式。

二 旅游产业理论

(一) 旅游业的概念

旅游业的概念是从产业经济学的视角对旅游进行理解的。产业是主要业务或产品大致相同的企业类型的总称。[①] 根据这一定义,一个行业是由一组能够制造或提供同类产品和服务的企业所组成。可见,旅游行业和前面所说的行业在定义上存在一定的差异。旅游产业是第三产业中的一个重要组成部分。第三产业是继第一产业(主要是农业,含林、牧、副、渔等)和第二产业(主要是加工制造业,含矿业、建筑业等)之后发展起来的,属于服务性行业,大体上包括三个方面:餐饮业、零售业、金融业等流通环节方面的服务,旅游、购物、娱乐等个人生活消费方面的服务,交通运输、通信、电力、燃气、自

---

① 卢松、潘立新主编:《旅游学概论》,安徽人民出版社2009年版,第91页。

来水等公用事业方面的服务和教育、报纸、广播、电视等情报、信息方面的服务。[1]

从宏观来看,旅游并不是一个产业边界十分分明的产业,其产品或服务是由有关的多个产业或行业提供的,其产品或服务的质量取决于多个产业或行业,因而旅游产业的发展受到了多个行业、部门的限制和影响。从微观来看,几乎任何一个旅游企业所服务的对象都不只是旅游者,同时也为当地居民或社区服务,尤其是在旅游地的开发中这一点体现得最为明显。我们在开发一个旅游地时所产生的基础设施和一部分配套设施的投入,并不仅仅是旅游景区所独享,而是和当地社区共同享有旅游产业开发所带来的益处。尽管对旅游产业的理论界定仍然模糊不清,但在实践上,旅游业作为一个产业不仅存在,而且对国民经济各有关部门的关联带动作用是很大的,因此旅游产业的存在是一个不可否认的事实。为此,我们可以给旅游产业一个定义:"旅游业以旅游市场为目标导向,有偿为游客的消费活动提供便利条件,并为其提供所需产品与服务的综合性产业。"[2] 通常认为,旅游业集行、住、吃、游、购、娱六大元素为一体,通过提供"一条龙"服务,促进相关产业的发展和就业岗位的增加,各地通过发展旅游业可加快对外开放、扶贫开发和增进就业,推动和刺激经济的增长与社会的进步。实际上,旅游产业的概念除了包括六大要素外,还应包括各级旅游管理机构、旅游行业组织和旅游教育部门等。

(二)旅游业的构成

目前,人们对旅游业构成的认识主要有三大观点:

1. 旅游业构成的三大支柱

根据联合国的《国际产业划分标准》,旅游业可划分为旅行社、交运部门和以旅馆为代表的住宿业部门三部分,分属三个部门的企业构成三种类型的旅游企业。在我国,旅行社、住宿业与交通运输业并称为旅

---

[1] 张立明主编:《旅游学概论》,武汉大学出版社2003年版,第49页。
[2] 郝索:《旅游经济学》,西北大学出版社1999年版,第30页。

游业的"三大支柱"。

2. 旅游业构成的五大部门

旅游业以旅游目的地（主要为国家或地区）为单位进行划分，旅游业主要由五大部分构成，除上述三个组成部分外，还包含景区经营部门和各级旅游管理组织。

3. 旅游业构成的八大方面

结合游客的消费活动和我国国情来看，旅游业由吃、住、行、游、购、娱六种企业（旅行社、以旅馆为代表的住宿业、餐饮业、交运业、旅游娱乐业、旅游纪念品销售业），以及各级旅游管理机构和旅游行业组织八个方面构成。①

（三）旅游业的特点

1. 旅游业是综合性行业

经营旅游业必须具备三大要素：旅游吸引物（经过初步开发和包装后的旅游资源）、旅游设施和旅游服务。旅游资源以自然风景与人文景观为依托，为经营旅游业提供吸引力；旅游设施是经营旅游业的基础，向游客展现景区的接待能力；导游服务作为旅游服务的重要组成部分，为游客提供优质的旅游讲解与接待服务，是旅游业的灵魂。因此，旅游业是众多部门通力协作造就的产物，是由多种服务综合表现形成的复合型"产品"。旅游业涵盖范围极为广泛，既包括物质资料生产部门，如轻工业、建筑业等，又包含一些非物质资料生产部门，如文化教育、宗教信仰、风景园林、金融中介、创新科技等，此外还包括一系列旅游企业，如旅行社、旅馆、旅游交运集团、旅游纪念品零售店等。旅游业向游客提供的产品既有非社会的自然造物，又有物质资料生产部门生产的人造制品。同时，旅游行业及社会为游客提供各种服务，满足游客吃、住、行、游、购、娱的消费需求与综合需要。

2. 旅游业是劳动服务性行业

旅游业既不是以物质生产资料为中心，也不是以物品交换为中心。

---

① 张立明主编：《旅游学概论》，武汉大学出版社2003年版，第50页。

旅游是一种依托于自然景观和文化遗产的旅游产品，为旅游者提供旅游产品，并由此获得经济和社会效益。以"服务"为核心的旅游业务，其营业收益在旅游总收入中占有很大比例。一般来说，旅游业所提供的服务包括：一是为旅游者提供旅游商品，如出售旅游纪念品、旅馆房间服务等；二是向游客提供旅游纪念品等实物商品；三是旅游从业者向旅游者提供服务的过程，也就是旅游者的消费过程，两者都是在同一时间进行的，比如导游服务。概括地说，旅游服务是一种综合服务，它包括宾馆、导游、娱乐、中介、交通、商务等多种服务形式。

3. 旅游业是劳动密集型行业

大部分的旅游企业都是劳动密集型的。但是，也有一些人提出，只有旅行社可称作旅游业中的劳动密集型企业，而酒店、运输等行业则不属于劳动密集型企业。旅行社投资小，用工多，投资少，相对于投资较大的饭店和运输公司，在同样的投资条件下，可以创造更多的工作岗位。旅游业是一种以提供服务为主要产品的产业，它的工资成本在整个运营成本中占有很大的比例，所以我们把它称为"劳动密集产业"。

4. 旅游业是敏感性行业

旅游业比其他行业更加敏感。从内部环境来看，每次接待一定人数的游客，都要在时间上进行精准的安排，在设计活动内容时，要考虑周全，把吃、住、行、游、购、娱各个环节紧密相连，并制定出应急预案。如果一个环节出现了不可挽回的事故，延误了旅行时间，将引起一系列的连锁效应，导致整个旅游体系的供应失衡，从而影响到经济效益。在外部环境方面，各种自然、政治、经济和社会等方面的因素，都会对旅游业产生影响。[1]

大运河文旅融合既要了解文化产业与大运河旅游的融合与互动，也要了解文化产业附加值的循环过程和旅游产业的价值链在大运河建设中的重要作用。[2] 搞清楚文旅产业相关理论问题，无疑可为山东运河文旅

---

[1] 张立明主编：《旅游学概论》，武汉大学出版社2003年版，第51页。
[2] 张浩、刘镁辰：《文旅融合时代大运河文化旅游开发研究》，《洛阳理工学院学报（社会科学版）》2022年第5期。

融合提供坚实的理论依据。旅游和文化作为产业，其发展过程中还要与其他各个行业之间相互作用，进而充分发挥文化在旅游发展中的作用和旅游业在整个社会经济发展中的作用，不应把文化旅游业局限在文化旅游产品或景区建设的简单范畴。① 要以文旅产业、文旅市场、文旅服务、文旅交流等为主要融合维度，"以文促旅，以旅彰文"，从理念上打破文旅的边界，才是文旅融合未来发展的正确方向。

第二节　山东运河文旅产业现状分析

推动文化产业和旅游产业融合升级，是大运河文化保护、传承与利用的重要内容，也是文化带区域协同、进一步建设发展的重要方向。② 山东运河沿岸积淀了丰富的运河文化遗产，拥有德州的苏禄王墓、聊城的山陕会馆、临清的鳌头矶、济宁的太白楼、枣庄的万年闸等众多文化旅游景观。在大运河申报世界文化遗产的名录中，大运河山东段有 8 个河段，占全部 27 个河段的近三分之一；共 15 处遗产点，超过全部 58 处遗产点的四分之一，尤其是拥有运河之脊——南旺枢纽遗址和运河之心——戴村坝，还有元明清时期的运河总督衙门所在地、运河八大钞关之首的临清钞关、运河"四大名塔"之一的临清舍利宝塔等。虽然山东沿运地区文化旅游资源丰富，但其开发力度仍有待加强，现有开发仅仅停留在传统旅游开发层面。③ 本节主要对山东运河文旅产业现状进行梳理，分析其存在的问题和不足。

---

① 祝坤：《公共图书馆发展及其文旅融合路径探究》，吉林人民出版社 2021 年版，第 176 页。

② 秦宗财、从菡芝：《我国文化带文旅融合升级研究——基于大运河文化带江苏段的测度》，《山东大学学报（哲学社会科学版）》2022 年第 6 期。

③ 张浩、刘镁辰：《文旅融合时代大运河文化旅游开发研究》，《洛阳理工学院学报（社会科学版）》2022 年第 5 期。

一　旅游业发展现状

近年来，山东省文化旅游部门和沿运各地市高度重视运河文化的挖掘和利用，在加大品牌营销力度的同时，积极推进重点项目建设，完善监督考核机制，运河文化旅游产业有了显著发展。

一是联合营销，共树品牌。山东省文化旅游部门充分发挥大运河旅游资源优势，倾力打造"鲁风运河"文化旅游品牌。"鲁风运河"是指在对山东运河区域的历史文化与人文风情进行深度挖掘的基础上，将"诚信、仁义、包容、开放"作为齐鲁运河文化的价值理念，打造运河经济带、特色文化带、生态景观带，并以山东运河区域为建设重点，构建历史文化遗产廊道的国际示范区。2016年，由山东省旅游发展委员会牵头编制的《"鲁风运河"文化旅游目的地品牌建设总体规划》通过评审。同年12月，"鲁风运河"品牌联盟成立，枣庄市、济宁市、泰安市、聊城市、德州市5市"牵手"，形成了一个对外展示、优势互补、互惠互利的全新区域合作平台。

二是不断加大重点项目建设力度，品牌建设取得阶段性成果。其中，投资60亿元的聊城中华水上古城、投资50亿元的枣庄台儿庄古城、投资30亿元的泰安白佛山文化产业园、投资25亿元的济宁微山湖旅游综合开发、投资20亿元的德州四女寺运河综合开发等一批投资大、带动力强的项目相继开工建设或营业，对"鲁风运河"品牌建设起到了强力支撑作用。节庆活动作为"鲁风运河"文化旅游目的地品牌的特色之一，一直备受关注。微山湖荷花节、中国（滕州）微山湖湿地红荷节、台儿庄运河古城千年大庙会、中国春节旅游产品博览会、台儿庄运河龙舟赛等主题旅游节庆活动，深受广大游客们的喜爱。

三是加强领导，强化考核。为全力推进"鲁风运河"文化旅游目的地品牌建设，山东省旅游发展委在"鲁风运河"品牌联盟基础上又成立了"鲁风运河"品牌协调小组，由省旅游发展委分管负责同志任组长，5市分管副市长任副组长，5市旅游发展委（局）主要负责人任成员。协调小组定期召开会议，调度工作进度，研究部署品牌的整体开发推广

第五章 运河文化旅游产业现状及发展策略

等相关事宜,对品牌联盟工作进行季度考核。

二 存在的问题和不足

目前山东运河区域的旅游资源开发和利用取得了一定成绩,旅游业发展势头稳步前进,但仍然存在很多问题,主要表现为以下几个方面:

(一)认识不足,观念落后

当前,运河旅游只是运河沿线城市的一种地方性旅游,整体呈现碎片化、碎片化的态势。而运河沿线地区旅游景点之间的关联度不够紧密,很难形成一个有一定知名度、有一定影响力的品牌产品和项目。"运河旅游"观念在山东的传播面较窄,缺少对运河旅游整体形象的塑造,未能形成"大旅游"理念与区域协调发展的协作意识。下一步,山东运河旅游要统一规划、统一开发、统一建设、统一营销,在彰显地方特色的同时,树立一个具有深厚内涵和创新元素的整体形象。①

(二)发展目标含糊,定位不明确

目前山东运河沿岸多数城市对自身的旅游发展定位尚无明确目标,在利用"申遗"契机,借助"运河"品牌发展本地旅游项目的过程中出现混乱局面,如在宣传口号上竞相使用"运河之都"字样。聊城过去以"水"为主导,"江北水城"的形象与品牌理念深入人心,近年更是借助"运河热",打出了"江北水城、运河古都"的标语。济宁提出了"孔孟圣地、运河之都"的口号,并组织了大量的专家、学者对济宁"运河之都"的历史地位进行了论证。台儿庄还提出了"江北水乡、运河古城""运河古城、时尚生活""大战故地、江北水乡""打造二战纪念馆,重现古代运河古镇"等标语。运河文化旅游不能盲目照搬,而要结合自己的区域特点和历史背景,提出适合自己发展的主题和标语。到目前为止,山东沿运各地的宣传成效都不大,给人一种旅游形象模糊、定位混乱的错觉。②

---

① 赵春雪:《山东运河的开发历史及其旅游对策探析》,《科技视界》2012 年第 26 期。
② 赵春雪:《山东运河的开发历史及其旅游对策探析》,《科技视界》2012 年第 26 期。

（三）缺乏协调与联合，没有形成合力

运河沿线的城市文化是同根同源的，沿线的城市应该是一个有机的整体，互相协调，互相补充，共同利用大运河申遗的东风，达到互相促进，合作共赢的目标。但从目前的情况来看，周边城市基本上都是各自为政，宣传口号大同小异，旅游品牌互相重复。比如聊城的"江北水城"和"江北水乡"的台儿庄；聊城的"运河古都"和"运河之都"济宁；"运河古城"台儿庄和"运河名城"临清。这种近似的推广方式违反了"替代原则"，且因地理位置相近，形成了紧密的竞争关系，很难实现合作共赢和协同发展。若不对目标市场进行细分，山东运河城市由于其本身的知名度不强、竞争能力较弱，客源市场也比较局限，将很难与江苏段、浙江段的客源市场进行正面竞争。[1]

（四）旅游产品体系较为单一，层次较低

在产品开发方面，缺少对旅游市场需求发展趋势的全面考量，没有能够将地域特色优势发挥到极致，为游客提供满意的个性化旅游产品。指导观念滞后，以观赏产品为主的旅游产品没有突出自己的品牌特色，造成了旅游产品在市场上的竞争力和游客的吸引力不足，游客重游率不高。对一些难以开发的旅游资源，由于没有得到很好的开发和利用，导致了资源的浪费。如临清市古街巷，七级镇运河古街区，微山县南阳古镇，这些具有重要历史和文化意义的旅游资源，在快速消费的旅游模式下，已经失去了其最基本的、最核心的独特性，从而降低了旅游景区的吸引力。[2]

（五）旅游市场营销不力，推广宣传不够

在营销上，目前的营销理念和方法都比较落后和传统，各地的产品定位混乱，结构单一，产品同质化严重。各景区各自为政，分散营销，缺乏鲜明的营销主题，无法形成区域协作的总体合力。在产品营销方面，主要依靠媒体广告、宣传单和电视广播等传统媒体，营销手段单

---

[1] 赵春雪：《山东运河的开发历史及其旅游对策探析》，《科技视界》2012年第26期。
[2] 赵春雪：《山东运河的开发历史及其旅游对策探析》，《科技视界》2012年第26期。

第五章 运河文化旅游产业现状及发展策略

一,不能很好地把握旅游者的消费心理,维持客源市场的吸引力。①

大运河是中国的文化名片,大运河文旅融合发展是拉动经济增长与提升文化效益的重要引擎。② 大运河山东段文化遗产资源丰富,申遗成功后,如何在保护的前提下实现山东运河文化遗产旅游的可持续发展是当前面临的一项重要课题。虽然山东运河沿岸地区对运河文化旅游开发高度重视,取得了显著成效,但同时也存在重视程度不够、定位不明确、缺少统筹协调、旅游产品层次较低等问题和不足。针对以上问题和不足,山东省应坚持可持续发展、保护和利用相结合、特色开发、市场化导向等原则,采取加强宣传推介、促进区域合作、优化空间布局、丰富产品体系、提升服务能力、打造特色旅游品牌等举措,在保护运河文化遗产的前提下,对其进行科学、合理的开发和利用,促进沿线地区经济和社会发展。

第三节 运河文旅产业提升与发展策略

产业融合发展是当前全球产业发展最为显著的特点与趋势。随着人们物质生活的不断改善,越来越多的人开始对文化产业和旅游业的相关产品产生了强烈的需求,这也是很多国家把文化产业提升到战略性高度的根本原因。因此,如何将原本独立的文化产业和旅游业进行资源的整合共享,从而达到二者的融合发展,是当前学术界面临的一个重要问题,也是当前行业发展中迫切需要解决的问题。具体到大运河山东段来说,文旅融合要按照"理念融合、职能融合、产业融合、市场融合、服务融合、交流推广融合"等工作方向,进一步丰富文化旅游产品体系、创新文化旅游融合业态、完善文化旅游融合设施、加强文化旅游人才培养、开拓文化旅游市场、塑造文化旅游融合品牌,推动文化和旅游实现

---

① 赵春雪:《山东运河的开发历史及其旅游对策探析》,《科技视界》2012年第26期。
② 任唤麟、余敏辉:《大运河长三角中心区段文旅融合现状与发展路径》,《淮北师范大学学报(哲学社会科学版)》2021年第5期。

全方位、全层级、全链条深度融合。①

一 构建运河特色文旅产品体系

鼓励运河沿线依托文化资源，突出文化元素，积极培育研学旅游、工业旅游、农业旅游、高铁旅游、自驾旅游、体育旅游、中医药康养旅游、商务会展旅游等融合发展业态产品，发展自驾车旅居车旅游、邮轮游艇旅游等新型旅游业态，以融合发展延伸产业链、创造新价值。发掘运河沿线村镇农耕文化、水工文化、渔文化等人文资源，推动文旅融合、农旅融合、城乡融合，保护自然肌理和传统建筑，设计原汁原味的乡村生活体验项目，提供更具文化内涵的乡村旅游产品，完善餐饮住宿、休闲娱乐、民俗体验等配套服务，提升乡村旅游智慧供给和服务水平，把美丽资源转化为美丽经济，推动运河文化同乡村振兴有效衔接。支持建设运河休闲街区、滨河绿道、运动公园、自驾车旅居车营地、运河文化主题旅游饭店等休闲度假设施，培育运河沿线城市、乡村"微度假"模式。充分利用运河历史遗存、水工遗存、革命文物、非遗项目等资源，鼓励运河沿线地区推出运河主题研学项目和实践教育活动，推进利用沿线博物馆资源开展中小学教育教学工作，建立大运河文化传承教育基地，打造一批运河研学旅游品牌。

促进运河工业遗产转化利用，以沿线地区的近现代民族工商业遗产为主体，因地制宜改造利用老旧厂房、仓库等设施，推出特色工业遗产旅游产品，发展运河沿线工业文化产业园、工业创意园区等工业旅游新模式，活态保护展示工业遗存蕴含的丰富文化内涵，记录呈现大运河山东段工业化、现代化进程。促进文化和旅游节庆活动与体育活动联动，依托运河沿岸绿色生态廊道和旅游风景道路，开发健走、骑行、马拉松、龙舟运动等特色项目产品，举办行走大运河、运河龙舟、赛艇等特色体育赛事，开展沿运河群众性体育休闲和全民健身活动，实现竞技表

---

① 石培华、申军波、陆明明、张毓利编：《全域旅游示范区创建和发展指南》，中国旅游出版社2020年版，第42页。

演、运动健身、旅游休闲融合发展。挖掘中医药文化资源，推动中药材种植基地、药用植物园等增加旅游服务功能，支持中医医疗机构、中药企业、中华老字号名店等推出健康养生旅游产品，开发串联沿线中医药展示馆、药材种植园、中医药企业等的中医药特色旅游路线，支持创建国家中医药健康旅游示范区。

二 优化文旅产业区域布局

以"鲁风运河"文化旅游品牌为统领，以运河文化为灵魂，以运河水道为骨架，采用点轴结合、以轴串点、以点带面的布局模式，构筑形成"一带、两段、四节点"的空间布局。按照点轴布局，以点带面做大产业，打造中国运河文化带上的产品制高点，推进文、河、城、旅一体化整合发展。根据运河通航情况和南水北调水道的调整，以黄河为界划分为南北两段。南段重点打造水乡古都运河文化水上休闲廊道；北段建设水城古镇运河文化陆路休闲廊道。重点选择台儿庄古城、洛宁古城、聊城东昌古城、临清中洲古城4个节点作为突破口带动运河山东段文化旅游带建设。同时，谋划运河文化旅游带腹地建设，建设以城市为支点，以特色小镇建设为依托的网状经济文化旅游区域，着力打造京杭运河隆起带，引领文化旅游大发展。

三 培育壮大文化和旅游市场主体

实施"壮企强企计划"，鼓励文旅企业通过资产重组、股份合作、品牌输出上市等方式壮大自身，构建合作创新平台，培育具有"新技术、新业态、新模式"的创新型企业，积极引入优秀企业，培养一批扎根山东、以旅游为主业、具有自主品牌和核心竞争能力的骨干企业或大集团。引导中小型微文旅企业向专门化、专业化和品牌化方向发展，打造高质量、个性化、多元化的竞争优势。鼓励文化市场主体积极参与大运河文化带配套旅游、娱乐产业建设，打造别具特色的演出活动、娱乐场所、互联网上网服务营业场所等。建设运河景区联盟、酒店联盟、餐饮联盟、剧院联盟和文化产业园区（基地）联盟，促进运河城市文化旅游企业家共享经验、互利合作。搭建政银企合作平台，开展常态化投融资对接交流活动，以扩大有效投资，增强沿线文旅产业发展后劲。支持运河沿线推进文化产业园区（基地）建设，建成文化产业创意集聚区、创业新空间、创新加速器以及文旅产业融合发展引领者。要规范发展文化产业园区，鼓励发展具有鲜明特色和优势的文化产业示范园区（基地），突出运河元素和地方特色，强化旅游休闲功能，建立一批文旅融合发展示范区。

四 发展文旅产业新业态新模式

贯彻落实沿运河数字文旅产业提升行动，加快数字化产业发展，推行"互联网＋旅游"的文旅发展新模式，促进沿运地区文旅产业与数字经济、实体经济深度融合，打造全国领先的数字文化产业集群。把运河文化蕴含的价值内容与数字技术的新形式新要素结合起来，创新呈现"全息5G大运河"，支持文物、非遗通过新媒体传播推广，建设一批数字技术应用场景，打造一批博物馆、非遗展馆数字化展示示范项目，推出一批富含运河文化元素的动漫游戏、数字艺术等数字文化产品。注重新技术对文化体验的改变，鼓励沿运文娱场所、景区等充分利用当地文化资源，推行沉浸式体验、虚拟展厅、直播等新型文旅服务，加快提升演艺娱乐的数字化水平。将旅游宣传与网络直播、短视频等数字传媒形式相结合，发展旅游直播带货等线上供给服务新模式。

顺应时代发展与消费变化新趋势，将扩大消费与改善人民生活品质相结合，对运河沿线文旅消费场景、模式、业态和服务管理进行创新升级，持续形成新的消费增长点。促进网络消费、定制消费、体验消费等新型消费方式的发展，使文旅消费活动更具多样性、便捷性。加快传统线下业态数字化改造和转型升级，鼓励拓展文旅企业平台，支持互联网平台企业与运河沿线文物单位、度假区合作，发挥线上营销优势，吸引线上用户转化为线下游客。将文化消费融入展览、市集等各类消费场所，推动建设集文化创意、休闲娱乐等主题于一体的步行街。推进运河沿线文博创意产品和非遗文创开发，开发富有文化内涵、符合市场需求

第五章　运河文化旅游产业现状及发展策略

的旅游文创商品,举办大运河文化旅游创意设计展、非遗特色伴手礼评选活动、旅游文创商品大赛,支持沿线地区举办文化创意设计大赛。鼓励运河沿线城市创新消费惠民措施,定期举办消费活动,扩大节假日消费宣传,完善常态化消费促进机制。

利用大运河山东段发展夜间旅游这一得天独厚的条件,鼓励支持沿线各地以"地域特色+文化元素"为发展方向,建造一批布局合理、功能完善、特色鲜明、带动力强的夜间文旅消费集聚区。依托旅游景区、度假区、文博场馆等,开发常态化、品质化、特色化夜间文旅体验项目和品牌,丰富文博场馆夜间特展、旅游景区夜间游览、夜间旅游演艺等夜间文旅产品,举办运河风情夜游节、运河灯会等特色活动,加强运河夜游线路宣传推广。积极发展沿线夜间文化和旅游经济,打造沉浸式运河夜游新场景,支持利用数字技术开发夜间文化和旅游产品,为"月光下"的运河增光添彩。

运河文旅产业不仅对城市经济的发展有着重大作用,还能推进文旅融合的发展,打造运河文旅名片。[①] 山东作为沿运重要省份,在发展运河文旅产业方面具有得天独厚的优势。但由于重视程度、产品设计、开发力度、管理机制等原因,山东段运河文旅产业的发展面临产品层次不高、产业融合程度不够等一系列问题。对此,相关地区和部门要牢牢把握全域旅游发展的思想,实行旅游精品策略,把景区建设、产品开发、品牌打造、旅游服务保障等有机结合起来,不断丰富旅游产品的种类,构建一条包含文化旅游、生态旅游、红色旅游、休闲养生等多种功能的"运河旅游长廊",促进运河文旅产业深度融合发展。

---

① 居敏:《苏南段大运河文旅产业开发现状与策略研究》,《文化产业》2021年第27期。

第六章 运河精品旅游目的地构建路径与策略

在全球化大背景下,随着信息化和现代化程度不断加深,城市之间的各种要素迅速流动,城市文化软实力的提升将成为新时代下城市核心竞争力提升的重要抓手。[1] 旅游业具有经济属性和文化属性两种性质,而文化是推进旅游经济繁荣的重要支点,加快推进大运河文旅深度融合发展,一方面可以更好地满足人们日益增长的精神文化需求;另一方面对提升我国文化的软实力有着显著的意义。大运河沿线各省市采取了很多措施促进文旅产业的发展,也取得了一些成绩,但总体来看还存在不少问题。[2] 相较其他沿运省份,山东沿运各地旅游竞争力较弱,旅游基础设施相对落后,文旅融合水平还有待提升,距离示范城市还有一定的差距。需要通过多环节、多渠道融合发力,打造运河精品旅游目的地,切实增强运河文旅产业的竞争力。

第一节 旅游目的地相关理论概述

随着信息化的发展,旅游目的地形象借助网络工具进行广泛传播,

---

[1] 唐晓雪、郭雪婉:《以文旅融合提升城市文化软实力的实践与启示——以西青区大运河文旅融合发展为例》,《区域治理》2021 年第 14 期。

[2] 张浩、刘镁辰:《文旅融合时代大运河文化旅游开发研究》,《洛阳理工学院学报(社会科学版)》2022 年第 5 期。

对旅游业发展产生实质影响，良好的旅游目的地形象对旅游产业的可持续健康发展发挥着重要作用。[1] 对于城市旅游而言，将旅游目的地的城区历史古迹和自然环境物尽其用，加以重视，不仅可以达到维护、修缮古迹，重现历史文明的目的，还可以实现可持续利用，最终使得现有自然资源、古迹资源转换成可观的旅游经济效益。[2]

一　旅游目的地概念

"旅游目的地"（Tourism Destination），简称为"旅游地"，是指接待旅游消费者开展旅游活动的特定区域。具体来说是指以旅游景观为基础，配套相应的旅游基础设施和旅游服务，可以吸引相当数量的游客在此短暂停留、参观和游览的地域。旅游目的地包含三层含义：一是旅游目的地是以旅游景观为基础，依托足够的旅游设施和旅游服务，能够满足游客需求的功能要素集合体；二是旅游目的地具有明确的地域范围，是能够实现游客停留和活动的空间结构体系；三是旅游目的地集聚了各种旅游相关企业和支撑机构，是一个涉及面广、带动力强的产业经济系统。各国旅游发展阶段和制度背景存在差异，因此国内外学者对于旅游目的地的定义和认识有所不同。

（一）国外相关概念

国外关于旅游目的地的研究，始于20世纪70年代，美国学者冈恩（Clare A. Gunn）首先于1972年提出"目的地地带"的概念，他认为"目的地地带"是由吸引物组团、服务社区、对外通道和区内连接通道等要素构成，并指出这些要素的有机整合对旅游目的地的建设有着重要意义。[3] 英国学者克里斯·库珀（Chris Cooper）认为，可以将旅游目的地看作满足游客需求的服务和设施的中心区域，其实现了需求、交通、供给和市场营销在内的诸多旅游要素的集中整合。迪弥特礼思·布哈里

---

[1]　贺繁繁、李世杰：《旅游目的地形象及其影响》，《合作经济与科技》2022年第24期。
[2]　阚中华、王安琪：《淮安里运河文化长廊旅游目的地旅游市场环境分析》，《新丝路（下旬刊）》2017年第6期。
[3]　邹统钎等：《旅游目的地地格理论研究》，中国旅游出版社2022年版，第1页。

斯（Dimitrios Buhalis）也认为"旅游目的地是一个明确的地理区域，这一区域被旅游者理解为可用于旅游营销和规划的政策与法律框架的独一无二的实体"。狄金森·罗宾斯（Dickinson J E. Robbins）提出"旅游目的地中有旅游者需要消费的一系列产品和服务"。[1] 澳大利亚学者尼尔·雷珀（Neil Leiper）认为旅游目的地是人们选择旅行的目的地，是人民愿意支付空闲时间以体验其中具有吸引力的景点或某些特性的地方。[2]

（二）国内相关概念

国内关于旅游目的地研究，始于20世纪90年代。1996年，保继刚认为，旅游地是结合了一定空间内旅游资源、旅游设施等其他条件而形成的供游客停留和活动的场所。吴必虎认为目的地系统是指为已经到达出行终点的游客提供游览、娱乐、食宿、购物、享受、体验等旅游需求的多种因素综合体，其是旅游系统中重要的子系统。魏小安选取了效用角度研究这个问题，他指出旅游目的地是使游客产生动力并追求动机实现的各类空间要素的综合。杨振之对"旅游目的地"与"旅游过境地"这两个概念作了区分，提出"旅游目的地"是一个地理空间集合，还强调旅游产业发展格局的重要性。[3]

国内外学者对旅游目的地进行了很多研究，但考虑到旅游业所处的发展阶段和制度背景等因素，其对这个概念的关注重点和定义方式是不一致的。通过总结他们的观点来看，"旅游目的地"就是吸引旅游者短暂停留、参观游览的地方，是由各类资源要素和设施要素共同构成的，能够为旅游者提供完整旅游体验的综合系统。[4] 作为一个复合系统，旅游目的地既是一个功能系统，又是一个地理系统，还是一个经济系统。主要表现在：从功能要素上讲，旅游目的地是旅游景观、旅游设施与旅游服务三要素的集合，各种要素相互作用、相互配合以满足旅游者需求；从空间结构上来看，旅游目的地作为人们旅游的地方有一个明确的

---

[1] 邹统钎等：《旅游目的地地格理论研究》，中国旅游出版社2022年版，第2页。
[2] 田里：《旅游学概论》，重庆大学出版社2019年版，第100页。
[3] 邹统钎等：《旅游目的地地格理论研究》，中国旅游出版社2022年版，第3页。
[4] 邹统钎等：《旅游目的地地格理论研究》，中国旅游出版社2022年版，第4页。

地域范围,其空间范围可大可小;从经济系统上来看,旅游目的地通过产业构建、产业集聚、产业融合,形成了一个区域经济单元。①

二 旅游目的地类型

因旅游目的地形态不一、主题多样、类型丰富,可以划分出不同的旅游目的地类型。②

(一)按照空间范围大小分类

依据涉及的空间范围,可以将旅游目的地划分为四种类型,分别是国家旅游目的地、区域旅游目的地、城市旅游目的地和景区旅游目的地。

1. 国家旅游目的地

国家型旅游目的地是指将一个国家作为旅游目的地。在国际旅游中,旅游者往往会前往别的国家旅游,前往的国家被视作旅游目的地,旅游客源国则为输出旅游者的国家。③ 国家旅游目的地是从全球视野出发划分旅游地域,涉及的空间范围往往较大,如美洲的美国、欧洲的法国、亚洲的日本等,都可以视为国家旅游目的地。国家旅游目的地具有突出的旅游形象,主要功能是建立与世界主要客源国之间便利的国际航空交通,并能够向各区域旅游目的地分散游客流量。④

2. 区域旅游目的地

区域旅游目的地涉及空间范围中等,是区域视角下的跨境或国内旅游地域划分,多属于中等尺度旅游目的地,如地中海滨海度假目的地、长三角旅游目的地、大香格里拉旅游目的地等,皆属于区域旅游目的地。区域旅游目的地旅游主题极其鲜明,如度假旅游目的地、生态旅游目的地以及文化旅游目的地等,多围绕航空港或铁路中转枢纽为中心建立。区域旅游目的地具有良好的可进入条件和完善的旅游服务体系,并

---

① 田里:《旅游学概论》,重庆大学出版社2019年版,第101页。
② 田里:《旅游学概论》,重庆大学出版社2019年版,第101页。
③ 黄安民主编:《旅游目的地管理》,华中科技大学出版社2021年版,第8页。
④ 田里:《旅游学概论》,重庆大学出版社2019年版,第102页。

能够向各旅游城市和景区输送游客流量。[①]

3. 城市旅游目的地

城市旅游目的地涉及空间范围一般，是国内视角下的城市旅游地域划分，多属于中等偏小尺度旅游目的地，如法国的巴黎、泰国的曼谷、中国的香港等，都属于城市旅游目的地。城市既作为旅游目的地，又是重要的旅游客源地和旅游集散地。除具备参观游览、观光功能外，城市旅游目的地还具有完善的住宿、交通、购物等配套设施。城市旅游目的地也可以按照空间范围划分为大型、中型和小型旅游城市，旅游产业产值在当地经济总产值中所占比重相对较高。[②]

4. 景区旅游目的地

景区旅游目的地所涉及的空间范围较小，是微观视角下的景区旅游地域划分，多属于小尺度旅游目的地，如美国的黄石公园、印度的泰姬陵、中国的故宫等，都可以视为景区旅游目的地。景区旅游目的地与旅游景点不同，它是由多个旅游景点、旅游设施、旅游服务以及专门旅游管理机构组成的集合体。依据旅游资源类型，也可以将旅游景区划分为自然山水型景区、历史文化型景区、主题公园型景区等。[③]

（二）按照旅游活动类型分类

按照满足游客需求的活动类型，可以将旅游目的地划分为观光旅游目的地、度假旅游目的地和专项旅游目的地三种类型。

1. 观光旅游目的地

观光旅游目的地有着独特的资源，适合开展观光旅游活动，根据观光对象的不同可以分为自然观光地、城市观光地、名胜观光地。[④] 这是一种传统型旅游目的地，目前仍在世界旅游活动中占有重要地位。传统观光旅游目的地在开展旅游活动时，往往以当地的自然景观和风景名胜为重心。随着时代发展，现代观光旅游又附加了一些带有"活动"色彩

[①] 田里：《旅游学概论》，重庆大学出版社2019年版，第102页。
[②] 田里：《旅游学概论》，重庆大学出版社2019年版，第102页。
[③] 田里：《旅游学概论》，重庆大学出版社2019年版，第102页。
[④] 李琼英、方志远主编：《旅游文化概论》，华南理工大学出版社2008年版，第100页。

的旅游消费形式，如节庆旅游、体育旅游、会议旅游、民俗风情旅游等。一些具有特殊资源的城市区域，由于其集自然、政治经济和社会文化环境为一体，旅游资源丰富，旅游活动空间范围比较大，对旅游者具有越来越大的旅游吸引力，成为观光旅游目的地的重要载体，如法国普罗旺斯、日本富士山，以及我国北京故宫、安徽黄山等。

2. 度假旅游目的地

度假旅游目的地是以满足旅游者休闲度假需求为主要目的的地域，旅游吸引物多为良好的生态环境或舒适的气候条件。度假旅游目的地依托优越的自然条件，经过人工开发，完善旅游设施，融食、住、行、游、购、娱于一体，满足人们休闲娱乐、度假疗养等需求。[1] 度假旅游目的地包含海滩度假目的地、峡谷度假目的地、乡村度假目的地等类型，如泰国巴厘岛、瑞士阿尔卑斯山、日本箱根温泉、浙江莫干山等旅游目的地。

3. 专项旅游目的地

专项旅游目的地是以满足旅游者特殊兴趣需求为主要目的的地域，旅游吸引物多为特殊的吸引物或专业设施。专项旅游目的地以游客的购物、生态、探险、文化等需求划分为多种类型，如香港购物旅游目的地、美国黄石公园生态旅游目的地、北京天安门红色旅游目的地等。[2]

（三）按照构成形态特征分类

按照构成形态不同，可以将旅游目的地划分为板块型旅游目的地和点线型旅游目的地。[3]

1. 板块型旅游目的地

板块型旅游目的地的旅游吸引物相对集中在一个特定区域内，所有的旅游活动都是围绕这个特定区域展开，同时会以这个核心区域为中心向周边辐射，一定程度上带动其他地区的消费。一般来说，其依托现代

---

[1] 李琼英、方志远主编：《旅游文化概论》，华南理工大学出版社2008年版，第100页。
[2] 田里、李雪松：《旅游管理学》，东北财经大学出版社2018年版，第114页。
[3] 徐虹、路科编著：《旅游目的地管理》，南开大学出版社2015年版，第7页。

交通网络实现互通，以某个主要旅游城市为中心。①

2. 点线型旅游目的地

点线型旅游目的地是在一个范围较大的地理空间区域内，旅游吸引物的分布较为分散，旅游者在某一空间点停留时间较少，没有明显中心吸引点。此时，交通组织方式发挥着重要作用，串通了不同空间点上的吸引物。点线型旅游目的地通常以交通组织方式为形成条件，如围绕旅游线路组织旅游活动的观光旅游项目多属于点线型旅游目的地范畴。②

此外，按照游客行程所耗时间，可以将其区别为远程、中程和近程旅游目的地；按照开发时间和发展状况，有传统和新兴旅游目的地之分；根据游览节奏关系，有紧凑型和松散型旅游目的地之分。③

三 旅游目的地管理

（一）旅游目的地管理的概念

旅游目的地是复杂的社会经济系统，它既具有产业经济特征，又具有社会系统属性，是旅游地、旅游景区向旅游者和当地居民提供旅游、娱乐、生活相关的服务关系总和。④ 一方面，旅游目的地是一个开放的系统，它与社会有着广泛的、密切的联系，它要向社会、游客提供特定的产品及服务，要面对来自同行业的激烈竞争和挑战，还必须担负社会某些方面的责任和义务；另一方面，它自身就是一个系统，拥有很多工作部门、大量员工，还有许多产品，各种各样的设施设备以及旅游环境等。为了使这个复杂系统良性运转，旅游目的地就需要科学的管理。基于此，我们可以把"旅游目的地管理"定义为"基于清晰的战略目标和旅游规划，运用行政、经济和法律手段，对目的地区域内的包括旅游资源、接待设施、基础设施、公共服务、节事活动等所有目的地组合要素

---

① 李琼英、方志远主编：《旅游文化概论》，华南理工大学出版社2008年版，第101页。
② 李琼英、方志远主编：《旅游文化概论》，华南理工大学出版社2008年版，第101页。
③ 田里、李雪松：《旅游管理学》，东北财经大学出版社2018年版，第114页。
④ 王昕、张海龙编著：《旅游目的地管理》，中国旅游出版社2019年版，第48页。

第六章　运河精品旅游目的地构建路径与策略

进行协调与整合的过程"。①

(二) 旅游目的地管理的目标

1. 满足游客的需求

旅游目的地的开发，首先要满足游客的需求。事实上，只有能够满足游客的需求，才能够称得上是一个旅游目的地，或者说是一个好的旅游目的地。在游客的需求获得满足的同时，游客也在支付相应的旅游消费费用，一个依托旅游消费而形成的产业链条才得以存在，各个利益相关方的利益才能够相应地产生并进行分配与流动。②

2. 获得经济收益

旅游开发的主体和投资者，不管是地方政府、企业或是其他机构与个人，都需要通过开发获得足够的经济收益，这是旅游投资得以进行的前提和保障。在目前情况下，绝大多数的旅游目的地开发，获取经济收益实际都是首要的目的。旅游业因其特殊的规模与发展速度，已经成为中国地方政府和企业的投资热点，很多地方都将旅游业作为支柱产业或主导产业。③

3. 为当地居民带来福利

通过旅游开发带来的经济利益能够提高旅游目的地居民的生活水平，同时基础设施和社会事业的发展，也能够提升旅游目的地居民的生活质量和发展条件。这是地方政府高度重视旅游业的原因之一，也使旅游目的地的开发与经营获得社区居民的支持和积极参与。④

4. 实现旅游目的地所在区域的整体发展目标

旅游开发为旅游目的地所在区域带来经济收益的同时，带来外部的信息、人力和资金，也促进旅游目的地所在区域的建设与管理水平的提高，为区域的发展注入更多的资源和活力。中国首批最佳旅游城市杭州、成都和大连都利用旅游业发展经济、展示形象、促进经济和社会的

---

① 李雪松主编:《旅游目的地管理》，中国旅游出版社 2017 年版，第 17 页。
② 吴国清、冷少妃:《旅游学理论基础》，上海人民出版社 2014 年版，第 267 页。
③ 吴国清、冷少妃:《旅游学理论基础》，上海人民出版社 2014 年版，第 267 页。
④ 吴国清、冷少妃:《旅游学理论基础》，上海人民出版社 2014 年版，第 267 页。

可持续发展。一些专业化更强的旅游城市，如桂林、三亚、丽江、张家界等，旅游目的地的开发在其区域发展中的作用和意义更加突出。①

（三）旅游目的地管理原则

1. 突出特色原则

旅游目的地坚持自身特色能使其在竞争中发挥优势，有利于提高吸引力并实现可持续发展，留住更多游客。② 在旅游目的地的管理过程中，要凝聚目的地旅游特色，并在项目开发、产品设计、品牌营销等各个过程中不断保持和突出特色。旅游目的地的特色主要表现为地方性、民族性、原始性和现代性等方面。旅游目的地特色的凝练首先建立在当地文脉和资源特色分析的基础上，然后通过综合分析及与其他旅游目的地的比较分析，确立符合当地资源特色及与近距离旅游市场差异化的主题特色。③

2. 综合效益原则

旅游业是一个横跨第一、第二、第三产业的综合性产业，其发展不仅仅是追求经济增长，还要考虑社会福利、环境保护等诸多因素。④ 旅游目的地的建设与开发需要巨额资金支持，因此投资者追求经济效益，获得投资回报无可厚非。经济效益的提高是维系其发展的关键一步，并为未来的各项建设奠定物质基础。而旅游目的地是一个复杂的系统，与生态系统、社会系统相融合，因此旅游目的地管理的目标除了追求经济效益，还要追求与社会效益和环境效益的统一。⑤

3. 因地制宜原则

旅游目的地处在不同的区位，资源类型多样，千差万别，具有时空分布的不均匀性和地域性。在资源开发利用和合理配置中，必须充分考虑各类资源组合的区域、时间特性，坚持因地制宜、因时制宜的原则。⑥

---

① 吴国清、冷少妃：《旅游学理论基础》，上海人民出版社2014年版，第268页。
② 李雪松主编：《旅游目的地管理》，中国旅游出版社2017年版，第19页。
③ 程金龙主编：《旅游目的地管理》，中国旅游出版社2021年版，第12页。
④ 邹统钎：《旅游目的地开发与管理》，南开大学出版社2015年版，第21页。
⑤ 程金龙主编：《旅游目的地管理》，中国旅游出版社2021年版，第12页。
⑥ 吴国清、冷少妃：《旅游学理论基础》，上海人民出版社2014年版，第266页。

不仅包括旅游开发建设要根据当地特色进行,同时在品牌营销、服务管理、管理体制等多方面都要充分考虑当地的区位因素、政治因素、经济基础、社会文化因素等,不能完全套用其他旅游目的地成功管理的经验。要结合实际情况设置合理的管理目标,选择恰当的管理手段,实施因地制宜的管理模式。①

4. 勇于创新原则

在当今旅游业持续高速发展和竞争加剧的时代,旅游目的地的管理也处在不断的动态变化中,不存在一套永久适用的管理模式。旅游目的地管理的创新体现在旅游目的地管理的各个环节,包括旅游目的地的开发建设、组织管理、营销推广等,因此管理机构或管理者必须勇于创新,增强创新意识和创新能力,以创新保持旅游目的地持续的生命力。②

5. 可持续发展原则

旅游目的地管理要遵循可持续发展原则,保障目的地系统的持续稳定发展。首先,对自然环境资源和文化资源要实施开发与保护相结合原则,避免对环境资源的破坏式开发和文化资源的过度商业化运作。其次,要不断提高旅游目的地的服务水平,提高游客满意度和重游率。最后,不断推陈出新,丰富优质文旅产品供给,推出有价值的文创产品,构建特色旅游品牌体系。旅游目的地的持续发展也是旅游目的地管理的最终目标。③

(四) 旅游目的地管理的内容

旅游目的地管理是对旅游目的地系统的综合性管理,根据管理内容的不同,主要包括旅游目的地战略规划管理、产品和服务管理、项目及运营管理、品牌营销管理、业务管理、环境管理等。

1. 战略规划管理

旅游目的地管理处在不断变化的市场环境中,区域经济、社会文化和旅游业本身发展、旅游产品供求关系的变化都将影响到目的地的生存

---

① 程金龙主编:《旅游目的地管理》,中国旅游出版社2021年版,第13页。
② 程金龙主编:《旅游目的地管理》,中国旅游出版社2021年版,第13页。
③ 程金龙主编:《旅游目的地管理》,中国旅游出版社2021年版,第13页。

和发展方向。① 要依据旅游目的地所处的地理位置和在区域旅游系统中的位置，综合旅游资源特点、游客的旅游需求等因素，确定目的地的定位、规模、特色、设施配套状况、与外界的协调关系和旅游目的地的基本格局等。② 对旅游目的地的旅游资源进行摸查梳理、分类和评价，建立资源库，并跟随时代及时更新，通过资源整合进行科学开发，建立相关保护制度，确保旅游目的地旅游资源的有效利用和可持续发展。③

2. 产品和服务管理

旅游产品会影响旅游者的第一印象和满意度，选择旅游产品对旅游者来说也是一次难忘的体验；对于旅游目的地来说，旅游产品就是满足旅游者整个旅游活动所需的食、住、行、游、购、娱等需求的实物和服务的组合。旅游目的地的产品管理就是根据旅游市场需求对旅游项目、服务设施等进行组合与包装，一方面实现顾客满意，另一方面获取竞争优势。④

旅游目的地的服务是产品的重要组成部分，其本身也是体现目的地从业人员素质和管理水平高低的重要指标，影响着旅游目的地的形象和声誉，成为影响游客满意度的重要因素。旅游目的地的服务管理包括两项重要内容，一是从业人员的服务意识、技能等管理；二是目的地服务设施、服务用品、服务环境的管理。⑤

3. 项目及运营管理

旅游项目、景区及景点的建设、维护和合理布局，通过游客流量的调控，既达到增加旅游吸引力和创造显著经济效益的目的，又达到保护资源、促进旅游业可持续发展的目的。⑥ 旅游目的地运营管理主要指目的地在产品推广、品牌打造和市场营销等过程中涉及的一系列管理活动，是对旅游目的地系统不断设计、运行、评价和改进的过程，如旅游

---

① 李雪松主编：《旅游目的地管理》，中国旅游出版社2017年版，第20页。
② 李雪松主编：《旅游目的地管理》，中国旅游出版社2017年版，第20页。
③ 程金龙主编：《旅游目的地管理》，中国旅游出版社2021年版，第11页。
④ 程金龙主编：《旅游目的地管理》，中国旅游出版社2021年版，第11页。
⑤ 程金龙主编：《旅游目的地管理》，中国旅游出版社2021年版，第11页。
⑥ 李雪松主编：《旅游目的地管理》，中国旅游出版社2017年版，第20页。

产品升级、品牌营销推广、游客行为管理等。①

4. 品牌营销管理

品牌管理就是指建立、维护、巩固旅游品牌，维护旅游形象的全过程。通过品牌管理能够有效地监管控制品牌与旅游者之间的关系，最终形成竞争优势，使广大游客更认同品牌的核心价值与精神，从而使品牌保持持续竞争力。② 营销管理是指为实现经营目标，对建立、发展、完善与目标顾客的交换关系的营销方案进行的分析、设计、实施与控制。营销管理是规划和实施营销理念、制定市场营销组合，为满足目标顾客需求和利益而创造交换机会的动态、系统的管理过程。③

5. 业务管理

旅游目的地业务管理是使管理者的命令得到有效贯彻和全面实施的基本活动单元。业务工作主要包括人力资源开发与管理（如人员招聘、培训、员工考核与激励、人事管理、劳资管理）；财务管理（如财务决算、财务预算、资产管理、收入、费用、税金与利润管理、财务分析与检查等）；服务质量管理（如服务质量标准的制定、控制体系、服务流程设计等）；安全管理（如游客安全、员工人身安全、财产安全、设施安全等）和信息管理（如行业经营与发展信息、信息咨询系统、内部信息沟通与反馈、信息搜集与统计分析）等。④

6. 环境管理

竞争能力在很大程度上取决于环境质量的优劣。旅游目的地所处地区的自然环境和社会经济文化环境（当地居民的消费水平、消费习惯、习俗、好客程度、文化差异等）都深刻地影响着目的地的经营和发展，做好环境管理，是创造高品位的旅游产品，高质量的旅游活动，延长游客逗留时间，增加游客消费和旅游收入的重要手段。通过对旅游者的宣传教育、适当引导和必要制约，指导游客进行文明健康的旅游活动，维

---

① 程金龙主编：《旅游目的地管理》，中国旅游出版社2021年版，第11页。
② 程金龙主编：《旅游目的地管理》，中国旅游出版社2021年版，第12页。
③ 程金龙主编：《旅游目的地管理》，中国旅游出版社2021年版，第11—12页。
④ 李雪松主编：《旅游目的地管理》，中国旅游出版社2017年版，第21页。

护旅游目的地的良好秩序，制止极少数人的不良行为。①

随着旅游实践的迅速发展，传统的以旅游行业管理为主体的条带式管理模式已经不能完全满足现实的需要。如何通过管理创新来提升对旅游活动的管理效能，实现区域旅游活动的优化发展，成为目前我国旅游管理实践中迫切需要解决的课题。② 旅游目的地管理是一项非常复杂的工程，在这个过程中需要倾注很多心血。③ 旅游目的地的有效管理，既是保证旅游者和其他利益相关者合法权益的关键因素，也是旅游业实现可持续发展的重要保障。尤其是对于蕴含文化遗产价值的旅游目的地，只有认真规划、慎重管理，才可能实现从文化资产向旅游产品的有效转型。

第二节　山东运河文化旅游目的地建设现状

作为旅游活动的主要场所，旅游目的地是旅游活动开始的基础。旅游业的提升，需要建立在对旅游目的地竞争力的科学分析之上。山东运河沿线地区历史悠久，文化底蕴深厚，地域特色突出，是全国旅游资源最丰富的地区之一，具备文旅深度融合的良好条件。但同时我们也应该看到，山东运河沿线各地市也面临旅游竞争力薄弱、旅游基础设施相对落后等问题，成为制约文旅融合发展的重要因素。各地市需要通过经济发展拉动旅游业发展，在充分挖掘文化资源旅游价值的同时，健全和完善旅游基础设施，从而提升旅游目的地竞争力。

一　旅游竞争力薄弱

京杭运河作为山东省重要的水上通道，承载着历史记忆，从古至今为山东省尤其是鲁西地区的经济发展、文化交流和社会进步作出了巨大

---

① 李雪松主编：《旅游目的地管理》，中国旅游出版社2017年版，第21页。
② 杨军编著：《旅游公共管理》，南开大学出版社2008年版，第115页。
③ 邹统钎等：《旅游目的地地格理论研究》，中国旅游出版社2022年版，第14—15页。

贡献。① 元代以来，随着大运河的全线贯通和南北漕运的兴旺发达，极大地促进了山东沿运地区社会文化的发展和工商业的繁荣。清咸丰五年（1855），黄河北徙，将山东运河拦腰截断，致使山东运河的航运形势发生了根本变化。再加上战乱频繁、灾荒不断，山东沿运地区社会经济受到沉重打击。中华人民共和国成立后，山东沿运地区国民经济得到迅速恢复，人民生活水平获得一定提高。但就山东整体而言，山东沿运地区经济发展仍然相对缓慢。②

由于自然条件、地理位置和发展背景等各种因素，山东省旅游目的地的竞争力存在着不平衡现象，整体来看，呈现出"东强西弱"的格局。山东东部沿海城市拥有丰富的自然资源和得天独厚的地理位置优势，旅游竞争力更强；鲁中地区有一定的发展基础，旅游竞争力次之；而鲁西地区受各种条件限制，旅游竞争力相对薄弱。③ 由此可知，经济基础深刻影响到文旅行业，各地市旅游竞争力的强弱与当地的经济实力存在密切关系。

二 旅游基础设施相对落后

旅游基础设施是发展旅游业必不可缺的物质基础，离开基础设施建设，旅游业便是空中楼阁。旅游基础设施是旅游"吃、住、行、游、购、娱"六大要素的重要承载体。相较于胶东沿海地区，运河山东段所处地市在星级酒店与星级饭店的数量上存在很大差距。与旅游相关的文娱设施、体育疗养设施不够完善。游客的个人兴趣不同，如何让游客充分发挥个人兴趣爱好、享受旅游消费活动，是当今旅游行业需要思考的现实问题。现代旅游业从属于服务业毋庸置疑，在当今互联网时代下，游客相当重视消费体验，因而又被称作"体验时代"，消费经济即是体

---

① 赵月桂：《山东运河航运对沿运地区经济贡献的研究》，《山东交通科技》2007年第4期。

② 山东运河航运史编纂委员会编：《山东运河航运史》，山东人民出版社2011年版，第409页。

③ 尹正浩：《山东旅游目的地竞争力评价》，《合作经济与科技》2021年第10期。

验经济。满足游客的消费体验,是每个旅游景区的主要目标和职责所在。

当前,各地文旅市场复苏明显,文旅融合面临着新的挑战,也迎来重要的发展机遇。如何推动旅游业现代化,促进旅游业的高质量发展成为文旅融合的新目标以及学界研究的重大课题。鲁西地区是山东省内旅游目的地竞争力最弱的地区,需要通过经济发展拉动旅游业发展。[①] 要想将山东沿运5地市打造成为精品旅游目的地,旅游业需要在文化方面更多发力,要在完善旅游基础设施、提升旅游服务水平的同时,着重提高旅游产品的文化内涵和吸引力,让游客在旅游中获得更丰富的文化体验。

第三节 构建路径与发展策略

大运河贯通南北,作为线性遗产廊道,具有关联度高的优势。在大运河文化旅游开发的过程中,要提高文化和旅游资源的挖掘力度和整合力度,有效串联各沿运地城市,合力打造文化品牌,不断推进旅游业态升级取得新进展。[②] 要将运河文化融入现代公共文化服务体系建设,完善服务设施,提高服务效能,为居民和游客提供更多品质化、个性化、精细化、智能化公共服务,营造融文化、体验、游憩等于一体的主客共享运河文旅空间。要注重世界遗产、国家5A级旅游景区、国家旅游度假区的建设,充分发挥其引领和带动作用,打造一批特色文旅聚集区,让运河文化焕发新的时代光彩。

一 统筹运河沿线文旅公共服务

枣庄、济宁、泰安、聊城、德州要结合当地特色,着力打造旅游特色街区和旅游社区。对旅游住宿设施进行全面改造升级,支持引进国内

---

① 尹正浩:《山东旅游目的地竞争力评价》,《合作经济与科技》2021年第10期。
② 张浩、刘镁辰:《文旅融合时代大运河文化旅游开发研究》,《洛阳理工学院学报(社会科学版)》2022年第5期。

外知名的酒店，建设具有综合接待能力的酒店，开展智慧酒店的试点工作。推动民宿改造升级、集群化发展，实现标准化、特色化、品牌化经营，构建"一院一主题、一房一文化"的特色居住空间，打造精品民宿。统筹推进"智慧旅游"规划建设，设立多层次的旅游咨询集散网络，规范完善旅游标识系统，为游客提供便利化、智能化、个性化服务。推动建设运河沿线城乡公共文化服务体系一体化，广泛开展内容丰富、形式多样的群众性文化活动，扩大基层文化惠民工程覆盖面，增强实效性。持续推进文旅公共服务进入沿线风景区、度假区，在游客集散地安置剧场、影院、文化馆等文化设施。在运河沿线高速公路服务区的购物、餐饮、娱乐等区域开展特色主题文化活动，打造光影科技、互动游乐、沉浸式体验等文旅项目，完善旅游咨询、预订、休闲等服务，引导名优和土特产品企业、老字号等实现连锁经营发展，实现交通服务与文旅服务一体化，为人们提供高品质出行体验。

二 完善运河旅游交通网络

根据大运河不同河段的功能定位，因地制宜，构筑水上交通游览通道，并完善配套服务设施建设。完善"快旅慢游"交通体系，改善沿线旅游景区、度假区通达条件。加快运河沿线景区与现有公路网络连接道路建设，统筹高速公路出入口设置与运河重要景区布局，构建以高速公路为骨架、以旅游道路为主体的运河旅游公路体系，加强高速公路和通景道路交通管理。改造提升现有陆上旅游交通组织方式，开通运河沿线地区之间、城市中心直达运河景区的旅游专线和运河城市旅游观光巴士。以运河沿线旅游资源富集区、乡村旅游集聚区为重点，合理布局换乘中心、旅游驿站、观景台、自驾车营地和旅居车营地等服务设施，健全沿线旅游交通导览标识体系，完善夜间安全、交通、应急、消防等公共服务保障体系。改造提升现有陆上旅游交通组织方式，建设沿大运河绿色生态廊道高等级旅游公路，配套自行车道、旅游步道等绿色慢行交通基础设施，畅通风景道、骑行道、步行道、运河航道（码头）等交通网络，形成串联沿线城乡文化生态旅游资源的"一路一特色"旅游交通模式，增加休闲游憩、餐饮购物、停车换乘、车辆租赁等服务功能，构建路域环境生态美、乡风乡情展现美、附属设施服务美的旅游风景道路系统。

三 打造运河公共休憩空间

按照"水上观光、滨水休闲、水陆一体"思路，根据运河不同河道段特点，因地制宜融入地方特色文化，增设大运河主题景观和文化设施，打造亲水观景平台和休憩空间，展现运河城区段和郊野段独特风光。改造、升级现有港口、码头、船舶厂、闸坝等，强化河道堤顶道路贯通、亲水栈道、生态岸坡等基础设施建设，形成特色亲水设施。以彰显运河文化、推进全域旅游为理念，坚持景城联动、景区带村，统筹推进沿线旅游景区、特色小镇、美丽田园乡村建设与传统村落保护，加强城乡整体风貌、全域环境整治，打好"城市+乡村+景区"组合牌，展现沿线自然与人文、宜居与诗意相结合的景观特色，为沿线地区增加富有活力的生活氛围和文化魅力。统筹山水林田湖草等生态要素，系统推进历史文化传承、生态环境保护、沿线景观塑造、绿色经济发展，加强重要生态功能区保护，强化滨水生态空间互联互通，打造沿运河生态旅游示范带、生态旅游示范区，为人们提供深呼吸的休闲氧吧，实现优秀文化、优良生态、优美环境有机统一。

提高旅游目的地竞争力是我国旅游业持续健康发展的基础，也是未来旅游业发展的目标和动力。[1] 如何活化利用运河文化，推动文化资源优势转化为经济发展优势，是进一步提升其竞争力的重要课题。[2] 山东沿运地区虽然经济基础较为薄弱、基础设施不够健全，却有着深厚的历史底蕴和丰富的文化资源，要通过加大文化挖掘力度、完善基础设施建设、提升服务水平等措施不断提升自身的旅游竞争力，真正将山东沿运地区打造成为大运河文旅融合示范区。

---

[1] 吴秀娟：《论旅游目的地竞争力建设》，《合作经济与科技》2011年第2期。
[2] 尹正浩：《山东旅游目的地竞争力评价》，《合作经济与科技》2021年第10期。

第七章　运河文旅品牌宣传及推广策略

文化旅游品牌开发指在深入进行市场调研与精准把握市场定位的前提下，以文化旅游资源为对象，对有关类型和层面的文旅资源进行规划设计以获取经济效益的文化消费生产、经营与管理的过程。文化旅游品牌开发主要包含四层含义：将潜在文旅资源打造为现实文旅资源；开发、组合文旅资源，设计文旅产品；依托市场营销，迎合消费需求，设计并形成体系化的文化旅游品牌；扩大市场规模，提升品牌的文化形象与品位。① 本章在梳理和分析山东运河文旅品牌打造现状的基础上，提出品牌宣传及推广的策略和措施。

第一节　旅游品牌相关理论问题概述

21世纪是品牌经济时代，如何在竞争激烈的旅游市场中取得游客青睐，获取最佳效益，关键在于树立鲜明的品牌形象。品牌是塑造旅游产品形象的有效手段，是提高旅游产品市场竞争力的王牌。品牌营销是文旅产品销售的一个重要策略，因此，许多景区借助大型活动品牌成功经验打造自身品牌。

---

① 张彤、徐丹：《辽宁文化旅游开发研究》，辽宁科学技术出版社2018年版，第147页。

一 旅游品牌概念及类型

"品牌"的定义范畴十分宽泛,包括有形产品、无形服务、零售店等。同样,旅游品牌也可对名称、术语、符号或标识组合应用,使之有别于其他经营者的文旅产品。通过强化游客对文旅产品的品牌认知,游客能清楚地将其与同类文旅产品加以区分。总的来说,"旅游品牌"是一个综合性概念,涵盖了旅游产品的品质、特色、名称、标识、个性形象及市场影响力等要素。狭义的"旅游品牌"是指某一种旅游产品的品牌,而广义的"旅游品牌"具有结构性,包含的品牌层次更多、范围更广。具体来说,旅游品牌以市场需求为导向,以某种产品和服务的独特性为基础,确立其定位和形象,使游客更放心地进行消费,并得到情感上的满足。[1]

从组成来看,质量、服务、管理、文化、广告、形象是旅游品牌的六大基本要素,是一个旅游品牌的集中体现,六大要素能否得到消费者认同是一个品牌能否生存下去的关键。[2] 从本质上看,旅游品牌可视为"四高"产品,即高质量、高信誉、高市场占有率以及高经济效益。旅游目的地的旅游品牌起到很好的评估作用,通过它能得到关于该地区的旅游发展水平的相关信息,并了解文旅产品的开发现状,预测未来发展趋势。知名的旅游品牌能够在激烈的竞争中脱颖而出,有利于整体形象的塑造,并且是经济社会发展的强大引擎。[3] 按照不同的标准,旅游品牌可以划分为以下几种类型:

1. 按照旅游品牌的特色划分

按照此类标准,旅游品牌有景区企业品牌、景区项目品牌、景区资源品牌以及景区运作品牌或经营品牌之分。其中"景区企业品牌"是指

---

[1] 方法林、顾至欣编著:《江苏旅游企业品牌建设战略发展研究》,旅游教育出版社2018年版,第18页。

[2] 方法林、顾至欣编著:《江苏旅游企业品牌建设战略发展研究》,旅游教育出版社2018年版,第18页。

[3] 董倩、张荣娟主编:《旅游市场营销实务》,北京理工大学出版社2018年版,第141页。

景区被视作一个企业在市场中存在，以独特的企业文化等特质被人们所接受认同，以企业为后盾不断扩大景区规模；"景区项目品牌"则是指景区以特色项目为核心吸引力，游客是被该项目吸引而选择前往这个景区；"景区资源品牌"是景区以其独特的资源为依托，通过对旅游资源的专业化管理、运营与开发扩大影响力和知名度，很多知名景区都是以这种方式拓展市场；"景区运作品牌"比较特殊，通过具有个性的景区管理运作方式为人们所关注，从而打响景区的知名度，吸引人们前来旅游。①

2. 按照旅游品牌所覆盖的旅游要素划分

按照此类标准，旅游品牌有单项和综合旅游品牌之分。其中单项旅游品牌又包括旅游企业品牌、旅游产品品牌和旅游服务品牌三种。这一类品牌依靠旅游资源本身的条件形成。②

旅游企业品牌，即旅游企业标志，它是标志旅游企业身份、传达企业整体形象的品牌。与一般商品品牌不同，企业品牌是独一无二的，每个旅游企业只能有一个企业品牌，否则旅游者将无法识别。可以这么说，旅游企业品牌是旅游经营主体的代表。在旅游业发展日益走向国际化的今天，旅游企业品牌往往是指旅游企业集团的牌号，这一点在酒店餐饮业中表现得尤为突出。③

旅游产品品牌是旅游产品品质及满足顾客需求程度的综合体现。它涉及旅游产品的功能性、实用性、美观度等多个方面，与旅游者的利益息息相关，因而是旅游者作出购买决策的重要依据。拥有卓越的产品品牌是旅游企业生存和发展的关键，因为一个或若干个知名产品就能提高旅游目的地或旅游企业的吸引力和美誉度，而且，旅游者的满意程度主要依赖于旅游产品或服务的质量。因此，旅游产品品牌是最重要的旅游品牌。④

---

① 吴翔编：《景区开发与管理》，国防工业出版社 2013 年版，第 164 页。
② 吴翔编：《景区开发与管理》，国防工业出版社 2013 年版，第 164 页。
③ 靳涛主编：《旅游市场营销》，冶金工业出版社 2008 年版，第 115 页。
④ 马勇、王春雷：《旅游市场营销管理》，广东旅游出版社 2002 年版，第 230 页。

旅游服务品牌包括两方面的含义：一是指标示旅游业务性质的品牌，如机场问询处（Infommation Desk）、饭店宴会厅（Banquet Hall）等，其主要功能是向旅游者说明在某处他们能享受什么服务；二是指旅游企业服务的种类、品质以及满足顾客程度的表征。后者属于更广意义、更高角度上的旅游服务品牌，因为它强调了服务品质对旅游企业的重要性。例如，假日、喜来登、希尔顿等著名饭店集团受到旅游者的青睐，在很大程度上要归功于它们拥有独具特色的服务品牌，即温暖、快捷和物尽其值。①

综合旅游品牌是指旅游目的地品牌，是游客对某个地区旅游业的总体感知，它更多地表现为目的地的主题旅游形象。独特的品牌能转化成巨大的旅游吸引力，进而推动整个地区旅游业的发展。② 这一类品牌是区域旅游经过长期发展后而形成的。③ 如香港旅游业的快速稳定发展与其"购物天堂""动感之都"的美誉是分不开的；北京、敦煌、桂林等旅游城市亦是如此。当然，除了主题旅游形象，旅游目的地品牌还包括目的地的生态环境状况、当地居民的好客程度等因素。④

二 旅游品牌的功能及特征

（一）旅游品牌功能

从营销学角度分析，旅游产品品牌具有下列功能：

1. 打造个性化产品

众所周知，游客对旅游产品的需求具有个性化的特征。游客在消费过程中所体验的交通、食宿、游览及娱乐服务，在一定程度上往往会和其心理预期存在一定的差距，这就要求旅游企业在设计自身品牌的旅游产品时，充分考虑游客的消费需求、心理特征和行为方式，提高服务水平，以换取旅游游客的认可，树立自身的品牌形象。

---

① 马勇、王春雷：《旅游市场营销管理》，广东旅游出版社2002年版，第230页。
② 马勇、王春雷：《旅游市场营销管理》，广东旅游出版社2002年版，第229页。
③ 吴翔编：《景区开发与管理》，国防工业出版社2013年版，第164页。
④ 靳涛主编：《旅游市场营销》，冶金工业出版社2008年版，第115页。

2. 细分旅游市场

旅游产品品牌还具备细分旅游市场的功能。游客可以认准品牌去购买旅游产品，旅游企业可免于把差异很大的游客混在一起经营。通过品牌细分旅游市场，可以让游客在出游过程中得到相应的旅游产品和对应的旅游服务。比如经济型酒店就属于大众化旅游产品，适合工薪家庭而非公务游客，希尔顿酒店等高端酒店品牌更适合高收入的商务人士，用两个品牌就将其区别开来，不同消费需求的游客认牌消费，各入其店，提升了游客对旅游产品品质的认可。

3. 增加产品溢价

旅游产品具有无形性的特点，旅游产品品牌可以使游客感受服务的差异性。品牌产品能够给游客带来优质的产品体验，品牌依据优质优价的原则制定较高价格，溢价销售后可获取高附加价值。由于品牌旅游产品可以满足消费者高层次的消费需求，且游客对高品质的旅游产品的价格容忍度较高，因而对产品价格不敏感。[①]

4. 提高市场壁垒

品牌旅游产品强调的是产品的品质差异，因此具有相对细分市场供给的垄断优势。不同品牌的产品差异越大，就越能得到消费者的偏爱，从而形成自身的受众群体。这样，品牌产品与非品牌产品之间便会逐渐形成市场壁垒，提高品牌产品的市场竞争力，形成品牌旅游产品的相对垄断优势。

5. 提升游客的忠诚度

游客一旦认同某品牌，就会产生深深的信任感，形成认牌消费，成为企业的忠诚顾客。一些游客一旦住过某品牌酒店并感受良好，甚至可能成为该产品的终身顾客。

（二）旅游品牌的特征

1. 独特性

旅游品牌将资源优势转化为发展优势，把历史文化与现代文明相结

[①] 董倩、张荣娟主编：《旅游市场营销实务》，北京理工大学出版社2018年版，第142页。

合，凸显地域文化特色，加强精细化开发和内容拓展。例如，代表上海的东方明珠、代表北京的故宫、代表中国的万里长城、代表意大利的比萨斜塔。不同的旅游品牌挖掘和开发了不同的文化和旅游资源，这种独特性是旅游品牌保持竞争力的关键点。

2. 文化性

深厚的文化底蕴是一个旅游品牌发展壮大的根基，要不断提升旅游品牌背后的文化内涵。文化因素是影响一个旅游品牌持续发展的关键因素，继续坚持以文塑旅，才能保持市场竞争力。而且，在文旅深度融合的大背景下，尤其需要坚定文化自信。

3. 整体性

旅游产品具有综合性，也具有整体性。旅游品牌由旅游企业品牌、旅游产品品牌、旅游目的地品牌与旅游服务品牌组成，它们侧重于不同方面，相互依存、相互补充，构成了一个有机整体。旅游品牌还是多种有形资源和无形资源的整合与提炼。

4. 市场导向性

高知名度与高美誉度的旅游品牌在一定程度上反映着良好经营状况和发展水平，有利于打造独特且有知名度的品牌形象，影响着旅游者和投资者的选择倾向。

5. 延展性

旅游品牌的延展性指以旅游目的地为中心，向周边地区辐射发展旅游消费活动等，有利于深化全域旅游发展，从而带动整个地区的文旅产业发展水平，增强区域经济实力。

三 旅游产品品牌策划

旅游品牌策略是以市场调研为基础，以旅游品牌为对象，在洞悉消费者需求之后通过有效的品牌建设，不断放大自身的优势，进行进一步的营销和推广。这是进行商业营销时会采取的一种手段，通过加深游客的品牌概念，影响游客的消费心理，从而形成自身的消费优势，增强市场竞争力。

（一）策划原则

1. 创新性

旅游品牌必须有特色、有新意，能凸显地域性，彰显地方或者区域特色，同时也能富于时代特征，汲取现代元素。

2. 可行性

旅游品牌策划必须从实际出发，符合旅游发展实际情况，不能名不副实，不要盲目攀比，好高骛远。

3. 可持续性

策划旅游品牌时，要借助产品的生命周期理论，分析产品在市场中的发展情况，针对旅游产品发展情况对品牌进行定位与宣传，以确保旅游品牌经得起时间考验，经久不衰。

（二）旅游品牌策划步骤

旅游品牌策划是指旅游企业或目的地营销部门为实现某种目标，采取一些方法和技术，通过科学分析和研究后，打造一个符合自身的旅游品牌，为后期的经营管理和战略决策做好准备。旅游品牌策划会深刻影响消费者对旅游产品及服务的印象，使品牌形象逐渐由模糊化到清晰化。

1. 旅游企业现状及目标分析

该阶段主要对目前旅游企业的现状进行深入调查、分析与评估，明晰品牌内涵、明确品牌定位是否准确、是否积极向上，游客对品牌的认知与品牌创立初衷是否一致，考量企业的发展预期和现状，由此总结存在的不足和问题。

2. 旅游行业现状分析

旅游行业分析即分析旅游行业的市场环境，找到自己的行业地位，根据其在行业中的具体情况采取相应的品牌策略。[①]

3. 品牌战略选择

借助品牌—业务矩阵图分析企业经营现状与品牌情况，并提出发展

---

① 江金波、舒伯阳：《旅游策划原理与实务》，重庆大学出版社2018年版，第107页。

对策。品牌偏好较高、市场份额较低时,企业宜采用扩大客户群的方法来提高市场占有率;而市场份额较高、品牌偏好较低时,企业应该迅速提高品牌层次,提高企业形象。

4. 旅游品牌设计

在了解了企业经营情况与行业发展现状后,便进入旅游品牌的设计阶段。在设计阶段,企业需要完成品牌类别定位、品牌结构设计、广告宣传设计、品牌形象塑造、品牌代言人选择、标识包装设计、渠道设计等。

5. 旅游品牌管理

明确旅游品牌的战略意义,在企业内部统一思想、观念和形象。实施品牌管理,建立与品牌管理规定相协调的绩效考核指标,完善奖惩机制,落实品牌管理工作。完善旅游品牌管理体系,注重品牌设计、包装及宣传规范,充分收集市场信息等。

6. 旅游品牌推广与营销策略

品牌营销和品牌维护是品牌保持资产持续增值的重要手段。在宣传时,需要了解不同沟通对象的不同诉求。社会公众想了解品牌的价值内涵(如诚信)、形象内涵(如实力雄厚)和管理内涵(如高效规范);同行旅游企业是关注形象层面(如行业巨头)和产品层面(如产品较新、较全);旅游消费者关注旅游产品的价值诉求点,关注用户的体验感知。因此,企业需要对不同的沟通对象采取不同的推广渠道和促销策略。[1]

打造运河文化旅游品牌是保护、传承和利用大运河文化的重要途径,也是大运河文化旅游发展的关键环节。[2] 运河文化旅游品牌的打造与传播在拉动旅游消费增长的同时,还可以提升各地区的形象和知名度。大运河文化旅游品牌的构建必须以文化为引领灵魂,其品牌定位和形象塑造必须建立在对大运河文化的精神内涵和本质特征进行深入剖析

---

[1] 江金波、舒伯阳:《旅游策划原理与实务》,重庆大学出版社2018年版,第108页。
[2] 孙春艳:《江苏运河文化带旅游品牌传播策略》,《文化产业》2023年第31期。

和深刻阐释的基础之上。① 通过旅游品牌相关理论问题的阐述，无疑可为大运河文化旅游品牌构建与传播提供参考和借鉴。

第二节 运河文旅品牌打造的问题和不足

大运河是流动的文化，打造运河文化旅游品牌是活化运河遗产利用的有效途径，有利于讲好大运河故事，擦亮中华民族的文化标识。② 大运河山东段是运河历史上的咽喉要道，文化底蕴深厚，旅游资源极为丰富。近年来，山东省围绕运河文旅融合发展打造"鲁风运河"文旅品牌做了大量工作，但是仍然存在一些问题亟待解决。

一 品牌定位模糊，特色不够突出

大运河文化旅游品牌形象定位不明晰，在自我形象定位和品牌形象受众定位上比较模糊，阻滞了其长远发展。③ 许多文化产品定位过高，与受众群体的日常生活关联较少，没有与他们的需求有效对接，更不能深入到其精神世界。宣传方没有认真分析受众群体的文化背景等因素，受众对运河文化内涵的了解不足，难以产生持续关注的兴趣和情感共鸣。运河文旅品牌的塑造与传播，要走进人民群众的日常生活，让人们在参与中了解其文化与历史，让大运河文化资源更好地造福于民。

山东段运河文化旅游品牌的建设同样存在这一问题。目前，各地旅游品牌定位比较模糊，如聊城"江北水城·运河古都"，济宁"运河之都"，枣庄"江北水乡"等，没有充分凝练其地域特性与大运河之间的关系。其次，部分城市没有给予运河文旅更多重视和资金支持，忽视了运河文化精神内涵和时代价值的挖掘，未能充分把握核心内容；还有的

---

① 言唱：《大运河文化旅游品牌构建与传播研究》，《文化产业》2020年第15期。
② 孙春艳：《江苏运河文化带旅游品牌传播策略》，《文化产业》2023年第31期。
③ 秦宗财：《新时代"千年运河"文旅品牌形象塑造》，《江西社会科学》2021年第1期。

城市缺乏整体意识，仅围绕一个标志性建筑或景区开展文旅工作，没有串珠成链，对其他运河旅游产品的开发较少，品牌打造的质量和水平有待提高。

二 旅游产品竞争力有待提升

运河文化带旅游品牌建设应在品牌延伸上多下功夫，不断延长旅游产业链条，推进旅游业态升级，创新旅游产品供给，提高其核心竞争力。[①] 山东运河文化带旅游资源丰富且各地市的资源禀赋不同，但开发的旅游产品出现了严重的同质化现象，产品差异化不够明显，没有形成对游客的核心吸引力。另外，运河沿线城市没有在挖掘运河文化内涵上找准优势、突出特色，旅游业未能与城市地域文化深度融合，文创产品开发力度不足，一些优质的创意效果缺乏发挥空间。

三 品牌传播和推广力度不够

在以往的公众印象中，大运河更多是作为一个文化符号，承载历史价值与文化价值。打造大运河文化品牌，要在内容和形式创新上下功夫，通过挖掘优势、整合资源讲好大运河故事。[②] 随着新媒体的日渐兴盛，传统媒体表现形式不够丰富等弊端开始显露，而且难以兼顾"深度传播"与"碎片传播"两种模式。在新媒体平台上，发布主体呈现多元化的特点，内容品类较为丰富，如短视频等更加贴近生活，能快速捕捉受众的需求变化。所以，要结合传统媒体和新媒体的优势，在媒体融合上取长补短，充分利用碎片化传播市场影响力广的特质，提高传播的科技感与沉浸感。[③]

具体到山东段运河来说，由于当下山东大运河文化旅游品牌的知名

---

① 孙春艳：《江苏运河文化带旅游品牌传播策略》，《文化产业》2023年第31期。
② 秦宗财：《新时代"千年运河"文旅品牌形象塑造》，《江西社会科学》2021年第1期。
③ 秦宗财：《新时代"千年运河"文旅品牌形象塑造》，《江西社会科学》2021年第1期。

度不高且受众群体的认知程度有限，大部分游客还未形成深刻认知和文化认同。山东运河文化旅游品牌还需要通过开展运河知识的宣传普及，加大营销推广力度，创新宣传方式，搭建文旅新媒体宣传矩阵，丰富运河文旅产品供给，增强其知名度和影响力。

四 区域合作有待加强

目前，山东运河文化旅游品牌建设存在各自为政、重复建设的问题，在统筹协调方面还存在诸多问题。首先，沿运各地市在打造城市旅游品牌的过程中，缺乏交流沟通和统一规划，没有形成保护和开发合力，区域的协同发展有待深化。其次，文旅资源的整合与共享效率较低，对一些数据的处理不到位，这不利于特色品牌的建设。总的来说，山东运河文化带旅游品牌建设尚处于初级阶段，在区域合作机制的构建方面还有很多瓶颈没有突破。

五 海外传播能力亟待提升

尽管大运河已经入选《世界文化遗产名录》，但对大运河的宣传主要集中在国内报道中，海外的宣传推广较少，这说明运河文化的传播力还不够强，大运河文化的海外传播力度有待加强。因为国际知晓度不高，中国运河城市与世界运河城市间的经济贸易往来和文化交流较少，难以在多元交流与国际合作的背景下传播大运河文化品牌，提升国家话语权。[1] 相较三孔、泰山等世界文化遗产，山东段运河在国际知名度方面还有较大差距。

文化旅游品牌的大众传播力，不是天然形成的，需要相关开发部门站在突出当地特色的角度，讲好运河故事，树立品牌形象，弘扬和传播大运河文化。[2] 运河城市文旅品牌的塑造既要提炼出该地运河文脉的共通性，

---

[1] 秦宗财：《新时代"千年运河"文旅品牌形象塑造》，《江西社会科学》2021年第1期。

[2] 张浩、刘镁辰：《文旅融合时代大运河文化旅游开发研究》，《洛阳理工学院学报（社会科学版）》2022年第5期。

也要注重塑造各城市在运河文化中的独特性,让运河文化在广大民众中产生影响力,助力城市特色品牌形象的塑造与传播。[①] 山东省及沿运各地市要把握时代讯息,紧跟时代潮流,不断汲取新的文化核心要素,创新大运河文化旅游资源表达方式,不断注入新的文化内涵,使其焕发新的生命力。

第三节　宣传与推广策略

2014 年,大运河成功申请世界遗产后,如何提升品牌形象成为重中之重。大运河沿线省市要深入挖掘大运河的文化价值并且加以整合,运用故事化的形式表现出来,依托多种类型的媒介渠道,宣传大运河故事,实现品牌价值延伸,这是增加大运河吸引力甚至吸引全球游客的重要手段。[②] 具体到山东段运河来说,要以大运河为纽带,串珠成线,以点带面,打造各具特色的地方文旅品牌和运河文旅精品线路,全面呈现魅力运河、美丽运河、多彩运河经典形象,让大运河成为打通"绿水青山"与"金山银山"的黄金通道。

一　明确品牌定位和目标

"品牌定位是通过对品牌的整体设计与传播,从而有效建立起该品牌与竞争品牌的区别,使其在消费者心智中占据一个清晰而有利位置的过程或行动。"[③] 一个地方旅游的可持续性发展,一定要具有自己的品牌,具有自己的特色才有广阔的市场发展前景。[④] "在大运河文旅品牌的市场定位和品牌形象的塑造过程中,要丰富和强化品牌的文化内涵和核

[①] 曹晋:《运河文化融入苏南城市文旅品牌塑造路径研究》,《艺术百家》2023 年第 6 期。
[②] 张浩、刘镁辰:《文旅融合时代大运河文化旅游开发研究》,《洛阳理工学院学报(社会科学版)》2022 年第 5 期。
[③] 王鹤主编:《文化创意与品牌推广》,北京理工大学出版社 2022 年版,第 233 页。
[④] 杨董玲:《大运河文化带旅游品牌创建与传播研究》,《当代旅游》2022 年第 17 期。

心价值,充分体现出有别于其他文旅品牌的差异化优势,避免让游客陷入审美疲劳。"① 具体到山东段运河来说,要明确"鲁风运河"品牌的市场定位,制定合适的营销方案,坚持形象宣传与产品营销相结合,联合推介、捆绑营销,让"好客山东、好品山东"的形象深入人心。

城市营销也需要有准确的品牌定位。城市品牌定位的实质是使城市在受众群体心中有一个独特而有价值的位置,加深对城市的了解和认识。所以,差异性是城市品牌定位成败的关键。只有拥有独特的城市个性魅力才能使其在竞争中脱颖而出。② 山东沿运五地市要在全局性谋划的基础上,因地制宜,根据地域文化特色确定不同的主题定位。③ 结合自然、历史、文化、旅游等特色资源,以运河文化为主题,策划打造有地域特色、有文化特质、有时代特征的城市品牌,擦亮运河城市名片。

二 丰富传播方式与渠道

自古以来,旅游就与文化的传播相生相伴。旅游是文化传播的重要方式,通过旅游者和其他外来人员带来的文化必将与旅游目的地文化互相作用、互相影响。"从某种程度而言,游艺文化的扩散是对其他地区的娱乐方式、社会文化生活的丰富和更新。"④ 大运河文化旅游品牌的传播,在旅游环境和内容的打造及项目的开发之外,还需要根据受众和市场的需求采取恰当的传播方式。⑤ 运河文旅品牌的宣传与推广,要借助群众喜闻乐见的方式,加快传统媒体与新媒体的深度融合,通过多种渠道展示推广大运河主题文化精品,强化传播效果。⑥ 除采取媒体宣传、广告营销等比较直接的传播方式之外,还可以依托多种媒介开展全方

---

① 言唱:《大运河文化旅游品牌构建与传播研究》,《文化产业》2020年第15期。
② 唐灿灿:《现代城市品牌形象塑造与传播研究》,北京工业大学出版社2021年版,第6页。
③ 李纲、吴元芳:《基于主题定位的大运河国家文化公园发展策略探究——以枣庄市为例》,《枣庄学院学报》2023年第4期。
④ 丛振:《丝绸之路游艺文化交流研究》,中国社会科学出版社2024年版,第49页。
⑤ 杨董玲:《大运河文化带旅游品牌创建与传播研究》,《当代旅游》2022年第17期。
⑥ 言唱:《大运河文化旅游品牌构建与传播研究》,《文化产业》2020年第15期。

位、多元化的宣传活动,与受众建立深入的情感联系,使人们产生对运河的兴趣和旅游的冲动。

具体到山东段运河来说,一是与传统媒体合作,如传统的新闻媒体、报纸、电视、杂志等,对运河古城以及运河沿线风景旅游进行宣传推介,制作运河城市或景区宣传片,增强运河旅游吸引游客的视觉效应。二是充分利用车站、机场、公交站牌和展示牌、广告屏幕等,循环播放运河文化旅游的口号标签与旅游产品介绍,强化公众对运河文旅产品的印象。三是定期举办和参加旅游推介会,通过推介会宣传推广运河文化旅游项目和地方特色文旅资源。① 四是将"鲁风运河"作为"好客山东"品牌重要内容,设立专区、专栏、专题进行重点宣传推介。

三 培育新型业态和特色产品

推动运河文旅品牌产业转型升级,关键在于强化创新引领,加快智慧文化和旅游建设,大力培育一批具有发展潜力的旅游新业态。② 要鼓励和引导沿线城市充分利用好地方历史文化,增强运河文化资源传承活力,发展融入大运河元素的特色文化产业,打造一批创新型文化旅游项目,探索文旅实践新路径、新模式。③ 借助科技手段,充分展示和创新文化的内容与意义,以优质的创意激发新的发展动能,形成具有核心吸引力的知名旅游产品,提供更多的个性化服务,增强游客的体验感和满足感,促进山东运河文旅品牌的可持续发展,实现经济效益和社会效益的双赢。

四 构建区域合作推广机制

大运河文旅品牌的建设、管理和维护,是一个复杂化、系统化、精

---

① 王淑娟、李国庆、李志伟:《大运河沿岸历史遗存与文化旅游产业发展研究》,吉林大学出版社2021年版,第252页。

② 秦宗财:《新时代"千年运河"文旅品牌形象塑造》,《江西社会科学》2021年第1期。

③ 蒋多:《延续运河文脉 打造文旅品牌》,《前线》2020年第11期。

细化的重大工程，涉及很多区域和多元利益主体，需要各沿线城市的统筹规划、区域联动和相关部门及组织的密切合作，处理好个体与共同体的关系，提高资源配置效率。①

具体到山东段运河来说，必须将山东运河视为一个整体来开发，强化统筹协调，深化体制机制改革，不能单打独斗、权责不明、各自为政。② 一是加强与大运河其他省市旅游合作，将"鲁风运河"品牌纳入整体运河形象品牌，设计统一 LOGO，制作联合宣传片、宣传品，通过境内外主流媒体及新媒体开展广泛宣传。二是沿线五市统一大运河文旅宣传品牌，统一编排线路，统一宣传推介。三是重组运河文化遗产资源，研发新的组合类型，擦出运河文旅发展的"新火花"。③ 四是坚持共建共享的发展理念，加快促进信息共享平台的建设，实现资源共享、数据共享，深化文旅领域的合作。沿运各地市应将运河文化遗产的开发和利用作为旅游业发展的重要内容，将运河元素融入景区的建设中，发挥自身的差异化优势，避免在产品设计和开发方面出现相似雷同、同质化等问题。④

五　增强海外传播能力

大运河是展现中华文明的鲜活符号，从一定意义上来说，讲好大运河故事就是讲好中国故事。⑤ 具体到山东段运河来说，一是加强与各大媒体和旅行商的合作，充分利用国际社交平台加大宣传推广力度；聚焦"一带一路"沿线区域，充分运用海外中国文化中心、尼山世界儒学中心、孔子学院等载体，策划组织大运河文化专题活动。二是支持沿线 5 市承办重要国际会议和活动，开展世界运河城市交流合作，将大运河文化交流纳入海外渠道商建设、"孔子文化和旅游使者"计划，提高"好

---

① 言唱：《大运河文化旅游品牌构建与传播研究》，《文化产业》2020 年第 15 期。
② 钟行明：《山东运河遗产廊道的旅游协作策略与路径》，《中国名城》2014 年第 5 期。
③ 钟行明：《山东运河遗产廊道的旅游协作策略与路径》，《中国名城》2014 年第 5 期。
④ 童薇：《试论后申遗时代扬州运河文化遗产旅游发展对策》，《度假旅游》2018 年第 12 期。
⑤ 言唱：《大运河文化旅游品牌构建与传播研究》，《文化产业》2020 年第 15 期。

客山东·鲁风运河"品牌知名度、影响力。三是深入分析和研究入境游客的喜好、习惯和消费等方面的需求,完善旅游产品结构,提供更为个性化的文化和旅游产品,有序推出一批国际化产品与项目。四是沿运各地市树立整体观的思维意识,合理引进国际化推广理念,充实宣传内容,拓展传播载体和场景,积极探索国际化推广模式。[1]

大运河文旅品牌的构建不仅有利于经济利益的创造,还具有很强的文化和社会价值,在这个过程中要充分发挥文化的灵魂作用,深挖运河文化的精神内涵和时代价值,以市场需求为导向,发挥文化旅游企业的市场主体作用,在打造旅游形象品牌、旅游产品品牌、旅游服务品牌、旅游环境品牌、旅游质量品牌等方面下功夫,持续提升文旅产品和服务的质量。[2] 相较其他省市的运河,山东运河文旅品牌的打造有其自身的特点和规律。在文旅深度融合的大背景下,山东省及沿运各地市在运河文旅品牌建设方面做了大量工作,取得了一定成绩,但仍然存在不少问题和不足,应通过加强顶层设计、丰富传播渠道、培育特色产品、强化区域协作等措施,深入推进山东运河文化旅游品牌建设,真正将"鲁风运河"品牌做大做响。

---

[1] 侯兵、张慧:《基于区域协同视角的大运河文化旅游品牌体系构建研究——兼论"千年运河"文化旅游品牌建设思路》,《扬州大学学报(人文社会科学版)》2019年第5期。
[2] 侯兵、张慧:《基于区域协同视角的大运河文化旅游品牌体系构建研究——兼论"千年运河"文化旅游品牌建设思路》,《扬州大学学报(人文社会科学版)》2019年第5期。

第八章　文旅融合发展的管理体制与保障措施

2019年，党的十九届四中全会颁布《中共中央关于坚持和完善中国特色社会主义制度推进国家治理体系和治理能力现代化若干重大问题的决定》，明确提出"完善文化和旅游融合发展体制机制"这一概念，文旅融合成为我国国家制度体系建设的重要内容之一。2021年4月，文化和旅游部印发的《"十四五"文化和旅游发展规划》中又对文化和旅游融合发展提出了更为明确和具体的要求。[①] 随着我国经济社会的快速发展，文化旅游业日益成为优先服务大众的幸福产业、民生产业，成为满足人民美好生活需要、推动经济社会高质量发展的重要支撑。本章在论述山东运河文旅融合管理机制构建路径与策略的同时，探讨文旅融合发展的保障措施。

第一节　管理机制构建路径与策略

大运河山东段有众多遗产项目被列入《世界文化遗产名录》、全国重点文保单位、省市县文保单位，同时还有相当数量的遗产项目未进入各级保护体系之中，面临各种困境和问题。因此，在坚持与强化传统保护手段的同时，还要建立完善的管理体制，不断健全各项规章制度，使

---

① 吴建铭编：《新时代非遗保护与开发研究》，中国广播影视出版社2022年版，第73页。

运河文化遗产得到更好的保护、传承与利用。

一　创新管理理念和技术

运河遗产包含内容丰富,管理复杂,很多传统的管理经验已不能适应现代社会的发展,导致出现了种种问题。要在学习、借鉴其他省份、国际先进遗产经验的基础上,根据本省实际情况,因地制宜、因时制宜,以科学规划为基础,强化规划建设的权威性、时效性、完整性,保持文化遗产的原貌或科学性修缮。要召开相关专家、学者、技术人员专题讨论会,做好相关文物遗产的登记、管理、维护工作,安排专职人员进行文物遗产的日常巡查、管护事务。保护理念、技术创新要以文物古迹与自然环境、生态环境的和谐统一为前提,技术应用应是成熟的、完善的、可持续发展的,要在试点良好的基础上,向全省进行推广,形成完善的保护、监控体系,并持续加大这方面的资金投入力度,不断提升技术手段与设备更新水平,真正使运河文化遗产保护成为系统工程。

二　强化资料搜集与整理

数据资料的搜集与整理是做好遗产保护和旅游开发的基础。要创立运河文化遗产数字化保护、管理部门,加快山东省运河文化遗产基础数据库建设,搭建遗产信息资源云平台。运河文化遗产基础数据的获取应是多方面的,既要从书本、网络资料中进行摘取,同时还要以村、镇为单位,强化相关文化资源的搜集工作,通过科学选取、合理分类、综合整理,交由相关部门进行数字分析、经验总结,积累海量大数据,形成数字资源信息层,将信息建设、科学运用、现实服务密切结合,使数字资源转变为现实生产力,真正服务于运河文化遗产的保护与利用。

三　拓宽融资渠道

文化遗产的保护、利用离不开资金的支持,其后续工作的开展更是耗费巨大,单靠政府财政投入与补贴,难以维持文化遗产的长期运行,也不利于资金来源的多元化。因此,应在政府主导下,成立大运河文化遗产保护基金，吸引商业资金、民间资金的参与，与政府财政补贴相互补充，共同促进运河文化遗产的保护。当然，企业与民间的参与，并不是无序的、盲目的，而是应在科学规划的前提下，注重保持文化遗产的原貌，以保护为主，利用应本着与自然环境、人居环境的和谐为根本，以长期性和可持续性为原则。

统筹利用文化和旅游发展专项资金、文物保护专项资金、省大运河文化旅游发展基金、省旅游产业发展基金、大运河文化带建设专项债券等，加大对文旅融合产业建设、文化遗产保护利用以及文旅宣传推广等项目的支持力度。鼓励股债联动、投贷结合等投资方式创新，支持沿线各地设立文化旅游专项基金，支持核心区范围符合条件的文旅企业发行绿色债券融资。鼓励支持企业、非营利性组织以兴办实体产业、资助相关项目与提供公共服务等形式，主动参与推动大运河文化旅游融合发展。

四 增强遗产传承活力

要完善运河遗产中非物质文化遗产的传承人培养机制，建立适应社会发展与市场需求的创新体制。运河文化遗产中非遗的部分包括船工号子、舞蹈、音乐、武术、饮食等，很多都是口耳相传，流传下来的纸质版文献较少，很多非遗传承人年龄较大，后继乏人。同时有些非遗产品由于脱离了所处时代的环境，与现实社会联系不如以前密切，其存在空间日渐狭窄，不利于其保存、延续。因此要加大对非遗产业的资金投入力度，培植传承人，同时要持续创新，与市场需求对接，在保持原有工艺本质的同时，建立完善创新机制，增强非遗项目的生命力，彰显其艺术性、感染性、历史性。

五 创立协同创新发展机制

运河文旅融合发展需要不同创新主体的交流、合作，要有共同的目标、内在的动力，通过文化遗产信息技术交流平台的创建与共享，进行多方面、立体化、全方位的创新。要提高原始创新、集成创新、融合创新的能力,通过科学、完善、系统创新机制的建立,来提高人才、单位创新的积极性。通过具体目标的设置、完成、总结,来鼓励创新活动的持续进行,使其成为长期性的规划与战略。

六 完善人才服务体系

文化和旅游产业的融合发展离不开优秀人才的支持。[①] 人才是社会发展与经济进步的不竭动力,要完善人才服务体系,通过相关政策的出台,大力引进复合型人才,加强人才培养相关配套设施建设,做好服务,搞好引进人才、留住人才的大环境。要在现实基础上,创造良好的人才培养环境,引进与培养知识复合、能力复合、思维复合的创新人才,注重学科交叉、知识融合、技术集成的全面性,从而在技术、思维创新上实现全面进步。

山东运河文化旅游融合涵盖生态、社会、经济、旅游、人居等诸多方面,其中,文旅融合管理机制的建立尤为必要。在管理理念上,要切实认识到文化遗产价值的动态性、当下性和多元性,推动文化遗产管理体制从"资产管理""文化管理"向"文化治理"转变,努力将运河历史文化资源的挖掘、运河遗产保护、运河城市旅游业、运河生态建设结合起来,实现沿运地区遗产保护与经济社会的协调发展。

第二节 文旅融合发展的保障措施

制度是开展一切工作的有效保障,只有加强文旅融合制度建设才能够实现文化与旅游产业的深度融合。[②] 运河文旅融合是一项长期而艰巨的工程,绝非一蹴而就,需要不同单位、不同部门的协调与合作。相关

[①] 杜建民、戚嘉旺:《推进文化和旅游产业融合发展的策略研究——以泰安市融合发展为例》,《漫旅》2022年第6期。

[②] 赵燕鸿、李泽芬:《文旅融合视角下旅游产业升级发展措施探究》,《漫旅》2022年第6期。

第八章　文旅融合发展的管理体制与保障措施

部门要进一步完善政策制度，加强人力资源保障，规范产业管理，建立考核制度等，为推动文旅融合发展做好保障工作。

一　加强规划设计

一是加强组织领导。各级各部门要切实把运河文旅融合发展工作摆上重要日程，严格履行政府职责，统筹一盘棋，合力抓落实。省直有关部门要根据职能分工，完善推进措施，密切协调配合。沿运5市要建立相应的工作机制，全力推进各项具体工作。建立和完善沿运5市与省级有关部门的协调机制，形成推进运河文旅融合发展的合力。

二是做好规划衔接。以完善文旅融合发展体制机制为重点，推进大运河艺术精品创作生产引导激励、文化和旅游公共服务供需精准对接、遗产保护传承利用、文旅产业新业态发展、文化和旅游对外交流合作等问题的政策创新，构建以高质量发展为价值导向的文化和旅游融合发展政策体系。坚持统一规划、相互衔接、协同发力、整体推进，强化规划约束引领作用。贯彻落实国家规划的总体要求、空间布局与重点任务，做好与省级相关规划的相互衔接工作，加强对运河文旅融合各项规划建设的领导和管理，加快规划体系的优化和完善，从而形成规划实施的整体合力。加强国民经济和社会发展规划、城乡建设规划、文物保护规划等相关项目的有序衔接，并建立以"多规合一"为基础的体制机制，确保一张蓝图绘到底。做好与国家相关规划的衔接，加强与相关部委的沟通、协调，争取国家多方面政策支持。

三是推动重点工作。坚持重点突破、带动示范，对规划确定的重点任务，实行量化分解，明确推进进度和责任主体，纳入省委、省政府重点督查事项，进行全程跟踪服务，协调解决推进过程中的困难和问题，确保重点任务顺利完成。对纳入规划的重大工程和重点项目，所需用地要与当地土地利用总体规划、城乡建设规划做好衔接，建立多元化资金筹措机制，集中力量、集聚资源、集成要素，确保相关工程项目顺利实施、如期完成。

二　强化法律保障

严格执行文物保护法、非物质文化遗产法、旅游法等法律，推动沿线各地完善文旅领域法规体系，筑牢大运河文化旅游融合发展的法治屏障。将大运河文化旅游融合发展纳入沿线地区国民经济和社会发展规划，加强顶层设计、统筹谋划和整体推进，确保各项工作举措落地见效。规范运河沿线文旅市场秩序，创新监管方式，加大执法力度，倡导文明旅游、绿色旅游。严格落实意识形态工作责任制，加强对运河沿线各类文化阵地、运河主题文化活动、文艺演出、艺术创作、展览展演、展会平台、文旅推介，以及国际交流中解说词、标识标牌外文翻译等内容审核把关。深化文旅行业安全生产专项整治，利用山东智慧文旅平台对沿线景区和文博场馆开展线上巡查、实时调度，健全突发事件应急处理机制，依据"一景一档"的相关规定，建立以"红黄绿"为标准的安全风险防控制度，从而遏制与防范安全事故发生。加强土地保障，充分考虑运河文旅融合项目建设用地要求。鼓励开辟绿色通道，优先满足大运河遗址公园、大运河旅游交通、大运河文旅融合发展项目建设用地需求，优先安排沿线世界级旅游景区和度假区建设用地指标。鼓励以增减挂钩、长期租赁、土地流转等多种供地方式保障用地需求。

三　完善监督考核

一是创新监督体制。要明确运河遗产保护、管理的责任体制，建立政府、社区、管理人员三级制度，成立省、市、县、镇各级遗产监督办公室，由主要领导担任辖区河道的河长，全盘统筹区域文物古迹、文化遗产的保护、利用工作，要认真听取群众意见，接受群众监督，建立完善的奖惩制度，确保体制的正常运转。

二是抓好考核评估。制定工作责任清单，层层压实各部门的主体责任，建立目标责任制，使权责更加清晰明确。贯彻落实年度工作进展报告制度，加强动态管理与分类指导，对工作情况定期进行督查和通报。将规划执行情况作为绩效考核的重要指标，制定考核办法，实行奖惩机制，充分调动各方面积极性、主动性、创造性，确保顺利完成各项任务和目标。

文化和旅游产业深度融合发展要有良好的环境氛围及体制保障。[①]实现文旅深度融合的关键在于改革创新管理体制机制。"体制机制创新是发展全域旅游的基本保障，也是旅游管理体制改革的重点所在。"[②] 运河文旅融合发展要通过管理体制机制的改革创新，打破文化旅游发展的管理体制障碍，构建现代旅游治理体系，营造文化旅游业可持续发展的良好环境，推动运河文化旅游高质量发展。

[①] 杜建民、戚嘉旺：《推进文化和旅游产业融合发展的策略研究——以泰安市融合发展为例》，《漫旅》2022年第6期。

[②] 戴学锋、廖斌：《全域旅游理论与实践》，中国旅游出版社2021年版，第131页。

第九章　山东沿运五地市文旅融合发展研究

2021年5月,《大运河(山东段)文化和旅游融合发展实施方案》(以下简称《方案》)正式对外发布。《方案》强调,要坚持保护优先、合理利用、融合发展、全域统筹,推动大运河(山东段)沿线文化和旅游全方位、深层次、宽领域融合。近年来,山东省及沿线各地市深入贯彻落实相关要求,多措并举推进遗产保护、生态环境优化等重点领域的建设,助力运河文旅朝着更高质量、更可持续的方向发展。《方案》的提出为文旅市场的进一步拓展指明了方向,标志着对大运河的保护、开发和利用迈入了新阶段。新阶段有新任务,也面临着新问题。本章以山东沿运五地市为研究对象,在分别论述其运河文化旅游资源概况的同时,分析各地在运河文旅融合发展过程中存在的问题和不足,并根据其资源禀赋和具体实际,提出具有针对性的发展路径和策略,为沿运五地市相关部门的决策提供参考和借鉴。

第一节　德州运河文旅融合发展的路径与策略

德州的兴衰与大运河的流经密切相关,自大运河在山东境内贯通之后,德州就在历史上大放异彩。京杭大运河沟通南北,是古代中国重要的水运航道。虽然京杭大运河自隋代时就已流经德州,但德州的城市发展却是在明清时期大运河重新贯通之后。德州因运而兴,城市功能的定位也从政治、军事型城市变为以交通、经济为重的城市。运河畅通在促进德州经济繁荣的同时，也塑造了德州种类多样、内涵丰富的运河文化。本节从大运河德州段的历史沿革、旅游资源的开发现状等方面对其文化旅游资源进行分析，并提出进一步保护利用京杭运河德州段历史文化旅游资源的措施，以促使古老运河重新焕发活力。

一 德州运河文化旅游资源概况

（一）德州段大运河的历史沿革

德州是京杭大运河沿线重要的枢纽城市，早在隋代就在德州境内开凿运河河道。明清时期，运河的重要功能是运输漕粮，德州作为沿运重要城市，得到极大的发展。德州境内的运河河道主要有两条，一条是由四女寺水利枢纽至德城区第三店村，约45千米的南运河；另一条是由四女寺水利枢纽至夏津白庄村，约96千米的卫运河。

运河推动德州的城市发展，影响德州的城市格局和城市功能。由于德州是黄河以北地区的交通咽喉，因此统治者多看重德州在军事和交通方面的作用，常将其作为漕仓、码头和军队驻防基地。国家对漕运的重视，使德州的城市地位进一步提高，也带动这座城市的经济发展。明朝初期，在德州置德州卫；洪武年间，德州成为运河岸边重要的漕粮仓库。据史料记载，那时的德州"四方百货，倍于往时"。明永乐九年（1411），实行州卫同城，同时召集"四方商旅"进城，南北各地的商人汇集在德州，商贸交易频繁，促进了当地经济的快速发展，使德州的城市功能开始向商业城市转变。另外，南北方不同的文化在德州城内交融，逐渐发展起独具特色的运河文化。德州境内不仅涌现出卢世㴠、宋弼、卢见曾、田雯等众多文化名人，还吸引了王世贞、顾炎武、郑板桥、纪晓岚等文人、学者的目光，甚至清代康熙、乾隆皇帝南巡时也曾多次在德州停留。如此多的文化名人在德州驻足，让德州成为"人文飙起"的文化高地。

在运河通航的千年历史中，有两大问题影响着运河的正常使用，分别是水源不足和黄河冲击。明清时期，运河是重要的交通方式和经济命脉,在运河的维护上下了不少功夫。清嘉庆之后,河患发生越来越频繁,淤积程度越来越严重,运道几乎每年都发生问题。清咸丰三年(1853)起,部分漕粮开始采用海运的方式。咸丰五年(1855),黄河在铜瓦厢决口,改道大清河,黄河冲击了运河河道,造成了巨大的灾难。最终在光绪二十七年(1901)朝廷宣布停漕改折。光绪二十八年(1902),漕运制度彻底废止。

清末,新型交通方式的兴起也造成了运河交通的衰落。宣统三年(1911),津浦铁路建成,对德州交通运输格局和商贸发展产生了深远影响。每年经铁路输入和运出的各类贸易物品数量巨大,导致运河在商业贸易中的地位逐渐被铁路取代。

(二)德州运河文化的内涵和价值

1. 原真性、原生态的运河河道

元代以后,对德州段运河进行治理,将河道挖出大弯,这样可以减缓运道内水的流速,减少船只行进的阻力。二屯段河道有大弯1处、小弯3处;长庄段河道从哨马营往南,经闸子、北厂,仅3千米就有3大弯、6小弯。北厂到市区之间的河道,河床窄,河堤陡,最宽处约40米,最窄处约20米。陈庄段河道更加弯曲,呈现出一个一个的"U"字形,从七西村南龙王庙起始向西走向,从卢家圈到第三店形成的弯道称为"地南圈"和"东地三圈",由第三村拐弯向西再拐至芦庄西回龙庙,形成的弯道称"堤西圈";由回龙庙往西再往北拐弯至戴官屯村东,而形成的弯道称"花园圈"和"马家圈";从戴官屯向陈庄村方向拐弯经水营向西拐弯形成的弯道,称"杨家圈"。[①] 德州的古运河河道保持了原真古貌,有着"九龙十八弯"的特点。

2. 独特的漕运仓储与商贸文化

隋唐时期开始,德州就有中央政府建立的粮仓,足以显示其地位的重要性。唐末五代及北宋时期,德州成为重要的漕运枢纽城市,对于维护中央政权的统治地位有着重要意义。金天会七年(1129),在德州修

---

① 梁国楹:《德州运河文化变迁及其特点》,《德州学院学报》2020年第5期。

建将陵仓；元朝时，改"将陵仓"为"陵州仓"，并成为运河上重要的漕粮中转站。明洪武九年（1376），在德州原有粮仓的基础上扩建，使德州与淮安、徐州、临清同为国家重要的漕粮储存地。永乐十三年（1415），在陵州仓故址修建了广积仓，即德州水次仓，由户部分司进行管理。德州水次仓储存的漕粮主要从淮安、徐州和临清等地的漕仓而来，送往北京时由山东和河南的卫所军队护送。当时，每 10 间粮库连在一起，称为"连"，每连有不同的编号。正统十四年（1449），为了保护漕仓，将广积仓移到德州旧城南门内。明朝时期，每年都有 400 万石的漕粮经过德州水次仓转运。清朝沿用明朝的制度，雍正八年（1730）时，在德州州署的东边建仓 24 间，称为"德州卫新仓"；次年（1731），于州署以东建仓 124 间，名"德州新仓"。乾隆五十二年（1787），德州常平仓储谷 145064 石；卫常平仓储谷 10000 石；社仓积谷 692 石。到道光十六年（1836），德州额储常平谷 178000 石，卫额储常平谷 10000 石；社仓积谷 559 石；义仓积谷 2850 石，成为华北仓储之最。[①]

3. 全国唯一的苏禄王墓及其守陵文化

德州地区的对外交流也深受大运河的影响，在中外交流史上留下了浓墨重彩的一笔。明永乐十五年（1417），菲律宾群岛南部的苏禄国国王来华访问，明廷隆重接待了苏禄国国王。苏禄国使团留京 27 日后，辞行回程。沿运河南下的途中，在经过德州时，苏禄王不幸染病离世，明成祖以藩王之礼将其厚葬于德州。苏禄国留在中国守墓的王子安都鲁、温哈剌的子孙分别取"安""温"为姓，逐步形成了德州苏禄王后裔——安、温家族，他们定居在王墓东侧，形成守陵村落，繁衍生息，代代相传。苏禄国王墓与安、温家族成为中菲两国友好交往和交流的历史见证。

4. 四女寺孝道文化与水工文化

四女寺的名字源自一个民间传说。相传西汉景帝时，安乐镇有一对夫妇生有四女，虽然家中没有男儿，但四姐妹都十分孝敬父母，她们改换男装，并都立誓不嫁。她们四人各种植一棵槐树，对天起誓，除非槐

[①] 梁国楹：《德州运河文化变迁及其特点》，《德州学院学报》2020 年第 5 期。

树枯萎,否则就留在父母身边侍奉。四姐妹争相赡养父母,甚至将热水浇灌在其他三人的槐树上,只为了不耽误姐妹的青春。奇怪的是被热水浇灌的槐树却越来越茂盛,结果四姐妹一起赡养父母,并最终得道成仙。由于四棵槐树历经风雨沧桑仍旧亭亭玉立,故人们改"安乐镇"为"四女树"。后人为四女的孝行所感动,为纪念她们,便建起四女祠,"四女树"又更名为"四女寺"。①

四女寺位于南运河与卫运河的交汇处。明弘治三年(1490),建四女寺减水坝。清康熙四十四年(1705),重建四女寺减水闸。雍正八年(1730),改建为宽八丈,坝脊高于河底一丈一尺的滚水坝。乾隆二十七年(1762),为解决泄水难题,将坝身加宽四丈,坝脊降低一尺六寸;第二年,再次加宽坝身。清光绪年间,四女寺减河淤积停用,四女寺滚水坝也不再发挥作用。现存四女寺枢纽工程建于1957—1958年,扩建于1972—1973年,它上承卫运河,下接南运河、漳卫新河(减河、岔河),是漳卫南运河中下游河道上的一座以防洪为主,兼有排涝、通航效益的大型水利工程。

二 运河文旅融合发展存在的问题

近年来,德州的运河文化旅游产业呈现快速增长的趋势,但同时也面临着诸多问题和挑战。尽管德州的运河文化资源丰富多样,但缺少系统整合,文旅融合力度不够,无法将文化资源优势转化为经济发展优势。归纳起来,主要体现在以下几个方面:

(一)旅游产业结构发展不均衡,缺少配套设施

德州市旅游产业在地域分布等方面发展不均衡,现有文旅消费场所的设施有待改造提升。德州的旅游景区主要分布在德城区,其他县区的景点较少且没有发展成规模。在餐饮方面,德州扒鸡是山东的传统名吃,但仅此一种特色,数量较为单一,难以形成强大吸引力;在住宿方面,精品化酒店、特色民宿还没有广泛建设起来;在娱乐方面,部分旅

---

① 梁国楹:《德州运河文化变迁及其特点》,《德州学院学报》2020年第5期。

游景区过于老旧，景点种类单一，缺少新旅游项目；在交通方面，缺少旅游交通专线，游客无法方便、快捷地游览其他景点。以上这些问题，都对德州运河文化旅游的发展造成一定影响。①

(二) 文化旅游特色不足，缺少精品创新项目

德州虽然拥有丰富的文旅资源，但没有开发出特色项目。首先，德州虽然有不少有文化特色的旅游景区，但缺少有代表性的建筑物，给旅游者留下的印象不够深刻，影响其体验感。其次，旅游景区之间缺乏沟通，在设计合理的旅游路线上存在很多难点，难以形成全域旅游发展格局。最后，旅游基础服务设施有待完善，智慧旅游系统还未建立，文旅消费的活力还需激发。以董子文化街为例，进入文化街后不难发现，街内商铺种类重复，且缺少为游客提供休息和饮食的地方；还有被视为友好外交见证的苏禄王墓，该景点设施不完善，景点讲解的吸引力不够，无法激发游客想要了解苏禄王墓的兴趣。②

(三) 旅游产业布局过于分散，缺少合作

旅游路线的设计是旅游产业布局的重要内容之一，关系到游客对旅游产品的评价。德州市各景点之间缺乏合作，想要打造一条特色、精品旅游路线具有较大难度。来德州旅游的游客想要参观景区只能自己规划路线，很容易遗漏某些景点。这种情况，也给德州市旅游业的整体性发展带来不利影响。③

(四) 河道淤积严重，生态环境问题突出

明清时期，运河德州段的河道就因河道较窄而多次拓宽，河道较窄给运河和周边生态环境都带来较大影响。首先，主河道较为弯曲，导致运河河道经常淤积，阻碍河水流通；④ 其次，运河沿岸及河道的生态环境优化治理工作扎实推进，但环境污染问题仍未得到根治。⑤

---

① 郭月：《德州文化旅游产业建设研究》，《美与时代（城市版）》2021年第10期。
② 郭月：《德州文化旅游产业建设研究》，《美与时代（城市版）》2021年第10期。
③ 郭月：《德州文化旅游产业建设研究》，《美与时代（城市版）》2021年第10期。
④ 王珊珊：《关于京杭大运河德州段历史文化旅游资源的调查报告》，《文化学刊》2018年第2期。
⑤ 陈玉玲、张淑红：《浅析大运河文化带德州段的文化特征及建设方向》，《济宁学院学报》2022年第1期。

三　文旅融合发展路径与策略

大运河德州段文化资源积淀丰厚，是展示德州文化形象软实力的重要依托。① 运河文化的传承利用与德州的发展息息相关，对城市的有机更新有着重要意义。② 应充分把握运河申遗成功和文旅深度融合的机遇，立足当地文旅资源优势，以优质内容和丰富形式宣传推广运河文化，实现运河与城市的和谐共荣。③

（一）加大运河文化宣传推介力度

大运河文化带德州段有着独特的文化价值和历史价值，还需要更深程度的挖掘和更多途径的宣传。德州市政府及相关部门应积极号召社会组织和市民，加大对德州运河文化的宣传力度，策划开展运河文化宣传活动，不仅要提高大运河德州段的知名度和影响力，还要增强社会和民众对运河及运河文化的保护、传承意识。丰富传播载体和渠道，加强与相关国际国内部门、机构的交流与合作，提升德州运河文化的国际传播力和影响力，充分发挥德州在大运河文化旅游带建设中的作用。④

（二）建立运转高效的体制机制

旅游业体制机制改革能为文旅业的长远发展注入新动能。首先，明确市政府在体制机制建设中的主导地位，提高文旅部门的管理效能，创新协同发展工作机制，统筹规划好大运河保护、传承、开发建设的总体目标和布局。⑤ 其次，扩大旅游市场主体，让更多社会力量参与到运河文化品牌的打造和推广中，因地制宜建设新型公共文化空间。最后，培

---

① 王婧、刘松洋、胡建华：《塑造德州段大运河品牌形象的开发模式研究》，《边疆经济与文化》2023 年第 11 期。
② 陈玉玲、张淑红：《浅析大运河文化带德州段的文化特征及建设方向》，《济宁学院学报》2022 年第 1 期。
③ 梁晓琳：《运河德州段文化公园建设思考》，《黑龙江科学》2020 年第 16 期。
④ 陈玉玲、张淑红：《浅析大运河文化带德州段的文化特征及建设方向》，《济宁学院学报》2022 年第 1 期。
⑤ 陈玉玲、张淑红：《浅析大运河文化带德州段的文化特征及建设方向》，《济宁学院学报》2022 年第 1 期。

育和引进高层次人才，提高旅游工作者的整体素质，为运河文旅高质量发展提供智力支持。①

（三）完善旅游配套设施建设

对现有景区配套设施进行改造提升，结合现代科学技术手段，发展智慧旅游；设计通达的交通路线，进行交通路网的调整，在重要节点设置引导标识；合理规划线下商业发展，提高旅游接待能力；促进景区与旅行社之间的合作，针对不同需求的游客，打造具有吸引力的旅游路线。另外，要加快旅游基础设施的建设，完善关系到游客普遍需求的公共基础设施，为游客提供最大便利；优化旅游交通路线，丰富不同景区之间的交通方式，规范景区停车，通过流量控制解决停车难的问题，缓解景区周边的交通压力；加强旅游服务人员的培训和考核，培养专业技能人才，提高景区服务品质。②

（四）营造优美环境，打造生态休闲运河

一是加大运河生态环境保护力度。良好的生态环境是最普惠的民生福祉，政府应积极开展绿化行动，有序推进防护林建设和水环境治理等工作，并且注重提升城市绿化的科学性和美观性，合理布局绿化空间。③切实发挥政府职能，制定严格的地方性法律法规，根据对运河及周边环境的破坏程度，处以不同力度的处罚。另外，还要广泛开展宣传教育，增强企业、居民的环保意识，减少环境破坏行为的发生。④

二是打造运河生态景观休闲带。坚持生态优先，以绿色为发展的底色，持续优化运河周边环境，加快大运河生态景观廊道建设。推进传统产业智能化、绿色化改造升级，全面提高资源循环利用效率，增加生态旅游产品供给。同时，积极推广绿色低碳的生产生活方式，形成良好社会风尚。⑤

---

① 郭月：《德州文化旅游产业建设研究》，《美与时代（城市版）》2021年第10期。
② 郭月：《德州文化旅游产业建设研究》，《美与时代（城市版）》2021年第10期。
③ 王珊珊：《关于京杭大运河德州段历史文化旅游资源的调查报告》，《文化学刊》2018年第2期。
④ 王珊珊：《关于京杭大运河德州段历史文化旅游资源的调查报告》，《文化学刊》2018年第2期。
⑤ 陈玉玲、张淑红：《浅析大运河文化带德州段的文化特征及建设方向》，《济宁学院学报》2022年第1期。

（五）强化资源整合，丰富文化旅游产品体系

德州是大运河文化带上的重要城市，要坚持招才引智，组织国内外顶级专家及设计团队进行指导，策划具有"国际范"的运河文化产品。[①]融通多媒体资源，提高运河文旅资源的挖掘、整合力度，推动资源共享，积极探索新业态、新模式。加大力度打造体现运河特色的沉浸式文化体验项目，开发精品旅游线路，使游客在衣、食、住、行等方面有所保障，提高德州文旅业发展竞争力和吸引力。以大运河文化为载体，探寻其中蕴含的力量，利用文化遗产的作用以系牢精神纽带，实现文化资源的"变现"。[②]将运河文化资源融入文创产品的设计、研发和包装之中，开发多样化、个性化的运河系列文创产品。深入研究古建筑、古民居和运河古镇的内涵和价值，加强其保护和修缮工作，打造一批特色历史文化街区，避免过度商业化发展。

大运河是祖先留给德州的宝贵文化资源，挖掘、研究、传承、利用运河文化，在守住历史韵味、延续城市历史文脉、促进城市发展等方面具有重要意义。德州市政府及相关部门必须坚持新发展理念，立足资源禀赋和自身实际，深入开发运河文化旅游资源，坚守生态环境红线，着力打造大运河绿色生态长廊，同时，在策划精品旅游项目和旅游活动上多下功夫，持续丰富旅游者的文化体验，使德州成为更多外地游客和当地民众选择的旅游精品目的地。

第二节　聊城运河文旅融合发展的路径与策略

聊城以"江北水城·运河古都"著称，有着深厚的运河文化积淀。围绕聊城运河文旅融合发展开展相关研究，是全面贯彻习近平总书记重

[①] 陈玉玲、张淑红：《浅析大运河文化带德州段的文化特征及建设方向》，《济宁学院学报》2022年第1期。

[②] 陈玉玲、张淑红：《浅析大运河文化带德州段的文化特征及建设方向》，《济宁学院学报》2022年第1期。

要指示批示要求,落实国家和山东省发改委、省文旅厅相关文件精神的重要举措,是加快聊城新旧动能转换、实施创新发展战略的有力支撑。本节在梳理聊城运河文化旅游资源概况的基础上,分析文旅融合发展存在的问题和不足,提出具有针对性和可操作性的路径与策略,在为相关部门的决策提供参考和借鉴的同时,对于促进聊城运河文化旅游业的发展,提升聊城运河文化的影响力和辐射力,打造聊城独具特色的文化名片具有重要意义。

一 聊城运河文化旅游资源概况

(一) 聊城段运河的历史沿革

聊城是受运河文化影响较早的地区,隋代开凿的永济渠流经今临清市。元代对古运河进行了较大改造,特别是开凿了纵贯聊城腹地的会通河,确定了大运河聊城段的基本走向。此后,明、清两代又对会通河进行了多次疏浚和改造,使会通河成为南粮北运以及南北经济文化交流的重要通道。聊城也得益于漕运的兴盛,成为运河沿岸九大商埠之一。

(二) 聊城运河文化的内涵和价值

京杭大运河聊城段包括卫运河临清段和会通河聊城段两部分,全长110千米。其中卫运河临清段始凿于隋,流经今临清市,主河道全长12.5千米;会通河聊城段始凿于元至元二十六年(1289),流经今阳谷县、东昌府区、临清市境,全长97.5千米。《大运河遗产山东聊城段保护规划》中统计的文化遗产总计45点、段,其中包括6段河道、24处航运工程设施、3处古代运河设施和管理机构遗存、7处与运河遗产相关的古建筑、3处运河城镇、1处古遗址、1处运河生态与景观环境。其中,会通河临清段(元运河、小运河)、会通河阳谷段、临清运河钞关、阿城上闸、阿城下闸、荆门上闸、荆门下闸等8个遗产点、段于2014年6月被列入《世界文化遗产名录》。

除运河河道、水利工程设施外,聊城还有着诸多与运河文化密切相关的物质与非物质文化遗产,这些都是运河文化遗产的重要组成部分,具有重要的历史、文化和艺术价值。①

表9-1　　　　　大运河聊城段文化遗产构成一览表②

物质文化遗存	古运河河道	包括卫运河一段和会通河两段，目前保存较好的有临清和阳谷两段河道
	航运工程设施	现存闸、码头和桥梁等各类航运工程设施共计24处
	古代运河设施和管理机构遗存	阿城盐运分司、魏湾钞关分关和临清运河钞关
	运河城镇	除聊城东昌古城、临清中洲古城、七级运河古街区外，还有张秋、阿城、七级等众多运河城镇；周店、博平、梁水镇、魏湾、戴湾、北馆陶等商贸重镇
	古遗址	河隈张庄明清砖窑遗址，位于临清市戴湾乡，面积约30万平方米，现存残窑10余处
	古建筑	张秋镇山陕会馆，聊城市山陕会馆、光岳楼，临清市鳌头矶、清真寺、清真东寺、舍利塔等
	运河生态与景观环境	位于临清卫河南支东岸
非物质文化遗产	手工技艺	临清市的纸扎和竹器、东昌府区的葫芦雕刻和毛笔制作工艺、茌平的剪纸、冠县郎庄面塑等
	民间曲艺	山东快书、聊城八角鼓、临清时调、临清琴曲、运河伞棒舞等
	市井文化	龙灯、旱船、高跷、秧歌、狮子舞等
	饮食文化	聊城的沙镇呱嗒、白籽糕、豆腐脑，临清的托盘豆腐、徽子、张秋炖鱼等
	传统产品	临清产的贡砖、哈达、皮袄、济美酱菜，聊城的毛笔、木版年画，东阿阿胶，茌平的红枣、剪纸，冠县的鸭梨等

（三）聊城运河文化旅游资源的特点

大运河聊城段遗产旅游资源主要表现出以下特征：

一是旅游资源种类丰富，个别类型比较集中，还有深度开发的空

---

① 郑民德：《聊城运河文化遗产的保护》，《中国名城》2018年第10期。
② 山东省发展和改革委员会：《大运河文化带（山东段）基础研究材料》2017年。

间。聊城境内的旅游资源种类众多,其中名人故居、历史建筑和菜品饮食等较为集中。尽管聊城的旅游资源相当丰富,然而大多数旅游资源的级别较低,除了光岳楼得分较高外,其他大多都是一、二级旅游资源,没有等级的也较多,开发潜力较大。[1]

二是文化资源种类众多,内涵丰富。京杭运河聊城段旅游资源数量多、种类多,文化内涵丰富,如体现南北融合文化的山陕会馆,突出官方文化的光岳楼、临清鳌头矶、运河钞关,还有能展示古镇文化的临清古街巷。一些节庆活动,如美食文化旅游节、葫芦节等反映了民间风情文化;临清清真寺、大宁寺、舍利塔等是宗教文化的体现。[2]

三是资源单体观赏适游期较长。因为聊城的大多数旅游资源是人文旅游资源,如古城、会馆等建筑遗迹,不受季节条件的限制,游览时间相对比较自由。[3]

二 运河文旅融合发展存在的问题

目前聊城围绕运河文化旅游打造了许多项目,如水上古城游、运河胡同游、运河古镇游等。旅游业的发展取得较大成效,但聊城运河文旅融合也面临一些亟待解决的问题。

(一)研究阐释力度不够,宣传工作欠缺

近年来,对聊城运河文化多元价值体系研究阐发不够,"重开发、轻保护"的思想还不同程度存在;对运河文化丰富内涵的挖掘和展示不足,与运河有关的文化创意产业发展相对滞后;对运河文化的当代性、创新性诠释还有待加强,与时代发展和社会进步的新形势、新特点结合不够紧密。相较物质文化遗产,非物质文化遗产的保护、传承和利用仍

---

[1] 王新蕾:《运河城市(聊城市)遗产旅游产品体系的构建及其旅游开发》,《乐山师范学院学报》2011年第1期。

[2] 王新蕾:《运河城市(聊城市)遗产旅游产品体系的构建及其旅游开发》,《乐山师范学院学报》2011年第1期。

[3] 王新蕾:《运河城市(聊城市)遗产旅游产品体系的构建及其旅游开发》,《乐山师范学院学报》2011年第1期。

有明显欠缺。① 聊城虽号称"江北水城·运河古都",但是有些宣传还停留在表面,运河文化很难深入群众的内心。②

(二) 开发力度不够,文旅融合程度较低

聊城市相关部门对运河旅游资源的开发价值和发展潜力评估不足,对其缺乏足够的重视,也导致聊城运河遗产旅游产品结构单一。此外,由于聊城经济水平的制约,旅游配套设施不完善,难以引进专业化、高层次、高素质的人才。聊城旅游产品与运河联系不紧密,无法用旅游产品表达运河的深层文化内涵,没有讲好运河故事这篇大文章。

(三) 旅游定位和对外宣传的主题模糊

聊城运河遗产旅游资源众多,但是旅游品牌的主要开发方向还存在偏差,在宣传推广上存在目标不明确、界限不清晰等问题,没有体现出自身的差异化优势。一个城市在开展旅游宣传推广工作时,要因地制宜、找准特色,充分展现地方特色和旅游资源优势,尤其是突出文物和文化遗产中的历史性和唯一性,激起游客进行深层次了解的兴趣。聊城一直有"江北水城·运河古都"的标签,但如何明确宣传主题和发展定位、提升品牌知名度和影响力,是值得思考的问题。③

(四) 古迹散存,未形成成熟的旅游线路

聊城运河沿线地区文化遗产众多,有很多文物古迹承载着文明的风采,对研究城市变迁意义重大,但这些宝贵的资源分布较为分散,难以串珠成链,形成一条完整的线路。遗产资源的开发利用也呈现碎片化,难以统筹规划、协调发展,需要加大整合力度。许多游客甚至市民对聊城古运河的了解不够全面,只是局限在光岳楼、山陕会馆等文物遗迹,对运河河道及一些水利工程设施遗存等没有给予关注。④

---

① 吴海涛:《京杭大运河(聊城段)文化带工作浅析》,《水资源开发与管理》2019 年第 1 期。
② 郑民德:《聊城运河文化遗产的保护》,《中国名城》2018 年第 10 期。
③ 王新蕾:《运河城市(聊城市)遗产旅游产品体系的构建及其旅游开发》,《乐山师范学院学报》2011 年第 1 期。
④ 吴海涛:《京杭大运河(聊城段)文化带工作浅析》,《水资源开发与管理》2019 年第 1 期。

第九章　山东沿运五地市文旅融合发展研究

三　文旅深度融合发展的路径与策略

大运河聊城段文化遗产种类众多，特色突出，具有宝贵价值的文化资源，如何在保护的前提下实现运河文化的创造性转化与利用是当前面临的一项重要课题。具体来说，可以采取以下措施：

（一）加大遗产挖掘和阐释力度

首先，要深入挖掘运河文化内涵。充分利用运河沿线丰富的水利工程遗址遗产，发挥聊城大学运河学研究院等高等院校和科研机构的研究支撑作用，加强对运河河道及船闸、桥梁、堤坝、码头等古代水利工程的科学研究。加大对运河沿线历史名人、传统技艺、民间戏曲等文化资源的阐释力度，深入挖掘聊城运河文化的内涵和价值。通过出版《聊城运河文化丛书》、创立聊城运河文化研究会、建立聊城运河文化官方网站、出版《聊城运河年度发展报告》等方式，扩大聊城运河的影响力，丰富运河文化研究内涵。扎实推进运河文化大数据工作，建设大运河聊城段影像数据库，实现文化遗产信息资源数据共享。

其次，推出大运河文化艺术精品力作。加大对大运河题材文艺作品的扶持引导力度，推出一批体现大运河文化特点、适合在大运河沿线城市开展的各类文艺作品和文艺活动，争取纳入国家级、省级重点资助项目，通过各种艺术形式讲好聊城运河故事。打造聊城运河精品剧场，建设综合民间艺术展演平台，对传统演艺形式进行创新加工，推出聊城文化特色艺术精品。整合市内文艺院团力量，招引全国知名旅游集团、旅游演艺公司，联合创排"江北水城·运河古都"题材的旅游演艺剧目。

最后，要增强文化遗产传承活力。一方面要构建综合展示平台体系，对运河文化遗产进行活态展示。加强大运河文物保护动态监测，完善大运河文物监测预警平台，全面实施文物安全"天网工程"。统筹运河沿线特色博物馆建设，丰富展陈内容，优化服务功能，构建一条主线加多点串联的综合展示载体。另一方面，要强化社会教育引导力度。积极开展大运河文化体验活动，推进运河文化进学校、进社区、进村庄等。鼓励沿运各类学校将地方特色和中小学生特点充分结合，开设运河文化校本课程。充分发挥沿线革命文物、爱国主义教育基地等资源，开展丰富的体验活动。

（二）打造文化旅游精品

首先，丰富文化旅游产品。根据大运河文化和旅游资源的空间结构、地域分布与文化特色，创新文化旅游产品，逐步形成较为完善的文化旅游产品供给体系。积极发展文创旅游、博物馆旅游、工艺设计、会展旅游等一批新业态，开发高品质文旅产品，增加文旅产品推广途径。充分利用运河沿线文化旅游资源，通过区域联动，串点成线，规划特色精品旅游路线。培育发展一批凸显运河特色、聊城特点的体育赛事活动，集中打造中国大学生龙舟锦标赛等体育赛事品牌。围绕聊城市特色文化，建设主题化的旅游餐饮、旅游住宿、旅游交通、旅游标识、旅游购物、旅游娱乐等要素系统，打造聊城市文化创意美食、主题住宿、文化旅游特色主题街区一站式旅游消费文化娱乐项目。充分挖掘聊城丰富的非物质文化遗产资源打造文化旅游特色品牌，创新文化旅游衍生品，推出运河文化旅游新项目，从多方面为聊城地区的文旅产业注入活力。

其次，科学规划精品线路。积极对接京津冀协同发展和雄安新区国家战略，积极融入跨省市特色旅游线路，优化传统路线，统筹自驾、公共交通和水上游览等方式，打造旅游新路线。依照境内运河的流经走向设计路线，将"两城七镇"全部规划在内，以点带面，形成"两城七镇百村"一体。根据各城镇的特色，打造不同的旅游项目，使聊城成为城乡生态旅游综合体。结合温泉、阿胶、水浒文化等实现运河文化特色旅游发展，建设具有独特吸引力的运河文化旅游名城。

最后，要塑造特色文化品牌。结合城市文化特色确定城市品牌体系，以核心旅游区域形象品牌为支撑，拓宽精品旅游项目，构建大运河文旅的伞状品牌架构。加大与省内外运河城市的合作力度，借助区位优势，强化区域间旅游资源整合和旅游服务协作，组建运河城市旅游联盟。创新营销模式，重点打造节事营销，充分发挥江北水城文旅大会、中国自媒体年会、运河文化论坛等国际、国内重大活动的宣传及推广作用，塑造聊城文旅新形象，提高城市品牌影响力。搭建聊城文化旅游品牌传播矩阵，发挥传统媒体的主流舆论引导作用，拓展网络媒体的规模传播效应，形成多元化、多层次的传播平台。强化海外营销推广力度，在不断扩大国内影响力的同时，向世界讲好聊城运河故事。

（三）提升基础设施和配套服务

首先，要完善旅游交通网络建设。积极推进聊城市综合交通体系规划，加快构建高铁、公路、航空、水运等综合性交通体系，支撑和保障文化旅游产业加快发展。加快建设"两横一纵"水路运输航道，打造航道文化旅游产业带。积极推进聊城机场的建设，构建全方位的旅游交通体系。建立功能完善且合理的游客运输集散网络体系，提升聊城市火车站、汽车站、轮船码头等客运枢纽的旅游交通集散和服务功能，完善交通信息和交通标识引导。完善重要城市和景区的旅游集散功能，强化干线公路与景区之间的旅游专用公路的建设，提高连接特色景观名镇名村、乡村旅游重点村的道路等级。以聊城段运河为主线，各区县的河湖为节点，点线共同作用，连接城市生态水域，构筑水上交通游览线路，建设全域水城。积极推进大运河沿线码头与公路、铁路等衔接，合理规划建设沿河景观绿道、健身步道、自行车道及综合性体育公园等，形成覆盖城市和旅游区的运河文化旅游廊道。

其次，要强化公共服务配套设施建设。健全完善宾馆、酒店、博物馆、体育馆、图书馆、展览馆等文体休闲和娱乐设施，提高旅游接待能力，构建覆盖城乡的公共文化服务体系。充分发挥游客服务中心的功能，对于重要旅游节点游客咨询服务、停车场地维护等配套服务设施进行统一规划建设。合理布局旅游服务中心，完善旅游标识解说系统，全面提升服务品质。依法加强文化旅游市场监管，探索建立跨区域联合执法办案机制。

最后，依托现代信息技术，提升智慧旅游水平。推动智慧旅游建设，建设聊城市文旅智慧平台，实施"一部手机游聊城"建设工程，提升文旅服务管理智慧化水平，推动文化旅游产业转型升级。加强智慧文旅基础设施建设，实施智慧景区、智慧酒店、智慧乡村旅游点、智慧文旅小镇、智慧博物馆等一批重大基础设施数字化工程，推广景区门票预约制度，实现实时监测、科学引导、智慧服务。建立智慧旅游营销系统，拓展新的旅游销方式，逐步建立广播、电视、短信、多媒体等传统渠道和移动互联网、微博、微信等新媒体渠道相结合的全媒体信息传播网络。

（四）积极推动产业融合发展

首先，强化产业融合力度。加快文化产业与旅游产业的融合进度，能够更深层次地展现城市的文化内涵，有利于塑造城市特色旅游品牌、实现文化价值与经济价值之间的转化。与省内外先进地市相比，聊城运河文化旅游产业融合程度还存在较大差距。针对这一情况，聊城市可以根据各区县特点，将目光放在发展特色农业和乡村旅游的项目上。策划系列文化主题活动，设计具有地方特色的各类旅游项目，促进旅游业与其他产业的深层次融合发展。打造运河文旅示范区，培育一批有竞争力的文旅企业，推动运河文旅产业实现高质量发展。

其次，推进重点项目建设。扎实推进聊城运河样板段工程、东昌湖旅游景区提升改造项目、临清中洲古城改造提升工程、景阳冈旅游景区综合提升工程、张秋古镇旅游综合开发项目等重点项目建设，做好临清鳌头矶、运河钞关等重大修缮保护项目建设，开发建设有城镇专属特色的旅游小镇，并对已有的特色度假基地进行改造。切实打造特色鲜明、内涵丰富、具有较高层次和水平的运河文化遗产保护利用亮点工程。

最后，切实推进大运河国家文化公园建设。加快聊城市大运河国家文化公园的规划与建设，是落实国家和山东省发改委相关文件精神的重要举措，对于提升聊城运河文化旅游城市的知名度和影响力，促进运河文化遗产的科学保护与合理利用具有重要的现实意义。聊城市要以现有和历史上的主河道、水工设施、管理机构及设施为基础，以大运河主河道流经及影响的临清、东昌府、茌平、阳谷4个县、市、区为核心建设区域，认真筹划，精心布局，在有效保护运河文化遗产的前提下进行合理的开发、利用，切实做好聊城大运河国家文化公园的规划、设计和建设工作。在现有"两城七镇"的基础上，提升运河旅游能级，重点将聊城的运河文化特色展示出来，促进文化与旅游业的深度融合，讲活大运河聊城段的历史及当代故事，形成聊城文化旅游的核心竞争力，实现聊城旅游产业的科学发展、跨越发展。

聊城运河沿线遗产资源丰富，文化底蕴深厚，为文化和旅游融合发展提供了有利条件。针对文旅融合发展过程中出现的问题和不足，聊城市应采取强化文化遗产保护传承、加大遗产挖掘和阐释力度、完善基础设施和配套服务、打造精品线路和特色品牌、创新保护传承利用机制等措施，探索符合聊城实际的文旅融合发展模式。要处理好传承与创新的关系，促进运河文化遗产的活化利用，擦亮聊城运河文化旅游品牌，真正将文化资源优势转化为经济发展优势，谱写高质量发展新篇章。

第三节 泰安运河文旅融合发展的路径与策略

京杭大运河泰安段，全长约 40 千米，现存有运河故道、戴村坝、戴庙闸、安山闸及水柜东平湖，宁阳县有大运河济运配套工程堽城坝、与运河相关的遗产点禹王庙，岱岳区有济运水源上泉古泉群等。其文化内涵深厚，是研究古代政治、经济、文化、社会等方面的重要实物资料。[①] 大运河泰安段是中国大运河的重要组成部分。2014 年 6 月，中国大运河成功申遗，戴村坝、小汶河两处遗产点、段被列入《世界文化遗产名录》。做好大运河泰安段遗产保护与利用，讲好大运河文化带的"泰安故事"具有重要现实意义。本节在梳理泰安运河文化资源概况和现状的同时，探讨其运河文旅融合发展的对策和措施。

---

① 邢向前、张荣欣：《大运河泰安段遗产保护及文化带建设思考》，《看历史》2022 年第 1 期。

一 泰安运河文化资源概况

（一）泰安段运河的历史沿革

大运河泰安段主要流经东平县境内，南自新湖乡小河涯村入境，北至戴庙乡十里堡村出境，全长34千米。古代时济水和汶水在东平县内交汇，这让东平县成为运河沿线的交通枢纽，但由于黄河对运河河道的多次侵袭，使京杭大运河在东平境内频繁变迁，对沿线地区经济、社会发展产生了深远影响。运河的流经在促进当地经济和社会发展的同时，也在泰安东平境内留下了数量众多的物质和非物质文化遗产。

泰安东平段运河开凿于元代。至元十九年（1282），兵部尚书奥鲁赤主持开挖济州河，从济宁境内引汶水和泗水，引到属梁山县管辖的小安山，并与古济水河道相接，整个工程在第二年完工，河道全长75千米。开通济州河之后，从南方来的漕粮便可以从济宁北上，至小安山后，再北入大清河，由大清河入海，直通京津。但这段河道仅使用三年，便因大清河入海口堵塞，只能放弃之前的运粮路线，等漕粮运到东阿之后，采用陆运的方式，走两百里左右的路程到达临清，再转用水运，通过御河运到北京。

至元二十五年（1288），平章政事桑哥，采用漕运副使马之贞提出的意见，准备开凿由安山到临清的一段河道，并安排断事官忙速儿、礼部尚书张孔孙、兵部郎中李处巽主理这项工程。整个工程于次年开工，当时征丁3万人，花费半年时间完工，河道全长125千米，因安山是河段起点，最开始称其为"安山渠"。后来河渠官、礼部尚书张孔孙以及兵部郎中李处巽、员外郎马之贞上书说："开魏博之渠，通江淮之运，古所未有"，于是元世祖忽必烈将"安山渠"重新命名为"会通河"。河道挖好后，为让河道内水源充足，方便漕运，还在会通河上建安山、开河船闸。元时会通河初开，岸狭水浅，不负重载，每年漕运仅数十万石，故有元一代，海运不废。

明洪武二十四年（1391），黄河在河南原武决口，洪水涌进梁山水泊，导致梁山境内的济州河、会通河河道淤塞，无法发挥漕粮运输功能。永乐九年（1411），明成祖朱棣为方便漕粮北上，决定重新贯通已经被淤塞的运河河道，于是，令工部尚书宋礼负责此次工程。宋礼采纳了汶上老人白英的"引汶绝济"的建议，于戴村筑坝，遏汶水向西流，流至南旺运河分水口，再南北分流。戴村坝工程解决了山东运河水源不足的问题，使南北漕运得以畅通无阻。明成祖迁都北京后，大运河成为维护国家政权的生命线，每年运输的漕粮有数百万石之多。

清咸丰五年（1855），黄河在河南铜瓦厢决口，导致黄河走向改变，冲击运河河道，由大清河入海。黄、运河道穿交，对运河漕运造成困难，为解决这一问题，首先便要在十里堡和张秋镇修建防洪闸，避免运道淤积。其次就是在漕粮运输经过黄河时，要十分注意洪峰。当时海运兴起，政府施行漕粮改折，漕运的运输量大大减少，直到光绪二十七年（1901），漕运废止，泰安东平段运河也完成了其历史使命。

（二）泰安运河文化遗产的价值和特点

1. 文化遗存丰富

大运河泰安段主要流经东平县境内。东平县运河文化历史源远流长，被民政部评定为"千年古县"，大运河东平段沿线有闸坝、渡口及周边文化遗迹89处，其中，世界文化遗产2处，国家级文物保护单位4处，省级13处，市级24处，非物质文化遗产资源现已整理10大类别308个项目；运河之心——戴村坝、运河水柜——东平湖及运河故道、戴庙闸、安山闸等是大运河现存重要节点。宁阳县堽城坝、禹王庙是古代大运河济运配套工程，是古运河重要遗产点，文化内涵深厚，是研究古代政治、经济、文化、社会等方面的重要实物资料。岱岳区上泉古泉群是济运水源之一，该泉群产生时间久远，距今已有300万年的历史，为上升泉，几大泉水相汇，形成大汶河支流——漕河，引泉水补给运河，是汶河流域济运的一大创举。

表9-2 大运河泰安段主要遗存一览表①

遗存类型	遗存名称
古河道	境内运河故道
古镇	东平州城镇
古桥梁	戴庙桥、大安山桥、永济桥
水利工程	东平湖戴村坝、埕城坝、王思口坝、王仲口坝、常仲口坝、大安山坝、戴庙闸、十里堡闸、安山闸、玲珑坝、滚水坝、引汶济运工程、穿黄工程
古建筑	禹王庙、程公祠、仲子读书处、父子状元坊、清真寺
古碑刻	元代造埕城堰记残碑、洪顶山摩崖石刻
其他	水柜东平湖、上泉古泉群、腊山、司里山、白佛山、桂井子、戴村坝纪念馆、东平湖聚义岛、山寨、水寨
民间文学	泰山传说、宁阳县大禹治水传说
民间音乐	东平县腊山音乐、东平县硪号
传统戏曲	山东梆子、东平渔鼓
曲艺	东平端鼓腔、泰安曲艺、戏剧
杂技与体育	东平子午门
传统手工技艺	泰山泥塑、大汶口文化彩陶、各种泰山工艺品、木鱼石
民俗	泰山东岳庙会、泰山石敢当习俗、宁阳斗蟋

大运河自南向北穿过东平湖，这一河一湖，与周边的各种景观共同构成了文旅发展的优质资源，与运河文化相辅相成。东平县的文旅资源有如下特点：一是数量多，东平县境内有自然景观和人文景观共400余处；二是品质高，境内有国家级景区景点5处，省级重点文物保护单位8处，市级文物保护单位10处。其中，水资源优势最为突出，水域面积约占全县面积的1/3，生态环境良好；三是结构优，东平拥有运河文化、水浒文化、黄河文化等特色文化，还有奇山、秀峰、怪石等独特自然景观，文旅资源种类丰富；四是密度高，县内80%以上的景点都集中分布

---

① 山东省发展和改革委员会：《大运河文化带（山东段）基础研究材料》2017年10月。

在东平湖、大清河、大运河周边，相对比较集中，易于旅游线路的规划设计。①

2. 文化内涵深厚

大汶口文化是新石器时代文化，分布地区东至黄海之滨，西至鲁西平原东部，北达渤海南岸，南到江苏淮河以北地区，基本处于古籍中记载的少昊氏文化地区，为龙山文化的源头。东平湖是宋梁山泊的唯一遗存水域，常年积水面积209平方千米，蕴含着丰富的运河文化和水浒文化，目前是南水北调工程重要水柜之一；东平戴村坝是我国著名的古代水利枢纽工程，被誉为"运河之心"，是世界水利史上一颗璀璨明珠，对促进我国南北经济交流、文化融合、社会发展起到了重要作用；宁阳堽城坝是古代大运河的分水枢纽，它拦截汶水，通过洸河注入济宁接济大运河，在水利史上具有很高的学术价值；东平州城是运河畔的千年古城，存有宋代以来的众多文化遗产；宁阳禹王庙为大运河附属文物，是省级历史优秀建筑和省级文物保护单位。

二 运河文旅融合发展的现状及问题

（一）保护和开发情况

近年来，在国家和省文物局的正确指导和大力支持下，泰安市高度重视，以申遗为契机，着力做好保护工作，加强领导和宣传，完成了市级保护规划和遗产点方案的编制及实施，重点抓好遗产点本体保护及环境整治工作，受到世界遗产组织现场考察评估专家的高度肯定，大运河保护和申遗工作取得明显成效。

1. 强化政府职责，努力提升保护水平

为保护和弘扬运河文化，泰安市强化政府的保护和管理职责，调整充实市、县大运河保护工作领导小组，建立健全市、县、乡（镇）和村四级大运河保护管理机构，明确工作职责，促进大运河保护管理规范

---

① 泰安市发展和改革委员会：《泰安市大运河文化带建设规划基础研究报告》2017年10月。

化、科学化。加强对大运河及运河周边生态环境的常态化检查,以达到对运河遗址的保护,切实保障大运河世界遗产的真实性和完整性。

严格按照《世界遗产公约》、国家和省《大运河遗产保护管理办法》等规章要求,依据实际,完善《大运河遗产(泰安段)保护规划》,编制《戴村坝总体规划》,注重规划引领,充分发挥相关规划文件对大运河保护的规范与引导作用,真正将大运河保护工作纳入当地的经济和社会发展规划。进一步明确运河遗产保护基本原则,并制定运河遗产管理的相关办法与措施,使运河遗产科学保护与社会、经济协调发展,促进运河文化的保护与利用,推进社会经济的可持续发展。

2. 注重科学研究,坚持可持续利用

近年来,泰安市重点围绕"一坝一馆、一城一湖、一镇一集",做好运河的展示利用。推动与运河相关的非物质文化遗产的有效保护和合理利用,挖掘运河文化,如运河两岸敬河神、赛龙舟、踩高跷、舞狮子以及民间武术、灯会等民间风俗文化,让非遗更好地融入现代生活。东平县社会科学界联合会已成立了"京杭大运河与东平研究学会",吸收一大批热爱研究东平历史文化的专家、学者来深入挖掘运河文化。调查研究东平段"运河故道"、戴村坝、元代堽城坝等重要文物遗存,并对其文化价值进行评估,深挖它们的历史内涵和文化底蕴,并通过召开专家恳谈会等形式,不断对遗产利用开发进行指导。按照《山东大运河历史文化长廊建设规划》,必须遵守严格保护、合理开发、持续发展、永续利用的原则,正确处理运河遗产的"活化"问题,重视保护运河遗产本身具有的价值,在不破坏的基础上,再策划旅游活动。结合东平"水浒文化"元素,在规划旅游项目、策划演出节目时,加入水浒元素,打造特色文化旅游品牌,促进泰安旅游业发展,成为传播和弘扬运河文化、中华优秀传统文化的有力工具。采取多种形式加强宣传工作,充分发挥媒介传播功能,在新闻媒体上进行广泛宣传,开设京杭大运河专题栏目,在《泰安日报》等报刊刊登有关运河的文章,宣传报道运河现存遗产情况、申遗工作情况以及运河岸边风土人情、传说故事等。并通过召开专题座谈会、讲座、组织中小学学生参观等形式,提升民众的保护意识，使遗产地公众、有关政府部门和机构等利益相关者，理解、认同大运河遗产的价值，支持大运河保护工作，形成人人保护运河遗产的良好社会环境。

3. 文化产业快速发展，文化旅游影响力日益扩大

近年来，泰安大运河文化遗产内涵不断展现。东平县拥有丰富的自然文化资源，凭借丰富资源设计、开通了特色环湖交通，架构了"双线串珠"的发展框架。东平县还开展了几个投资过 10 亿元的文化旅游项目，以期吸引各地游客，前来体验泰安运河文化。目前，东平县正积极打造水浒文化产业园、运河文化产业园、白佛山文化产业园三大产业园区，其中，水浒文化产业园入选"国家文化产业示范基地"，成为中国百强文化产业园区。宁阳县新建了复圣公园、文庙历史文化街等文化旅游项目，修复了琵琶湖风景度假区、颜回家庙及颜林、禹王庙、开元寺、蟋蟀古都等文化项目，形成了以儒家文化、田园风光、乡村民俗为代表的文化旅游项目。①

4. 生态环境保护取得积极进展

近年来，泰安运河生态环境保护亦取得了显著成绩。南水北调沿线等生态环境整治力度不断加大，河长制全面推行，大运河沿线河湖水环境保护不断加强，水环境、水生态、水资源等一批生态保护工程加快实施，大运河岸线资源逐步得到有序利用。截至 2018 年 8 月，东平县已对汇河、东金线河、湖东排水河、湖区排水干沟等 4 条河道进行了治理，治理河段长 58.875 千米。"十三五"期间，东平县又将 2 条流域面积 200 平方千米至 3000 平方千米河流列入治理项目，规划治理河段总长 13.72 千米。水利部门全面落实河长制，并全面部署并完成了河湖排查任务，至 2017 年 12 月 14 日，东平县 443 项河湖违法事项全部清除，恢复了正常河道管理保护秩序，实现河畅、水清、岸绿、景美。2017 年，戴村坝入选山东省首家也是唯一一家国家水情教育基地。②

---

① 泰安市发展和改革委员会：《泰安市大运河文化带建设规划基础研究报告》2017 年 10 月。
② 泰安市发展和改革委员会：《泰安市大运河文化带建设规划基础研究报告》2017 年 10 月。

（二）存在的问题和不足

1. 开发利用程度不够

泰安文物古迹众多，旅游资源丰富，尤其是对泰山文化的挖掘更是取得了显著成绩。与泰山文化形成鲜明对比，泰安市长期以来对运河文化缺乏足够的重视，对大运河文化遗产的内涵挖掘、研究、展示不够，传承利用力度不足，与儒家文化、泰山文化等联动发展水平有待进一步提高。① 由于缺乏重视，再加上资金投入不足，导致文化遗产保护任务较重。现有的文化旅游产品较为单一，附加值低，文旅产品的层次有待提高。②

2. 旅游管理机制不健全

要想合理开发与保护运河文化遗产，需要文物、交通、旅游等多个政府部门的配合工作。由于缺少统一规划和引领，致使泰安段运河多头管理现象依然存在，统筹协调能力有待加强。与沿运各地市缺乏深入、有效的合作，缺少特色鲜明的文化旅游品牌，运河品牌的规模集聚和整体推介力度明显不足。相比济宁、聊城、枣庄等地市，泰安运河文化的开发和利用相对滞后，文化与旅游融合深度不够，文化引领转型发展的动力亟待增强。

3. 旅游配套设施不完善

目前大部分景点配套服务设施不完善，无法有效对接游客在医疗、咨询等方面的需求，景区及附近缺少大型的停车场，出现了停车难、停车慢的问题，影响了游客的出行效率。各景区周边的酒店、餐馆数量有限，游客在游玩之后的就餐和住宿成为一大问题。缺少大型的购物中心和娱乐中心，或分布较为偏僻，难以激发游客的消费潜力。③

---

① 邢向前、张荣欣：《大运河泰安段遗产保护及文化带建设思考》，《看历史》2022年第1期。

② 赵红、赵鲁：《关于文化旅游产业发展问题的思考——以山东省东平县为例》，《环球市场信息导报》2014年第35期。

③ 赵红、赵鲁：《关于文化旅游产业发展问题的思考——以山东省东平县为例》，《环球市场信息导报》2014年第35期。

三 文旅融合发展的路径与策略

（一）注重策划宣传，拓展产业市场

一是继续推行景区优惠政策，并通过举办形式多样的展演活动吸引更多外地游客；二是充分利用各类赛事、节会活动的契机，加强与旅行社的合作，做好旅游推介会等工作；三是结合传统媒体和新媒体的优势，运用大数据技术作为有力支撑，制定详细的策划方案并有序开展宣传推广活动；四是开发设计更优质的旅游宣传品，如纪录片、专题片和一些具有纪念意义的明信片等，有效展示泰安段运河的独特文化与自然风光。[①]

（二）进一步完善体制机制，激发文旅产业发展活力

一是加快运营体制改革，优化文化和旅游融合发展的体制机制，出台相关政策支持新业态、新模式的发展；二是加强各部门之间的协作和政策衔接，避免各自为政、重复建设等现象的出现，共同推进各项措施落实到位；三是规范文旅产业市场秩序，释放市场主体活力，支持文化旅游企业的发展，解决中小型文旅企业融资难、发展后劲不足等问题，鼓励其加大产品研发力度，增强自主创新能力。[②]

（三）突出地域特色，打造特色旅游品牌

沿运地区人文自然遗产的开发利用要体现"地方特色"，需要沿运各乡镇首先对自己区域内的景观开发进行专家研讨，明确定位，发挥强项，突出特色，在"特色"的主导下进行景点、景区的保护与利用。按照精致化、特色化、品牌化的要求，突出运河"慢节奏"、休闲性、体验性旅游品质，全力打造十大文化旅游目的地品牌之一的"鲁风运河"品牌，同时结合"水浒故里""平安泰山"两大品牌丰富运河文化旅游的内涵。依托大汶河遗址、戴村坝景区，结合汇河景观带、龙珠岛、清

[①] 赵红、赵鲁：《关于文化旅游产业发展问题的思考——以山东省东平县为例》，《环球市场信息导报》2014年第35期。

[②] 赵红、赵鲁：《关于文化旅游产业发展问题的思考——以山东省东平县为例》，《环球市场信息导报》2014年第35期。

月湖公园、大清河旅游码头等景点形成运河之心旅游品牌；整合东平古州城文化资源融入大运河线型旅游遗产廊道，培育"运河人家"旅游品牌；依托安山古镇漕运码头、渔家风情旅游资源，打造安山运河小镇品牌；依托运河沿岸古镇古村美食文化资源，打造舌尖上的运河品牌；基于禹王庙、塽城坝遗址，形成以汶水文化为主题，展示禹王治水、人类起源等滨水文化品牌。

（四）促进产业融合，完善基础设施

京杭大运河为沿线的市镇带来和留下了丰富的物质文化遗产和非物质文化遗产，但目前许多沿运城市对这些文化资源的开发利用并不充分。泰安市应充分发挥自己的地理优势和文化资源优势，实施文旅融合发展战略，将文化旅游项目与其他产业项目深度融合，增强文化资源的利用，提升旅游项目的质量，升级旅游服务的品质，促进旅游发展质量和效益双提升。充分利用东平段运河一河一湖的优势，加快沿线景点的开发，拓展大运河文化空间，在绿色发展上做文章。[①]

要强化泰安沿运区县的旅游基础设施建设，科学规划住宿、购物、娱乐场地分布，满足游客在旅游过程中的多种需求。优化旅游交通体系，尽快实施大运河两岸陆路交通的贯通工程，提高通往运河沿线旅游景区和乡村旅游区的道路标准，提升大运河泰安段全线的交通通达性，为各地游客前来泰安自助旅游创造良好条件。规划疏浚旅游航道，逐步形成水陆连接、南北贯通的运河旅游通道。完善配套旅游基础设施，发展立体、生态旅游停车场，在运河沿线景区全部设立游客服务中心。启动智慧旅游工程建设，推动涉旅数据信息共享，建成一站式旅游大数据平台。

（五）借鉴先进经验，加强与沿运城市的合作

目前，杭州、扬州、枣庄、济宁等沿运城市都已开发、打造出各具特色的运河旅游品牌，带动当地旅游业的发展。虽然大运河北段已不具

[①] 孟建成：《关于东平运河文化领域新旧动能转换的若干建议》，《人文天下》2018年第13期。

备航运能力，但运河沿线的城市也要充分把握这种契机，活化利用运河文化遗产，打造以运河文化为主要元素的文旅项目。在发展本土文旅品牌时，加强与周边城市以及大运河山东段沿运地市的合作沟通，强化在资源、数据、客源等方面的共享，互推旅游线路，同时，坚持差异化发展，突出泰安段运河的特色，不断提高运河文化的知名度和美誉度，彰显独特的泰安文化魅力。①

（六）注重引进培养，为文旅融合发展提供人才支撑

首先要完善人才服务体系，加大人才引进力度，培育和引进高层次人才，塑造领军人物并发挥其示范作用，打造文化旅游智库；其次要重视民间艺术人才的作用，不要让非遗文化，尤其是一些传统手工技艺失传，积极培养非遗传承人；再者从基层文旅等相关部门中选拔人才去锻炼实践，并依托各级各类高校选拔符合条件的高校毕业生，吸引更多青年人参与到文化旅游业的发展当中；最后要加强旅游工作者服务水平和业务技能培训，全面提高文化和旅游人才队伍素质。②

大运河泰安段历史悠久，文化遗产资源丰富，在整个京杭大运河中地位极为重要。2014年6月，中国大运河成功申遗，这既给泰安运河文化遗产的保护、传承和利用带来了重要机遇，也带来了一些新的困难和挑战。我们要以大运河成功申遗为契机，在摸清沿运地区各类珍贵文化资源家底的基础上，研究泰安大运河文化在新时期的创新发展方向，传承大运河文化中的优秀基因，凝练体现社会主义先进文化的元素，推动大运河文化创造性转化和创新性发展，探索其与儒家文化、龙山文化、泰山文化、水浒文化等融合发展的新模式，努力将泰安段运河打造为展示运河文化的文旅融合发展示范区。

---

① 孟建成：《关于东平运河文化领域新旧动能转换的若干建议》，《人文天下》2018年第13期。

② 赵红、赵鲁：《关于文化旅游产业发展问题的思考——以山东省东平县为例》，《环球市场信息导报》2014年第35期。

第四节 济宁运河文旅融合发展的路径与策略

大运河成功申遗后，山东省济宁市已经拥有了包括"三孔"在内的两处世界文化遗产。这为济宁发展旅游产业提供了更优质的资源和更广阔的平台，也提高了济宁运河文化旅游的知名度和影响力。济宁市应利用好这个重要契机，深度挖掘运河文化的精神内涵和时代价值，有序开展大运河文化带旅游带建设，打造特色文旅品牌，讲好讲活"运河之都"的历史和当代故事。本节在梳理济宁运河文化资源概况和现状的同时，探讨其运河文旅融合发展的对策和措施。

一 济宁运河文化旅游资源概况

（一）济宁段运河历史沿革

京杭运河纵贯济宁全境，流经济宁7个区县，全长约230千米。京杭运河济宁段在元朝至元十九年（1282）开凿，到至元三十年（1293），济州河、会通河与通惠河相接，京杭大运河才真正实现了南北全线通航。大运河全线贯通，缩短了漕粮运输的航程，南方漕粮开始经济宁向元大都转运。明清时期，由于济宁在南北交通中的重要性，得到统治者的高度重视，在维护运河畅通方面做了大量工作，还在这里设置了河道总督衙门。

运河的繁荣、漕运的发达促进了济宁的文化交流和经济发展，城市实现了转型发展，运河文化也因此形成并不断传承和发展。晚清时期，大运河道淤积严重，不能再顺利通航，漕运日渐衰落，济宁的城市发展受到严重影响，城市繁华不再。

中华人民共和国成立后，济宁市政府高度重视对运河的保护、开发和利用，经过大规模治理，济宁运河已初步成为一条具有防洪、灌溉、输水、航运和旅游观光等多种功能的新型河道。济宁市也围绕大运河积极开展文旅工作，凸显地域文化特色，打造运河文化品牌。

（二）济宁运河文化的特点

1. 济宁在运河城市中具有重要地位

元朝定都大都（今北京）后，基于漕运的迫切需要，对京杭运河展开了大规模的开凿、维护与治理。在这一背景下，相继在济宁境内开凿了济州河和会通河，后来二河统称为"会通河"。元代京杭运河的改道，使南北通航更为便捷，济州、会通二河的开通也标志着京杭运河南北贯通，由此可见，济宁在京杭大运河沿线城市中具有重要地位，因此被誉为"运河之都"。

2. 运河济宁段在大运河中占据重要位置

济宁段运河在大运河全线中的地理位置非常重要，是漕运的关键节点，属"水陆交汇，南北冲要之区"。因此，历代王朝都十分重视济宁的作用，在这里设置最高管理机构，对运河全线进行整治和督理。清代康熙、乾隆帝南巡时也曾多次途经并停驻在此。著名的南旺分水枢纽工程也建在济宁境内，是大运河上的关键工程，体现了我国古代水利建设的最高水平和杰出成就。南旺分水枢纽的建成，保障了京杭大运河近500年畅通无阻，成为世界航运史上的奇迹。

3. 运河济宁段的历史文化遗存非常丰富

济宁段运河仅留存至今的各类古建筑和桥梁、闸坝等水工设施就有84处，其中国家级文物3处，省级文物4处，市级文物7处。山东省在申遗时包括的8段运河15处遗产点，总长186千米，其中位于济宁境内的申遗点就达11处，主要包括南旺分水枢纽工程（十里闸、邢通斗门遗址、徐建口斗门遗址、运河砖砌河堤、柳林闸、寺前铺闸、南旺分水龙王庙遗址）、会通河南旺枢纽段、会通河利建闸、会通河微山段（微山南阳镇—利建闸河段）、小汶河，是大运河当时整体申遗最有力的支撑点段之一。历史的四大运河古镇，济宁就有南阳、夏镇两个。这些历史文化遗存散布在大运河济宁段运河两岸，对研究运河文化、水利工程建设等有着非常重要的意义，许多关于治河的方法直到今天还在沿用。①

表9-3　　　　　　　　大运河济宁段主要遗存一览表②

遗产性质	遗产类型	数量	遗产名称
物质文化遗产	河道（15处）	运河河道8条	会通河、南阳新河、洳河、泗黄运河、梁济运河、湖西运道、湖中运道、越河
		人工引河7条	小汶河、府河、洸河、泗河、白马河、薛河、漷河
	水源（3处）	水柜1处	南四湖
		泉2处	洗笔泉遗址、泉林
	水利工程设施（5处）	闸2个、坝1个、堤防2处	徐建口斗门遗址、邢通斗门遗址、金口坝、北五湖湖堤、运河砖砌河堤
	航运工程设施19处	14处船闸14处、桥梁5处	通济闸、天井闸遗址、靳口闸遗址、袁口闸遗址、寺前铺闸、十里闸、柳林闸、利建闸遗址、南阳闸遗址、师庄闸遗址、通惠闸遗址、枣林闸、仲浅闸、韩庄枢纽、会通桥、漕井桥、太和桥、大石桥、夏桥
	运河城镇2处	古城、古镇各1处	济宁古城与南阳镇
	古建筑14处	坛庙祠堂7处、亭台楼阁1处、宅第民居6处	东大寺、桃行东寺、太白楼、崇觉寺、南旺分水龙王庙、仲子庙、品公堂春秋阁、皇宫所、康熙御宴房、皇帝下榻处、堂房、清代钱庄、娘娘庙、清真寺
	石刻	碑刻4块	大元新开会通河记碑、开河闸碑、清雍正疏浚济州河碑、乾隆御碑
非物质文化遗产	民间文学	5项	康熙南巡过济宁、金口坝下聚金石、鲁班传说、夏镇八景的故事、微山湖歌谣
	传统戏曲	2项	山东梆子、枣梆

---

①　陈晓霞:《新时代传统文化创新性发展研究》，中国国际广播出版社2018年版，第206页。
②　山东省发展和改革委员会:《大运河文化带（山东段）基础研究材料》2017年10月。

第九章　山东沿运五地市文旅融合发展研究

续表

遗产性质	遗产类型	数量	遗产名称
非物质文化遗产	曲艺歌舞	7项	湖上端鼓腔、鲁西南吹鼓乐（嘉祥唢呐、微山唢呐）、济宁八角鼓、渔鼓、落子、打排斧、拉粮船
	相关民俗	8项	南阳夜市、长沟大集、渔民敬大王、湖上婚礼、玉堂酿造技艺、微山湖渔具、微山湖漂汤鱼丸、漕河斗蟋蟀
	传统工艺	2项	嘉祥鲁锦、渔家虎饰
	传统美术	3项	嘉祥石刻、嘉祥彩印花布、木版年画

（三）济宁运河文化遗产的旅游价值

济宁运河文化遗产数量众多，种类丰富。这些遗产是城市变迁和社会发展的见证，承载着珍贵的历史记忆，具有深厚的精神内涵和显著的时代价值，同时为发展旅游业提供了良好的条件。

1. 观赏游憩价值

济宁运河沿岸有很多绝美的景观，有名的当数"任城八景"，观赏游憩价值高。济宁市政府应加强组织领导，统筹规划运河文化旅游带的建设，实施运河文化保护传承工程，探索特色文旅项目，打造一批特色文旅聚集区，同时注重生态环境的改善，提高可观赏性和游览价值。[①]

2. 文化艺术价值

运河的繁荣促进了济宁的文化交流与融合，吸收了南北文化的特质，对济宁的城市发展、当地民众的日常社会生活都带来了深刻影响，随之也留下了种类多样的物质文化遗产和非物质文化遗产，保留着浓厚的地域文化特色，如东大寺、声远楼等古建筑，还有八角鼓等传统民间艺术，蕴含着中华优秀传统文化价值，更容易引发

---

① 吕明笛、姜春宇、李雪婷、杨明慧：《京杭运河济宁段历史文化遗产的旅游开发策略探讨》，《全国流通经济》2019年第18期。

情感上的共鸣。[1]

3. 科学教育价值

京杭大运河是一项巨大的工程，凝结了先人的智慧，积淀了丰富的文化财富，在挖掘和修建过程中虽然存在诸多难题，但是终有应对之策，其水利工程巧妙性和科学性值得深入研究。明清两代，在运河济宁段修建闸坝、南旺分水枢纽、"水柜"等工程，还在鲁中、鲁南等地区挖泉水300多眼，因势利导，补充运河水源，从根本上克服了南旺水脊地势高、水源不足的难题，确保了运河常年畅通无阻，体现了古人卓越的水利工程建设能力。[2]

二 运河文旅融合发展现状

（一）保护和开发情况

济宁市委、市政府确立"孔孟之乡，运河之都，文化济宁"城市形象品牌，城市发展定位以及新的行政区划调整，为运河文化旅游发展提供了更为广阔的发展空间。

1. 突出规划引领，加大资金投入

市政府注重编制和完善运河旅游各项旅游专项规划，以运河旅游规划为重点，陆续编制了《济宁市环城游憩带旅游总体规划》《济宁城区文化旅游规划》《微山岛旅游区开发与建设规划》《南阳古镇保护与旅游发展规划》等，为全市旅游业发展明确了方向、奠定了基础。加大资金投入，实施了古运河城区段综合改造工程，改造沿河堤岸；建设了运河广场秀水城、运河城、休闲港等滨河商业购物场所；对古运河上原有桥梁、古运河灯光工程进行了整体规划，设计能够表现济宁运河文化、历史故事、民风民俗等特色文化的雕塑；升级改造了人民公园、百花公园和儿童乐园、太白湖省级旅游度假区；建设南郊动植物园和杨桥三角

---

[1] 吕明笛、姜春宇、李雪婷、杨明慧：《京杭运河济宁段历史文化遗产的旅游开发策略探讨》，《全国流通经济》2019年第18期。

[2] 吕明笛、姜春宇、李雪婷、杨明慧：《京杭运河济宁段历史文化遗产的旅游开发策略探讨》，《全国流通经济》2019年第18期。

第九章　山东沿运五地市文旅融合发展研究

绿地公园，实现微山岛景区与微山湖国家湿地公园"一票通"，南阳古镇景区封闭运营；相继开展了考古遗址公园建设、运河考古发掘、文物本体保护展示和南旺枢纽博物馆建设。

2. 注重景观建设，彰显运河特色

大运河济宁段是一条内涵丰富的文化旅游遗产廊道，沿线具有众多的文化古镇、文化遗存及文化民俗等丰富资源。其中湖上大运河最具特点，它与微山湖融为一体，多年来一直承担着重要的航运任务，千吨级的运输船队，在湖上大运河上形成独特的景观。现在已经建成运营的微山湖旅游区、太白湖景区既是国家4A级旅游景区，又是省级旅游度假区。运河之都旅游区的南池景区是国家4A级旅游景区，东大寺景区、太白楼景区、博物馆、崇觉寺，以及南旺水利工程旅游区都是国家3A级旅游景区。[1]

3. 丰富产业要素，拉长产业链条

依托大运河、微山湖等线性资源，在济宁打造特色旅游项目和推出精品旅游线路。京杭大运河（济宁段）水上一日游起点为济宁市南二环特大桥码头（金财旅游码头），终点为微山县南阳古镇。这条旅游线路以亲水游为主，线路往返70多千米，游客乘坐快艇游览，沿途设置8个旅游站点，其中包括神秘的运河海事局、安逸的运河人家、朝气蓬勃的水上小学、南阳湖荷花湿地、幽静美丽的南阳古镇等景点项目。这些站点的设置充分利用了大运河上的自然景观，让广大游客从不同角度感受运河风情和渔家生活。微山县（运河古镇夏镇）至微山岛、微山湖湿地至微山岛也开通了旅游航线。依托渔村文化、渔家民俗推出了体验渔家风情和民俗文化等活动，游客可沉浸式体验当地的生产生活方式，形成了运河人家、湖上人家、岛上人家游等旅游品牌。如南阳岛及附近水域建设了一些特色文化景观，南阳作为运河古镇已经初具规模。在旅游购物方面，设计推出了玉堂酱菜、麦秸画、芦苇画、荷叶茶、微山湖杂

---

[1] 陈晓霞：《新时代传统文化创新性发展研究》，中国国际广播出版社2018年版，第207页。

粮、渔民布艺等数十种旅游纪念品。依托运河文化，策划推出了大型原创民俗风情剧《我家就在岸上住》。

4. 加大营销力度，扩大品牌影响

近年来，济宁集中打造了习儒拜圣、红色文化、湿地科普、运河探访、民俗文化工艺体验等运河旅游特色研学旅行品牌。市县两级政府持续推进国家5A级旅游景区的建设工作，提高旅游环境的质量。在中央电视台、中国旅游报等国家级新闻媒体、济宁旅游政务网、旅游资讯网等旅游网站以及济宁旅游官方微信、微博平台，对运河旅游进行专题报道。相继开展了"行摄微山湖"摄影比赛、微山湖放鱼节、首届国际微子文化节、第二届大学生旅游节、荷花节、环微山岛职工健康骑行活动、太白湖放鱼节、环湖自行车赛、摄影展、音乐节、全国公开水域游泳比赛、环湖健步走、捕鱼节、海狮表演、鸬鹚捕鱼表演、环湖马拉松赛、科普旅游等互动性节庆活动。这些活动的开展，有效提升了济宁运河文化品牌的知名度影响力。

（二）存在的问题和不足

济宁运河文化旅游开发虽然取得了一定成绩，但也存在一些亟待解决的问题，主要体现在以下几个方面：

1. 城区缺乏龙头景区

济宁运河主题景区的发育程度还比较低，缺少有规模、有知名度的大型景区和特色产品，品牌形象亟待提升，旅游市场亟待拓展。旅游目的地建设水平还有待提高，产品辐射带动力还比较弱，区域旅游产业要素综合发育不良，综合性的文化品牌目的地建设仍然是任重而道远。

2. 旅游产品层次较低

旅游开发程度较低，围绕运河开展的旅游活动还比较少。餐饮、住宿、娱乐等要素供给基本处于自发状态，解说系统和配套服务都不完善。呈现出"看得多、参与少，白天多、晚上少，陆上多、水上少，展示多、表演少，单体多、综合少"的"五多五少"产品结构特征产品层次和水平有待提升。

第九章 山东沿运五地市文旅融合发展研究

3. 旅游业态模式单一

济宁运河文化旅游主要以观光游览为主,缺乏对旅游要素的全面整合,综合收益不高。在时间安排上尚未突破"一日游"的模式,在产业链条上缺乏要素之间的相互串联,直接导致各地运河文化热而运河经济冷、学术界研究热而企业投资冷的状况。

4. 产品体系不够完善

在产品层次上绝大部分是以观光产品为主,缺乏运河文化深度体验、运河文化系统休闲、运河游憩度假型的产品。现有的产品开发多以古镇、古城为主,历史时期文化资源的观光占有较大份额,而具有时尚元素和互动功能的新兴旅游产品相对缺乏,文化体验产品尚且不足,各种类型的产品体系尚不完善。

5. 市场拓展创新不足

与高端休闲游憩市场对接不够,特别是"商养学闲情奇"等新的要素产品开发亟待强化。从产品档次上看,还多是消费水平偏低的类型;从配套上来看,缺乏具有运河特色的住宿、餐饮和购物设施,无法延长游客的逗留时间,增加其餐饮、住宿、游乐和购物等方面的消费;从产业发展来看,与相关产业的关联性较差,对当地旅游发展的促进作用还有待增强。

三 文旅融合发展的对策与建议

济宁段运河留下了丰富的文化遗产,为济宁发展旅游业打下了良好的基础。济宁市政府对当地优势资源的开发给予高度重视,在运河文化研究阐释等方面做了大量工作,努力擦亮"运河之都"的名片。但相较杭州、扬州等运河旅游先进城市,济宁运河文化旅游在融合力度和发展水平上还有较大差距和不足。针对济宁运河文化遗产保护与开发现状,在推动运河文旅深度融合发展方面,我们可以采取以下措施:

(一)更新观念,实现遗产保护与旅游开发双赢

运河文化遗产保护与旅游开发之间本身是不冲突的,只注重保护或只注重开发都不利于长远发展,一方面要进行合理建设,另一方面要保护好文化遗产，坚决避免破坏性开发。在对济宁运河文化遗产进行旅游资源开发时，要始终坚持保护优先、以人为本的原则，处理好保护与利用的关系，真正为文化遗产筑牢"防护墙"，并充分发挥现代科技手段的作用，有序推进文化遗产资源的活化利用。

（二）区域联动开发，构建旅游新格局

以现有运河航道为载体形成运河旅游廊道，依托济宁运河之都、南旺运河之脊形成两大核心，梁山、太白湖、夏镇（微山）构成三大节点，构建点轴式完整的空间系统，形成以运河为轴、城市为点、运河廊道为框架的运河文化遗产旅游格局，以水为脉，以运为魂，以城市为载体，以船舶为载具，以民俗为窗口，以参与为目的，以体验为形式，开发可观、可游、可参与、可体验、可休闲的复合型运河文化旅游产品。把运河文化开放性、融合性、系统性的理念与内涵融入旅游开发的过程中，将古代运河文化遗产的开发与现代旅游产业的经营有机地结合起来，以今融古、推陈出新，挖掘运河文化中最为当代人所欢迎的自然和人文生态内涵，打造特色品牌，形成与众不同的旅游形象。[①]

（三）加强交流合作，促进产业融合发展

京杭大运河贯通南北，流经多个城市，空间跨度很大。济宁应加强与大运河山东段内运河城市的交流合作，加强资源共享，构建互通互惠的协同发展模式，合力打造"儒风运河"品牌。除此之外，济宁也是儒家文化的重要发源地，要找到两种文化的契合点，拓展文化传承的载体和场景，在延续历史文脉中实现文化和旅游的深度融合。要面向国际国内两个市场，以运河遗产参观、运河文化体验、运河城镇街区休闲、运河科技益智、运河风情度假为主体功能，向东融合省会城市经济圈，向西对接中原经济区，向北融合京津冀一体化，向南对接长江中游城市群，联袂安然泰山，联动圣城曲阜，合力打造山东西部经济隆起带文化旅游核心品牌和国际知名的世界文化遗产旅游精品段。

[①] 陈晓霞：《新时代传统文化创新性发展研究》，中国国际广播出版社2018年版，第209页。

第九章　山东沿运五地市文旅融合发展研究

（四）丰富运河旅游产品体系，打造产业要素系统

突出运河文化特色，将运河文化融合进六大旅游要素的开发项目中，把游在运河中、住在船屋里、行在风景中、吃遍大运河、玩转南北中、买尽天下物作为运河文化旅游的开发理念。一是打造儒风运河系列品牌，如"运河人家""运河菜馆""运河绿道""运河驿站""运河记忆""运河情怀"等。二是以"运河人家"为品牌，打造运河文化主题文化酒店，提升旅游接待能力和服务水平；以"运河菜馆"为品牌，打造"运河文化"主题餐馆，培育运河餐饮品牌。三是以"运河遗产小道"为品牌，打造济宁"运河文化"水陆交通服务系统。四是以"运河驿站"为品牌，完善济宁"运河文化"自驾车服务体系。五是以"运河记忆"为品牌打造济宁"运河文化"购物系列。六是以"运河情怀"为品牌，打造儒风运河旅游演艺产品。打造一系列以运河文化为主题的演绎活动，创作一系列吸引游客的演绎活动，丰富运河夜间游产品体系，吸引游客的参与。①

（五）融合文创，助推运河特色旅游购物

对运河文化遗产的传承利用不能只停留在浅层次上，还要在现代社会创新发展，在创意设计上多下功夫，提高旅游产品的核心吸引力。如开发融入济宁运河元素的风物特产和传统手工艺品，还可以设计生产文创产品，如崇觉寺铁塔、会通桥、天井闸遗址、太白楼的建筑微缩模型，或是微山麻鸭、四鼻孔鲤鱼、徽子、竹编、柘沟土陶等济宁特色明显的小饰品、小摆件。这既是一种旅游纪念，也有助于延伸旅游消费产业链。②

济宁因运河而生，因运河而兴，运河文化是济宁市的城市灵魂。"十四五"期间，济宁市提出"孔孟之乡·运河之都·文化济宁"的城市旅游名片，确定了打造"世界文化旅游名城"的总体目标，为济宁市文化旅游发展开启了新篇章。济宁运河文旅融合应当首先凝练济宁运河

---

① 陈晓霞：《新时代传统文化创新性发展研究》，中国国际广播出版社2018年版，第211页。

② 吕明笛、姜春宇、李雪婷、杨明慧：《京杭运河济宁段历史文化遗产的旅游开发策略探讨》，《全国流通经济》2019年第18期。

文化的思想内涵、人文精神和文化特质，在充分挖掘文化内涵的基础上，实现文化与旅游的融合、资源和载体的统一、内容与形式的趋同、精神与体验的结合。① 针对不同类型消费者，设计多元化的文化旅游产品，同时在全域旅游、市场环境、相关保障层面狠下功夫，丰富运河旅游产品体系，构建"城湖河一体"的旅游新格局，推动济宁运河文化旅游实现高质量发展。

第五节 枣庄运河文旅融合发展的路径与策略

枣庄段大运河位于京杭大运河的中间部位，是齐鲁大运河文化高地和淮扬大运河文化高地的接合部，也是"鲁风运河"的龙头，起着引领山东、联动全国的作用。② 本节在梳理枣庄运河文化资源概况和现状的同时，探讨其运河文旅融合发展的对策和措施。

一 枣庄运河文化旅游资源概况

（一）枣庄段运河的历史沿革

明迁都北京后，为确保漕粮北运，明政府尤其关注京杭大运河的通航问题。当时，黄河多冲击济宁、泗水、沛县以北的运道，造成运河严重的淤塞，阻碍漕粮北运。要想解决这一问题，最好的办法就是在枣庄境内挖凿一条新的运道。周之龙曾对开泇河避黄患进行过详细论述："窃尝度之，胪为三策，有全弃黄河而创为新漕者，上也，浚泇河是也。"泇河发源鲁南山区，下注沂水，至邳州入黄河，全长130多千米，可避开邳州以上150余千米的黄河运道，且比黄河近约35千米。③

---

① 陈文天、徐洁：《济宁市文化旅游高质量发展的思路与对策》，《济宁学院学报》2022年第5期。
② 李纲、吴元芳：《基于主题定位的大运河国家文化公园发展策略探究——以枣庄市为例》，《枣庄学院学报》2023年第4期。
③ 崔新明：《枣庄段运河的发展变迁及其历史定位》，《枣庄学院学报》2008年第3期。

第九章 山东沿运五地市文旅融合发展研究

明万历年间,黄河在汶上县附近决口,奔腾的黄河水顺着运河河道灌入徐州,冲毁大堤。万历二十一年(1593),总河尚书舒应龙在微山湖东岸韩庄向东开渠22.5千米,计划将微山湖的湖水与泇河接通,可以排泄过量的河水,但是河道宽度不足,无法实现通航。万历三十一年(1603),黄河在曹县、沛县等地再次决口,"灌昭阳湖,入夏镇,横冲运道",从夏镇到徐州的运道都遭到冲击,无法再通航。总河李化龙认为要继续"泇河"工程,于次年"上开李家港,凿都水石,下开直河口,挑田家庄"。至万历三十三年(1605)泇运河开凿完成,还在这段河道上修建了8座闸坝和湖口节制闸,用来控制河道内水量,使船只能够顺利通行。泇运河完工后,漕粮运输便改行泇运河,有效避开徐州段黄河之险。①

清朝建立以后,继续使用明代时凿挖的运道,并重视对运河的疏浚,在枣庄段运河的治理上投入了大量的人力、物力和财力。清康熙、乾隆年间,多次治理枣庄段运河,增建六里石闸。咸丰五年(1855)黄河在铜瓦厢决口,冲击运河航道,夺大清河入海,运道被迫中断,水路运输只能在黄河南北分段进行。鸦片战争后,清政府逐步撤销了枣庄段运河上的管理人员,枣庄段运河停运。② 民国时期,政府内部矛盾重重,无心关注运河交通,枣庄段运河因缺水断航。另外,运道淤塞不通,运河泄洪能力下降,河堤时常溃决,枣庄段运河逐渐成为灾患频发的"人间害河"。1938年,日军侵占台儿庄,给台儿庄带来了巨大的灾难和损失,民间水运难以维持。直至1948年,枣庄段运河除在汛期可行船外,其他时间航运均中断。③

20世纪50年代到21世纪初,政府对泇运河进行了几次大规模的治理。其中1958—1962年为第一阶段,拓宽峄城大沙河,全线复堤,开挖韩庄闸上下4千米,建成17孔韩庄节制闸。1963—1965年为第二阶段,建立变电所两座、电力排灌站11处、涵洞21座。1968年,国家投资

---

① 崔新明:《枣庄段运河的发展变迁及其历史定位》,《枣庄学院学报》2008年第3期。
② 崔新明:《枣庄段运河的发展变迁及其历史定位》,《枣庄学院学报》2008年第3期。
③ 崔新明:《枣庄段运河的发展变迁及其历史定位》,《枣庄学院学报》2008年第3期。

900万元,建设刘庄闸与台儿庄闸,五级通航标准,通航100吨级驳船,恢复了台儿庄段与济宁的航运,沟通了鲁苏浙沪皖水路运输。1972—2000年为第三阶段,1988年7月24日,台儿庄下游15千米处发生重大沉船事故,95条船沉没。国家决定投资6000余万元,建造台儿庄二级船闸,挖河槽、固河堤、建大桥,实现了台儿庄船闸和万年闸及节制闸的自动化管理,工程于1995年竣工,年通过能力达2100万吨。1996年起,国家又投资1.9亿元兴建万年闸枢纽工程,包括公路桥、节制闸、船闸等配套工程;与台儿庄枢纽相比,设计更加科学合理。1999年竣工后,京杭运河山东段实现了全线贯通,千吨级的驳船可以直达扬州。①

(二) 枣庄运河文化资源的构成

明万历年间泇河开通以后,枣庄逐渐成为明清运河沿岸的漕运重镇。由于漕运所带来的物流、人流、商品流在枣庄的聚集,不仅刺激了本土商业、手工业、服务业的发展,同时也促进了南北政治、经济、文化的交流与融合,使枣庄运河文化呈现出兼容并蓄、融会贯通、丰富多彩的特色。② 枣庄运河为城市发展提供了丰厚的滋养,孕育了多种文化形态。除运河文化外,还有古城文化、红色文化等,铁道游击队、台儿庄大战的故事代代相传,这里也是工业文明的重要发源地。③

枣庄市大运河有关的旅游资源可分为6个主类、9个亚类和12个基本类型,共有旅游资源单体21个,其中自然旅游资源单体数量为9个,人文旅游资源单体数量为12个。截至2020年12月,枣庄市共拥有世界文化遗产1处,国家4A级及以上旅游景区13家,全国重点文物保护单位11处,国家级非物质文化遗产保护项目2项。其中,中河台儿庄段于2014年6月入选《世界文化遗产名录》。④

---

① 程志:《枣庄运河的开凿与变迁》,《枣庄学院学报》2019年第4期。
② 郑民德:《明清枣庄运河文化与区域社会变迁》,《青岛大学师范学院学报》2012年第1期。
③ 董嫱嫱:《关于规划建设枣庄运河文化带的思考》,《枣庄学院学报》2020年第4期。
④ 赵罗娜:《大运河国家文化公园枣庄段旅游产品开发研究》,《枣庄学院学报》2021年第6期。

（三）枣庄运河文化的特点

一是历史底蕴丰厚。我国南方的吴越文化、江淮文化和北方的燕赵文化、中原文化在此碰撞，山东的儒家文化、齐鲁文化基因得到传承和发扬，枣庄本土的墨子文化、鲁班文化、奚仲文化、工业文化、红色文化亦深植于运河水脉。

二是现有遗存完整。枣庄运河区域有北辛遗址、薛国故城城址、前掌大遗址、郁郎古国遗址、偪阳故城遗址等文物遗址，有开凿运河时修建的被水石堤，明清时期用于装卸货物的"水门"，大清国皇帝御碑，中兴煤矿煤炭外运时修建的台儿庄火车站，台儿庄大战留下的53处弹孔墙，铁道游击队抗击日寇战场遗址等。此外，还有柳琴戏、鲁班传说等非物质文化遗产。

三是运河明珠璀璨。运河的通航与繁荣，造就了运河明珠——台儿庄，台儿庄被乾隆皇帝御赐为"天下第一庄"。如今，灾后重建的台儿庄古城，占地面积1018亩，建筑面积41万平方米，先后被相关部门批准为国家5A级旅游景区、国内首个海峡两岸交流基地、首个国家文化遗产公园、首个国家非物质文化遗产博览园。2017年除夕，台儿庄古城一天内5次亮相中央电视台直播节目中。

四是生态环境良好。运河枣庄段上连微山湖，下接骆马湖，与周边支流共同形成了一个巨大的水系。2014年，代表山东省迎接国家河流水系生态环境核查，取得了国家九大流域和淮河流域"双第一"。2016年，韩庄运河等全市8条省控河流断面水质稳定达到Ⅲ类标准。各类水生植物、动物平均恢复度达到了70%，达到20世纪60年代枣庄市河流生态最好时期的水平。京杭大运河河堤单侧，已绿化81千米，占宜绿化长度的94.2%。

五是旅游资源丰富。运河枣庄段两端分别是国家5A级旅游景区台儿庄古城和争创国家5A级旅游景区的微山湖红荷湿地旅游区，运河穿过日出斗金的微山湖，沿线有享誉华夏的冠世榴园、秀色可餐的台儿庄运河湿地、妇孺皆知的铁道游击队纪念园，还有峄城古邵港航物流小镇、台儿庄区邳庄七彩小镇，以及孝三村、小李庄村等美丽乡村。

二 运河文旅融合发展现状

(一) 保护和开发情况

1. 注重大运河文化带建设顶层设计

一方面，抓住国家和省编制大运河保护传承利用规划的机遇，争取将台儿庄和台儿庄运河湿地公园等内容初步纳入国家规划的旅游精品线路和绿色生态廊道建设工程，并初步将运河沿线的滕州市、薛城区、峄城区、台儿庄区申请列为国家大运河保护核心区。另一方面，深入开展调研，厘清大运河文化带建设思路。会同港航、环保、文广新、旅游和服务等部门深入开展调研，梳理大运河枣庄段古迹遗存和非物质文化遗产，提出通过加强运河文化遗产保护、推进文化产业发展、加快沿运生态廊道建设、打造运河旅游精品、推出运河特色小镇和美丽乡村示范等措施，加强大运河文化保护传承利用，为枣庄市编制相关规划方案，统筹推进大运河文化带建设奠定了坚实基础。

2. 着力推进运河港航基础设施建设

为高标准建设沿运物流产业带和鲁风运河特色旅游区，提升港航基础设施水平，着力破解项目推进过程中的征地补偿、拆迁安置、手续办理难题，并加大相关政策的争取工作，枣庄市于2018年4月28日成立了大运河文化带建设指挥部。指挥部由市政协副主席任指挥长，并从有关部门抽调5名精干人员为成员，实行集中办公，重点加强8个港航项目、3个文化及文化产业园项目的协调推进工作。指挥部自成立以来，通过开展调研、实地察看、交流座谈、向政府建议等形式，全力推进项目建设，取得明显成效。目前，峄州港航产业园、台儿庄港马兰屯作业区、万年闸复线船闸工程3个项目已基本完成；滕州港及临港产业园、奚仲文化产业园2个项目正在建设；运河航道整治工程、台儿庄三线船闸工程、台儿庄港涧头集作业区、薛城铁路物流园、铁道游击队鲁南红色教育基地、台儿庄古城传统文化演艺基地6个项目正在全力推进中。

3. 着力推进重点项目建设

提前谋划，征集相关大运河文化建设的遗产保护、文化创意、运河古镇、航道提升、水利设施改造、林业绿化、流域治理、高新技术重点园区、现代生活性服务业等领域的重点项目 190 个和重大工程 72 个，初步设立大运河文化带建设项目储备库。进一步筛选论证，推荐铁道游击队鲁南红色教育基地建设、微山湖湿地 5A 级景区创建提升、京杭运河滕微航道（枣庄段）扩建等 20 个基础条件好、带动能力强、运河文化建设关联度高的项目作为新旧动能转换项目报山东省发改委。其中，重点谋划了大运河生态文化经济带枣庄示范区项目，该项目总投资 150 亿元，依托京杭运河黄金水道，建设沿运物流产业带、微山湖古镇、"鲁风运河"旅游特色区，着力提升京杭运河文化旅游、港航物流、城市配套、临港产业等功能。

4. 着力发展运河文化旅游业

依托微山湖、台儿庄古城优越的山水生态景观，设计打造美丽旅游景观。支持微山湖红荷湿地旅游区争创国家 5A 级旅游景区，推进台儿庄古城、微山湖红荷湿地、冠世榴园运河沿线重点景区精品提升，突出运河景区龙头带动作用。研发运河游与红色游、乡村游、山水游和休闲游等特色线路产品，推进京杭大运河城市联盟区域旅游合作，促进枣庄运河融入"鲁风运河"品牌，扩大对外影响力。

5. 促进运河文化与经济发展深度融合

为发挥运河的文化传承基因库、旅游开发精品线、生态保护示范区、经济转型着力点功能，促进运河文化建设与经济发展、生态保护、文化提升、美丽乡村建设等深度融合，开拓出一条创新发展之路。枣庄市政府决定以运河文化经济带乡村振兴与城市转型为主题争取国家可持续发展议程创新示范区，将以运河文化经济带建设为统领，促进文化与经济融合，推进城乡间、地区间融通，加快乡村振兴与城市转型，最终实现可持续发展。该行动得到了山东省政府的认可与支持。

6. 强化运河遗产保护力度

昔日繁荣的台儿庄被 1938 年发生的台儿庄大战摧为废墟。2008 年，枣庄市果断叫停台儿庄区 2 平方千米的棚户区项目，发掘古城历史文化，启动台儿庄古城重建工程，现已将台儿庄古城打造成为集"运河文化"和"大战文化"和"齐鲁豪情"和"江南韵致"于一体，极具人文魅力的国际休闲旅游目的地。2013 年 11 月，山东省人大常委会出台《山东省台儿庄古城保护管理条例》；2018 年 4 月，枣庄市以市长令施行《枣庄市实施〈山东省台儿庄古城保护管理条例〉办法》，对台儿庄古城进行了立法保护。此外，先后对滕国故城遗址、薛国故城遗址、北辛文化遗址等进行抢救性清理发掘，汉画像石馆、中华车祖苑等一批文化遗产保护项目相继启动和落成。

7. 创造运河文化艺术精品

讲好运河枣庄故事，编撰出版了《枣庄运河文化丛书》等大型出版物 20 余种。探究运河民俗文化，成立了门类齐全的各类文化社团、协会、研究会等民间保护组织，出版了《枣庄民俗》《鲁南民间故事精选》等书籍，录制了《遥远的伏里》《张范剪纸》等电视专题片。挖掘台儿庄大战、铁道游击队等重大历史事件的史学与文化价值，推进其入选全国 30 条红色旅游精品线和全国 100 个红色旅游经典景区。精心组织文学作品创作，完成了《运河支队》等长篇小说近 50 部。做好柳琴戏非遗项目传承，排演了大型柳琴戏《城里妹子乡下汉》《爱河滔滔》等大型剧目 20 余台和 100 余个小型剧目。其中，《墨子》和《碑桥记》在中国首届柳琴艺术节上囊括 14 项大奖。

（二）运河文旅融合发展存在的问题

大运河枣庄段拥有深厚的历史文化底蕴，在立足自身特色的基础上大力发展旅游产业，有利于盘活文化资源，带动经济发展，并取得良好的生态效益和社会效益。[1] 目前，枣庄市运河文旅的开发和利用取得了显著成绩，但仍存在对运河文化的研究阐释不足、文旅产品的层次和质量有待提高、缺少区域合作、宣传力度不够等问题。[2]

---

[1] 董卫、唐德善：《枣庄市沿运河经济带旅游地形象策划研究》，《商场现代化》2008 年第 10 期。

[2] 赵罗娜：《大运河国家文化公园枣庄段旅游产品开发研究》，《枣庄学院学报》2021 年第 6 期。

第九章　山东沿运五地市文旅融合发展研究

1. 文化内涵挖掘不足

枣庄市运河文化和旅游资源品级相对较高，微山湖和台儿庄是当地的重要旅游资源，但当地的其他文旅资源还没有被充分地利用起来，发展潜力巨大，应尽力展现枣庄特色，擦亮"鲁风运河·生态枣庄"的名片。如台儿庄古城旅游景区为国家5A级旅游景区，承载着丰富的历史记忆，但现有文化和旅游产品缺乏对其文化价值的深度挖掘，未能向游客展示文化背后的历史故事，无法充分发挥其文化的特色和优势。[①]

2. 产品缺乏特色和创意

枣庄运河文化旅游资源的开发与其他景点相似度较高，没有深入挖掘运河文化内涵并体现地域文化特色，也没有形成比较完整和统一的旅游线路，文化旅游产品的质量参差不齐，这不利于枣庄"江北水乡·运河名城"形象的打造。[②]《枣庄市精品旅游产业发展专项规划（2018—2022年）》（以下简称《专项规划》）提出以"鲁风运河·生态枣庄"为形象定位，以打造山东省全域旅游示范市和国际旅游度假目的地为总体定位。目前看来，《专项规划》中的形象定位与山东其他运河城市打造的城市形象有重复之处，不能体现枣庄运河文化的独特性。此外，《专项规划》中的总体定位也无法体现枣庄市文旅产业的核心竞争力和差异化优势。[③]

3. 产品创新能力较弱

相较省内外旅游先进地市，枣庄市在构建文化和旅游产品体系上，精细化、个性化游览项目的开发力度不足，没有形成成熟的旅游线路，缺少特色文旅集聚区。本区域虽然有一些知名度较高的旅游资源，但尚未串珠成链并推出优质组合产品，在全国来看缺少竞争力和影响力，对

---

① 赵罗娜：《大运河国家文化公园枣庄段旅游产品开发研究》，《枣庄学院学报》2021年第6期。
② 王丹、晁红侠：《京杭运河枣庄段水文化资源开发研究》，《山东农业工程学院学报》2014年第4期。
③ 赵罗娜：《大运河国家文化公园枣庄段旅游产品开发研究》，《枣庄学院学报》2021年第6期。

外地游客的吸引力较低。① 现阶段枣庄市能提供的旅游产品的类型较为单一，缺少多样化的旅游主题，游客能够选择的类型较少，无法满足游客多种多样的需求。开发的运河文化旅游项目种类重复较多，同质化现象较为严重。此外，枣庄市文化和旅游产品的创新能力较弱，在开发过程中可以更多地将现代科学技术应用进去，用数字化激发文化遗产活力，拓展智慧旅游5G场景建设应用。②

4. 区域旅游合作水平较低

运河沿岸各城市之间开发的文化、旅游资源是有共通性的，但枣庄市缺少与其他运河城市之间的合作。如济宁市微山湖旅游区与枣庄市微山湖湿地旅游区在自然资源上虽然具有相似性，但所处地域有不同的文化特色，在开发利用上也各有侧重，要充分利用各自的差异化优势。两个城市之间的交流合作有待进一步深化，要共同发力解决产品同质化问题，构建长期、稳定的沟通交流机制，共同推动运河文化旅游的可持续发展。③

5. 宣传力度不够

目前，枣庄市打造了"江北水乡·运河古城"的运河文化品牌，但仍存在品牌形象缺少特色、品牌宣传缺乏新意、旅游营销力度不够等问题。首先，枣庄市打造的运河文化品牌，其定位与同为山东运河名城的聊城的品牌定位极为相似，缺少地方特色。其次，在对外宣传运河文化品牌方面，虽然枣庄市相关部门已经做了大量工作，但还应创新宣传内容，拓展新的宣传路径。另外，营销策略的实施力度不够，对国内运河旅游市场现状缺少系统分析，跟风现象严重，找不到正确的宣传路径，导致枣庄运河文化旅游的知名度和影响力不够。

---

① 贾文武：《枣庄市沿运河经济带旅游产业SWOT分析与发展策略研究》，《特区经济》2006年第6期。

② 赵罗娜：《大运河国家文化公园枣庄段旅游产品开发研究》，《枣庄学院学报》2021年第6期。

③ 赵罗娜：《大运河国家文化公园枣庄段旅游产品开发研究》，《枣庄学院学报》2021年第6期。

三　文旅融合发展的路径与策略

针对枣庄市大运河文化旅游资源开发中存在的问题，枣庄市相关部门应秉持保护优先、文旅融合、特色开发、产品创新等原则，在保护与传承运河文化遗产的同时，深入挖掘运河文化内涵，创新利用思路，完善产业结构和产品体系，加大宣传推介力度，着力提升文化和旅游基础设施和服务保障能力，努力实现枣庄运河文化旅游产业的跨越式发展。

（一）深挖文化内涵，讲好运河故事

加大对运河文化的研究阐释力度，通过出版和发表相关研究成果，向人们展示枣庄段运河的发展过程，让更多人了解运河的历史和当代故事及其在经济、文化等方面发挥的重大作用。充分利用大运河留下的文化遗产，加强日常维护和管理，运用数字和科技手段让沉寂的文化遗产"活起来"。[①] 以运河文化为核心，融合北辛文化、城邦文化、红色文化等特色文化，构筑历史文脉高地，拓展文化和旅游发展空间。[②]

（二）突出文化特色，发展特色旅游

"特色是文化存续与发展的生命力，也是旅游资源或产品的核心吸引力之一。"[③] 在文旅融合深入推进的大背景下，若想增强市场竞争力，文化旅游品牌的打造要朝着优质化、个性化的方向发展。[④] 枣庄市要坚持以运河文化为纽带，发挥其辐射带动作用，加大资源挖掘和整合力度，持续发力推动文旅产业高质量发展。枣庄各区市资源禀赋不同，要充分利用各自优势，明确市场定位，打造能体现特色的旅游区，在文化和旅游产品上，以优质内容和丰富形式吸引更多游客。[⑤]

[①] 赵罗娜：《大运河国家文化公园枣庄段旅游产品开发研究》，《枣庄学院学报》2021年第6期。

[②] 董嫱嫱：《关于规划建设枣庄运河文化带的思考》，《枣庄学院学报》2020年第4期。

[③] 段七零、许金如、董广智、李芸：《江苏文旅深度融合的原则与十大融合路径》，《无锡商业职业技术学院学报》2021年第3期。

[④] 任红、马天：《文旅融合趋势下文化旅游品牌建设的原则与策略》，《太原城市职业技术学院学报》2023年第1期。

[⑤] 董嫱嫱：《关于规划建设枣庄运河文化带的思考》，《枣庄学院学报》2020年第4期。

（三）打造旅游精品，推进产业升级

加快旅游产品提质升级，鼓励国家 5A 级旅游景区的创建和旅游住宿接待体系的改造升级，出台能够激励产业发展的相关举措。① 充分利用现代科学技术，提高文化遗产数字化保护与利用水平，用数字化技术营造出沉浸式文化体验空间，推动智慧旅游平台的建设，加强资源共享和综合应用。在开发和设计文化和旅游产品上，不断运用新技术、新模式，把数字技术和文化创意有机结合起来，创造更多精品，丰富旅游商品市场。② 根据台儿庄运河联通南北的功能特点，以大运河为骨架，将枣庄五区一市连接起来，扩线成面，贯通优质文旅资源，形成枣庄运河文化线性主体。要以运河文化带建设为中心，将相关景观纳入运河旅游线路，构建全域旅游格局。

（四）加强统筹协调，实现融合互通

枣庄市的运河旅游资源分布相对分散，集中展示比较困难，需要不同主体的通力合作，所以要坚持统筹规划，从全局利益出发。③ 同时创新协同发展工作机制，加强不同区域和不同部门之间的交流沟通、资源互补，推进信息共享平台建设，有效应对区域、部门间的纠纷，加强多方合作，依据实际情况进行发展布局。持续推进"放管服"改革，激发市场主体活力，吸引多方投资，扶持中小型文旅企业的发展，鼓励和引导更多的社会力量参与文旅项目建设。④ 围绕大运河文化带的建设，加深与省内外运河城市的常态化交流合作，强化共同体观念，建立长效沟通机制，提高资源配置效率，为区域联动发展提供有力支撑。⑤

---

① 赵罗娜：《大运河国家文化公园枣庄段旅游产品开发研究》，《枣庄学院学报》2021 年第 6 期。
② 赵罗娜：《大运河国家文化公园枣庄段旅游产品开发研究》，《枣庄学院学报》2021 年第 6 期。
③ 董卫、唐德善：《枣庄市沿运河经济带旅游地形象策划研究》，《商场现代化》2008 年第 10 期。
④ 董嫱嫱：《关于规划建设枣庄运河文化带的思考》，《枣庄学院学报》2020 年第 4 期。
⑤ 赵罗娜：《大运河国家文化公园枣庄段旅游产品开发研究》，《枣庄学院学报》2021 年第 6 期。

（五）加大宣传力度，完善配套设施

枣庄市在国内游客中的知名度在中等位置，国外游客对枣庄的了解更少。因此，要充分挖掘、利用枣庄的运河文化和红色文化资源，创新传播载体，通过举办节庆、推介会等活动扩大文旅品牌的影响力。① 利用传统纸媒和网络媒体，多途径宣传枣庄运河文化资源，为运河文化特色品牌创建夯实基础。对外宣传标语要新颖，各景区、景点的导游词要有吸引力，引导游客沉浸在游览活动中，深入了解当地运河水文化的内涵。要加强对导游的培训，引进一些高层次人才，帮助提高其专业能力，为游客提供特色化、定制化的导游服务。持续优化运河沿岸休闲娱乐设施配置，完善不同交通方式的衔接配套，提高相关设施的安全性和可靠性。②

作为大运河重要组成部分的枣庄段运河，旅游功能非常明显，突出表现在旅游交通、旅游集聚、旅游观赏、旅游链接、旅游文化积淀等方面。这些功能的有效发挥及溢出效应，对枣庄保护传承利用运河文化遗产，促进运河文旅融合发展，打造枣庄运河城市旅游形象具有十分重要的现实意义。③"在枣庄运河文化带的建设中，应充分展现枣庄运河文化内涵，以文塑旅，以旅彰文，实现城市的有机更新，彰显城市的独特魅力。"④ 枣庄段运河文旅融合发展重点是要突出当地的文化特色，将枣庄运河文化的内涵与价值宣传出去，让游客感受到枣庄运河文化的魅力。还要深入挖掘当地特色历史文化资源，弘扬优秀传统文化，开发具有枣庄运河文化特色的标志性文化旅游项目，提升大运河枣庄段文化旅游产品的质量和水平，加强统筹协调，实现融合互通，促进枣庄运河文化旅游产业快速、健康发展。

---

① 董卫、唐德善：《枣庄市沿运河经济带旅游地形象策划研究》，《商场现代化》2008 年第 10 期。
② 王丹、晁红侠：《京杭运河枣庄段水文化资源开发研究》，《山东农业工程学院学报》2014 年第 4 期。
③ 李振启：《大运河枣庄段的旅游功能研究》，《枣庄学院学报》2022 年第 4 期。
④ 董嫱嫱：《关于规划建设枣庄运河文化带的思考》，《枣庄学院学报》2020 年第 4 期。

第十章 山东运河文旅融合发展的个案研究

当前,文旅市场发展势头良好,文旅深度融合发展成为重要趋势。加强文旅融合有利于大运河文化旅游的发展,展现大运河千年文化的当代价值,领略中华文明的独特魅力。① 文化和旅游在互融中共荣,不仅可以夯实经济发展基础,增强当地经济发展实力,还可以促进文化的传播,彰显地域文化特色,助力大运河文化的保护、传承与利用。② 大运河山东段文旅融合发展涉及沿运 5 地市 18 个县(市)、区,各地的资源禀赋不同,其具体发展路径和模式亦有显著差异。在文旅融合的背景下,山东沿运各地市要借助大运河文化带、大运河国家文化公园建设等重大战略,结合当地实际情况,建立完善的文化艺术资源保护机制,形成以文化和旅游融合的产业集群,提升内在的核心竞争力,做好当地运河文化资源的开发和利用,创造更多的经济效益和社会效益,带动当地经济社会的发展。本章选择典型案例进行深入、细致的个案研究,从中找寻运河文旅融合的特点和规律。

第一节 德州四女寺古镇文旅融合发展研究

四女寺镇是"四女孝亲"历史传说的故乡,素有"孝道之乡"的美

---

① 张浩、刘镁辰:《文旅融合时代大运河文化旅游开发研究》,《洛阳理工学院学报(社会科学版)》2022 年第 5 期。
② 朱季康:《文旅融合打造大运河文化高地》,《唯实》2020 年第 9 期。

第十章　山东运河文旅融合发展的个案研究

誉；这里是明清时期大运河上的重要码头，曾经商贾云集、船只往来不绝，是物资交流、商品交易异常活跃的地域；明清两代，这里驻有诸多的衙门，号称"恩县的二衙门"；这里还建有大运河上著名的四女寺水利枢纽工程，被后人誉为"北方都江堰"。历史上，这里寺庙林立、古建筑成群，是山东运河沿岸较有代表性的古镇之一。本节在梳理四女寺古镇文化旅游资源概况的同时，分析其保护与开发现状，并在此基础上提出具有针对性的保护与开发策略，以求为山东运河古镇的保护与开发提供参考和借鉴。

一　四女寺古镇文化旅游资源概况

德州在大运河山东段的最北端，武城县的四女寺镇是运河德州段较有代表性的历史遗存之一。四女寺镇是运河沿岸的著名市镇，始建于西汉时期，明朝以后，成为卫运河上的重要码头。卫运河形成历史悠久，隋唐时期是永济渠的一部分，宋朝成为御河，至元朝始，临清到四女寺之间的运河成为京杭大运河比较著名的一段，民国以后称为"卫运河"。1958年，国家在武城四女寺修建了四女寺水利枢纽，大运河在这里被一分为三，南运河流经四女寺镇，并由此蜿蜒流入海河。明朝以后，四女寺镇常年商贾云集，非常繁华，后随着南运河的逐渐衰落，四女寺镇也失去了往日的繁华。[①]

四女寺镇历史悠久，是一个远近闻名的千年古镇，曾经也是运河沿岸重要的经济重镇。四女寺水利枢纽位于四女寺镇，有着"北方都江堰"的美誉，时至今日仍然发挥着灌溉、泄洪等重要作用，其在2013年被列为第七批全国重点文物保护单位。四女寺镇还依托深厚的孝德文化，被授予中华传统美德教育基地、中华孝德文化之乡的称号。[②]

[①] 丁芮、成淑君：《运河古镇的保护与开发——以杭州塘栖镇、德州四女寺镇为例的考察》，《城市》2014年第8期。

[②] 丁芮、成淑君：《运河古镇的保护与开发——以杭州塘栖镇、德州四女寺镇为例的考察》，《城市》2014年第8期。

（一）运河文化

武城是大运河上一个重要的枢纽，被誉为"运河明珠"。武城在大运河上之所以重要，是因为武城重镇四女寺有大运河上的一座重要水利枢纽——四女寺水利枢纽。四女寺水利枢纽是一座具有防洪、排涝、灌溉等综合利用功能的大型水利枢纽，在国家文物局公布的第七批全国重点文物保护单位名单中，它作为京杭大运河附属建筑名列其中，是京杭运河上的一颗明珠。2022 年 4 月 28 日，四女寺枢纽工程的南运河节制闸开启放水，大运河百年来首次全线贯通。

四女寺镇规划建设的运河水利文化博物馆主要包括三个功能区域、十个展厅。其整体陈列以"运河推动历史，运河改变生活"为主题，旨在全面地收藏、保护和研究运河文化，展现运河文化的特点和价值，增强人们对运河历史文化的了解和热爱。

（二）礼孝文化

谈到四女寺的孝亲文化，可以说是由来已久，背后便有一段流传至今的传说故事：相传西汉景帝时，安乐镇有一户傅姓人家，为人和善，经常救济穷苦乡邻，颇受百姓称赞。傅氏夫妇年届五旬，膝下只有四个女儿，四女不但姿色出众，而且个个聪慧过人。一年，她们在为双亲做寿时，见父亲并无喜色，便问究竟。父亲长叹道："为父虽有你们姊妹四个，但如今你们已到出嫁年龄，日后无人为我们养老送终，怎能无忧。"四姊妹便商定，虽无兄弟，我们也能为父母养老。从此，四姊妹就改着男装，矢志不嫁，以共同服侍二老。为表心愿，四姊妹各植一槐，并对天盟誓："槐枯则嫁，槐茂则留。"为争养双亲，四姊妹各暗中用热水浇烫她人之槐，以免贻误其他姊妹青春。谁知热水浇槐，槐愈繁茂，四女只得同室事亲，日夜诵经，以祝父母长寿，遂修道成仙，举家超升。人虽飘然而去，但四棵槐树依然亭亭玉立。后人为纪念四女，便为其建祠塑像，树碑立传。遂将"安乐镇"名改为"四女树"。后又将"四女树"更名为"四女寺"，一直沿传。

有关四女孝行的故事传说被广泛流传，其道德风范成为百姓们争相效仿的楷模，后人以建祠塑像、竖碑立传的方式加以纪念。20 世纪 50

年代，孝女祠和佛光寺两座古建筑被拆除以扩建运河。后来，包括孝女坛和供奉四孝女殿阁在内的四女祠得到重建，成为传播孝文化的重要场所。

（三）佛教文化

四女寺原建有佛光寺，又名"石佛寺"，始建于明洪武十二年（1379），相传由明代高僧占潭所建。鼎盛时期规模宏大，曾拥有八十一间殿阁。其名称由来还有一段典故，当年乾隆皇帝下江南时，专程前往敬香礼佛，盛赞曰："好一个佛光祥和之地！"自此以后，"石佛寺"改名为"佛光寺"，声名远播，慕名而来朝拜的香客络绎不绝。经过多方努力，佛光寺在 2009 年得以复建。

（四）生态文化

四女寺千亩生态湿地公园位于武城县东部，总体规划占地 3000 多亩，丰富的物种，清亮的水体，幽美的海岸线，形成了独特的湿地公园园林景观。四女寺湿地公园的建设主要分为三个阶段，未来还规划打造以其为核心吸引点的绿色生态园。建成后的四女寺湿地公园不仅有助于实现水生态的保护修复，还将成为保障南水北调武城段调水沿线和大屯水库水质安全的"天然生态屏障"，对于打造绿色生态观光游也具有重要意义。

二 保护与开发现状分析

（一）四女寺镇的保护与开发

在运河通航和南水北调的契机下，为了保护文化遗产，弘扬地方优秀传统文化，武城县复建了孝女祠、佛光寺等，形成以运河文化、礼孝文化和佛教文化为主要特色的综合性主题景区。

1. 运河文化区

该区域主要包括四女寺水利枢纽、漳卫南运河管理处公园及岔河北岸区域，运河水利文化博物馆、运河故道公园和岔河水景长廊等。它们的建设是自然和人文的有机融合，旨在多方面、多角度地保护、研究和传播运河文化，在修复生态环境的同时，让人们沉浸式了解和体验独特的运河文化。

2. 礼孝文化区

该区域主要展示四女寺四女孝亲地域文化与中华传统文化精髓。主要景点：孝文化广场，占地 6000 余平方米，为游客集散区域与停车场，建有"百善孝为先"景观墙与"弟子规"文化柱。孝门，景区主入口，高 13 米，跨度 20 米，由四棵仿古槐树组成小篆"孝"字，寓意人过孝门，皆要孝亲。明德湖，又名"傅家湾"，源于四女孝亲传说举家升天后形成的池塘，现引申为"明心见性、德孝为先"寓意。女论语景墙，取材于唐朝贝州清阳人（今武城四女寺）宋氏姐妹所著《女论语》。十二生肖园，取材于中国独有的十二生肖文化。

四女祠，礼孝文化主要景点，占地 5000 余平方米，用于祭祀、瞻仰四孝女，展示四女孝亲文化与中国孝道文化，根据中国传统建筑风格共有三进院落，第一进院落用来展示四女孝亲文化与孝道文化；第二进院落为女德学堂，用于对传统女性文化的研究与推广；第三进院落是多功能厅，可以举办多种孝文化活动。另外，还有码头、石来运转、二十四孝文化长廊等景点。

3. 佛教文化区

该区域主要用于展示中国传统佛教文化。主要景点：菩提广场，游客集散地与生态停车场。佛经桥与坐佛水系，水系长约 2000 米，围绕佛教文化区打造成为坐佛图像。佛光寺，占地 400 余亩，以佛光传承，讲求的是佛光普照，普度众生。据说是踏入佛光寺，烦恼自行消，佛光洗礼，人将归于平和之气。通过佛经桥，里面依次设有山门、天王殿、大雄宝殿、卧佛殿以及分布在周围的文殊、普贤、地藏、观音四个配殿。在大雄宝殿的东侧是菩提院，僧人的衣食住行与各种法事活动都在此举行。

（二）保护和开发过程中存在的问题

四女寺古镇位于德州武城县东北部、运河四女寺段南岸，是明清时期的运河重镇，其距德州约 12 千米，地处山东、河北两省三县的交界处，地理位置十分重要。但在 20 世纪 70 年代末，境内水源枯竭，运河

第十章 山东运河文旅融合发展的个案研究

停航,对当地经济社会发展造成严重影响。

1. 随着城市建设规模的不断扩大,大运河的河道被长期侵占,影响到河道的通航能力,同时周边生产生活污水的大量排入造成运河水质污染严重,生态环境遭到破坏,且后期没有得到有效治理。

2. 运河附近增添了一些新建筑,但是与本地自然环境有所冲突,与本地传统建筑风貌不协调,在反映历史风貌和地方特色方面存在欠缺,未能处理好现代建筑与传统建筑之间的关系。例如,四女寺镇的一些新建筑完全失去了自身特色,没有保留鲁西北的传统建筑风貌,只是对江南建筑风格的简单模仿。①

3. 有一些历史遗存建筑因保护不力,长期缺乏修缮和维护,遭到不同程度的破坏,甚至因城市规划被拆除,当地特有的资源优势没有充分利用。当地又为吸引游客到访,壮大旅游产业,很多所谓的"新文物"被制造出来,辨识度和认可度较低,未充分坚守和弘扬其真正价值和内涵。

4. 古镇旅游发展模式同质化问题严重,旅游产品的文化内涵有待提升,未实现文旅深度融合。当地的特色文化要素没有完全注入旅游产业的发展中,如四女寺运河古镇风景区内建设的仿古一条街等与全国其他地区该类型的街道差异不明显,运河文化、古镇文化没有得到充分展示。

总体来说,古镇对生态环境和历史遗产的保护不到位,没有很好地平衡保护与开发的关系;文旅产业运营差异化不明显、缺少拳头、特色旅游产品;现有的旅游业与商业的开发水平不高,市场比较萎靡,并没有将古镇的建筑特色与文化底蕴挖掘并体现出来。②

三 文旅融合发展的策略和建议

如何实现运河古镇的文旅融合发展是一个重要课题,应制定科学合

---

① 丁芮、成淑君:《运河古镇的保护与开发——以杭州塘栖镇、德州四女寺镇为例的考察》,《城市》2014年第8期。

② 孙韫:《基于新陈代谢理论下的古镇历史商业区保护与传承更新设计——以德州四女寺镇商业区环境景观改造为例》,《现代园艺》2021年第4期。

理的规划，留住四女寺镇的文化根脉。在深入挖掘自身优势、突出地方特色的同时，适当借鉴其他古镇成功转型的经验，推动运河文化与旅游产业的深度融合，助力文旅产业高质量发展，走符合本地实际的独特发展之路。

（一）挖掘展示古镇文脉

任何历史文化古镇都是社会的缩影，它们都记载了所遗存和传承的时代信息。[①] 古镇真正吸引人的，不仅仅是美丽景观，更是其中蕴含的历史文化。不仅仅要保护古建筑风貌，更要将古镇的历史文脉以新的形式传承下去。[②] 在旅游开发过程中，不仅要注重物质文化建设，还要加强制度文化和精神文化建设，让游客深刻感觉、理解和领悟古镇的内在美，留住游客的心。因此，在古镇的规划开发过程中，全面且深入地挖掘古镇文脉尤为重要。[③] 要以古镇的文脉传承与延续为出发点，从文化与生活重塑、空间与功能布局、自然与生态构建等方面对古镇特色进行深度挖掘，结合其独特的历史文化以及优美的自然风光，打造具有深厚文化底蕴的运河特色小镇。

（二）突出地域文化特色

在历史文化遗存的开发中，历史文化精神的传承弘扬是关键的环节，不能简单地将开发利用停留在表面，能够盘活文化资源才是最重要的。事实上，注入本地特色的历史遗存向来会受到大家关注和重视，再加上完善的保护体系和有效的旅游经营管理可以带来一定的经济利益。这样的地域性历史遗存、自然景观能够更好地体现当地文化元素，在积极创新中满足游客的差异化需求，真正促进运河古镇的旅游业实现良性发展。[④] 在四女寺古镇商业区的保护与开发过程中，不仅仅从门面装饰

---

① 梁振然、任爽：《"文脉修补"理念在历史文化名镇保护与更新中的应用研究——以桂林大圩古镇为例》，《建筑与文化》2016 年第 4 期。
② 唐湘晖：《基于文脉机理的历史古镇景观保护策略研究——以重庆金刚碑古镇为例》，《长江丛刊》2020 年第 11 期。
③ 陈传康：《城市旅游开发规划研究提纲》，《旅游学刊》1996 年第 5 期。
④ 丁芮、成淑君：《运河古镇的保护与开发——以杭州塘栖镇、德州四女寺镇为例的考察》，《城市》2014 年第 8 期。

和仿古建筑上做文章，还要在文化景观和商品展示上下足功夫，提升游客的体验感、获得感和认同感，激发游客的消费需求。[1] 要以运河文化为主题，整合孝德文化、佛教文化、民俗文化等旅游资源，打造独具一格的运河特色小镇。

（三）完善配套服务设施

四女寺位置较为偏僻，再加上资金投入、设计规划、管理运营等方面的不足，致使配套服务设施不太健全。针对这一情况，要在积极营造良好旅游环境的同时，增加特色民宿、主题酒店、农家乐、主题公园、大型超市、健身场所等休闲娱乐设施，增加游客停留时间；在高速公路入口区和出口区设置明显标识，方便游客寻找和到达；合理规划商业区道路，分类划出具有区域特点和功能特性的步行道，引导行人按指定的通道进出；为解决停车位难找、停车位不够等问题，设置专门的停车场，并尽量远离居民区，减少安全隐患，避免交通拥堵和噪声污染。[2]

（四）合理布局旅游空间

为提高游客的通行速度和效率，丰富其旅游体验感，要认真考虑旅游空间的布局问题。旅游地的空间布局应注重综合交通运输网络的构建，坚持点、线、面合理布局原则，提高旅游通达性。发掘有潜力的优质旅游资源，打造全新的旅游区域，并划出重点区域和核心区域，根据区域特点和产品服务布局旅游设施。综合分析旅游景点和交通状态，设计规划合理的旅游线路，提供个性化服务，避免游客过度集中。[3]

（五）加大宣传推介力度

武城县相关部门对运河遗产保护区的宣传没有到位，各种宣传手段的应用不够充分，游客多限定于德州市境内，在全省和全国的知名度和影响力不高，对外来游客的吸引力不大。政府可以创新宣传方式，精准

---

[1] 孙韫:《基于新陈代谢理论下的古镇历史商业区保护与传承更新设计——以德州四女寺镇商业区环境景观改造为例》,《现代园艺》2021年第4期。
[2] 孙韫:《基于新陈代谢理论下的古镇历史商业区保护与传承更新设计——以德州四女寺镇商业区环境景观改造为例》,《现代园艺》2021年第4期。
[3] 李永乐、闫东坡:《窑湾古镇旅游可持续发展战略》,《中国名城》2011年第8期。

定位不同游客群体的需求，通过网站、报纸、电视、微信公众号、抖音、快手等传播媒介和举办特色文化旅游活动，将四女寺丰富的文化资源介绍给广大民众，让人们更加深刻地感知其价值和魅力。①

运河古镇是运河沿线人口开展日常的生产和生活实践的重要场所，是最能体现运河文化遗产内涵和价值的物质载体。② 在对古镇传承与保护的基础上，更要做好其更新与发展工作，促进文化遗产的创新发展和创造转化。③ 在新时代的背景之下，我们要充分挖掘四女寺古镇的文化基因特质，发挥其文化资源优势，将四女寺古镇的历史、文化、产业等各类资源串联整合，实现运河古城镇的科学保护、活态传承与合理利用，推进运河古镇的全新发展。

第二节　临清中洲古城文旅融合发展研究

临清中洲古城文化资源丰富、文化底蕴深厚。它形成于元末明初时期，由元代运河、明代运河和卫运河交汇环抱形成，至今保留着原有的街巷布局，承载着珍贵的历史记忆，值得我们去探索领略。这座古城中保留有众多国家级重点文物保护单位，如运河钞关、鳌头矶、清真寺、会通桥等，还拥有冀家大院、汪家大院、赵家大院等许多古民居建筑以及大宁寺、县治遗址等重要的古建筑遗址，为研究运河建筑文化提供了重要支撑。④ 本节以临清中洲古城历史文化街区为研究对象，在论述其文化旅游资源概况的同时，分析其保护与开发现状，并在此基础上提出

---

① 张媛：《大运河（滑县段）文化遗产价值及保护开发》，《文物鉴定与鉴赏》2021年第14期。

② 马书艺、曾缨童、房宁、罗雅丽：《新媒体时代运河古镇文化活化策略——以淮安市河下古镇为例》，《文化产业》2022年第36期。

③ 孙韫：《基于新陈代谢理论下的古镇历史商业区保护与传承更新设计——以德州四女寺镇商业区环境景观改造为例》，《现代园艺》2021年第4期。

④ 孙继国等：《临清中洲运河古城传统民居建筑空间活力再生设计研究》，《大众文艺》2019年第16期。

第十章 山东运河文旅融合发展的个案研究

文旅融合发展的路径与策略,为临清中洲古城的遗产保护与旅游开发提供参考和借鉴。

一 临清中洲古城运河文化旅游资源概况

运河文化是千百年来南北文化撞击、交融的产物,具有兼容并蓄的特点。运河临清段两岸自然风光秀美,古城神韵令人沉醉,富有特色的古朴棚街和灰墙黛瓦的古典民宅林立,青石板路贯穿静谧安详的古巷街道,老石桥旁的绿柳环绕,这些都为这座古老的运河名城增添了几分神秘。这种地域文化独具个性,并具有强烈的吸引力和凝聚力,成为临清旅游资源的一大亮点。此外,运河临清段沿线文化璀璨,也曾养育出一批批杰出人才,留下了无数豪杰英雄的足迹和传说,让世人耳目一新,也曾散落了许多文物古迹,蕴含着历史的沉淀,这些文化历史遗迹都是开发运河文化旅游的重要基础,从中我们仿佛能感受到往日临清的富庶和繁荣。

(一)文化旅游资源的构成

1. 运河文化

临清曾经是运河沿线重要的交通枢纽和商业都会,然时光荏苒,遗憾的是曾经围绕临清砖城与土城的城墙已然不见。不过,中洲运河历史文化街区目前保存得相对完整,成为彰显临清传统特色文化的典型区域。元运河、小运河、卫河三河界定了其空间格局,形成三河围绕的狭长街区,一条长街贯穿南北,自北而南分为锅市街、马市街、会通街、夹道街四段,长街两侧分布着众多东西向特色街巷,至今还保存着会通桥、砖闸等运河水工遗存以及其他运河相关的遗址。明清两代的临清是全国闻名的商业大都市,其南北汇通的特征在民居建筑上更是得到了充分彰显,街区内保留了冀家大院、汪家大院、朱家大院、陈家大院、孙家大院和赵家大院等特色民居。

2. 商贸文化

元代临清因会通河的开通,成为南北水陆要冲,漕舟必经之地,会通河、卫河在临清交汇,且俱穿城而过,十余处码头沿河而置,过往船只每年都在2万艘之上，商贾云集，骈樯列肆，商品经济迅速繁荣。临清的商业因中转贸易而繁荣，临清市场兼有批发、零售和农产品集散的功能，形成"城不大而商业街市甚多"的特点。随着运河的通航以及临清城的建立，临清的商业经济也得以快速的发展，与此同时，也催生了一批手工业的诞生，其依托运河的流通逐渐站稳脚跟，并发展壮大。这些手工业中，不仅有官办的，同时也有民办的。前者主要分布在运河沿岸，主要是贡砖烧制以及漕船修造；而后者则集中分布在城内，以竹木加工、酿造以及皮毛加工等为主要生产内容。在明代时期，临清共有81条街巷，其中的31条街巷都以拥有自身专业市场的手工业进行命名。清康熙以后，朝廷采取一系列促进临清手工业发展的政策，如招诱流亡、奖励垦荒、轻徭役、薄赋税、取消匠籍等，临清手工业范围更加广泛，发展到裘皮、丝织等26个行业。① 有些产品至今还有生产和销售，以临清贡砖修建的北京城，成为世界各国人民心驰神往之地制作贡砖的技艺也一直传承至今。以手工业命名的街巷，现今仍保留有竹竿巷、箍桶巷、锅市街、会通街、马市街、大寺街、考棚街等街巷。

3. 文昌武盛

临清地处北方与中原之交，自古河清物阜，人文荟萃，有着丰厚的历史文化积淀。北魏著名数学家张丘建、天文学家张子信就是临清人。唐初哲学家、音乐学家吕才，天授进士、著名谱牒家路敬淳，大中宰相崔彦昭、大顺宰相崔昭伟；宋庆历宰相丁度，元祐枢密直学士、签书院事王岩叟，也均为临清人；明代后七子、诗坛领袖谢榛；清代行讨兴学的武训。明清时期，临清扼漕运咽喉，"海内外舟航之所必由，开府分曹达官要人之所递临"。临清人才辈出，学术活跃，著述成风，文学艺术璀璨夺目。

临清文运昌盛，武科也代有才俊。南朝萧梁崔道固官拜宁朔将军，封临淄子爵。北魏傅永为平东将军，傅竖眼为安西将军。南北朝时临清路氏家族路恃庆、路思令、路景略等为官左将军、骠骑将军、伏波将军

---

① 高志超主编：《运河名城临清》，山东友谊出版社1990年版，第179页。

等。宋初王彦超为太子太师、金吾上将军。元初路通是兵马大元帅。至元间王鉴是武烈将军、平原路总兵。明末名将左良玉曾为侯恂（《桃花扇》主人翁侯方域之父）部下，为营救侯方域立下大功。清代时，临清文科进士约为明代的一半，而武科却是异军突起。清代临清武进士37人，武举157人，内有乾隆五十二年（1787）丁未科武状元马兆瑞，解元1名。康熙皇帝侍卫中有6名是临清武进士。康熙年间礼部侍郎、河南巡抚汪灏，道光年间台湾总兵吕恒安，咸丰年间广西巡抚、出镇北宁的抗法主将徐延旭，收复凤山有功被擢为台湾知府的洪毓深等均是临清人。此外，还有宁都起义发起者刘振亚、抗战中牺牲的将领张自忠以及堪称我国学术界的一代宗师的学界泰斗季羡林等。

4. 民间艺术

临清是中国北方曲艺的发祥地之一，戏曲伴随着运河愈发活色生香，著名曲种山东快书就发源于临清；"临清时调""临清琴曲"等地方戏曲，名称中都带有"临清"二字。临清人爱唱戏，爱听戏，有"宁舍十亩地，不舍一出戏"的佳话，并有一定的演唱和欣赏水平。2007年，临清市被授予"梅兰芳教育基地"的称号，之后又被命名为"中国京剧艺术之乡"。

5. 民俗文化

临清庙会一般在寺庙所在地举办，利用神祇、社火、神戏招徕顾客，是工商业者开展城乡贸易、进行物资交流的一种手段。其中，大宁寺庙会规模盛大，每天赶会的人不下两三万人次。庙会上经营的商品，一半是手工业产品（主要是玩具），饮食小吃占30%，其余的是杂货、农产品等。平时在店铺内销售不多的产品，拿到庙会上就被抢购一空。

临清社火的起源可以追溯到很早的时期，《临清县志》中有记载"社火之名始于元代，临郡所有不下百余起"。社火的种类多样，内容极为丰富，呈现出浓郁的地方特色。长期传承延续下来的一些经典社火活动，如跑旱船、五鬼闹判等深入人心，即使到了如今这个时代，民间的社火团队仍旧风采不亚于当年，逢年过节或庙会活动时，民间传统社火项目仍旧一起演出，内容精彩纷呈，可谓是"八仙过海，各显神通"。

临清还有众多歇后语，包括锅市马市——两市（事）、尚店过去——贾（假）牌、牛市口拐弯——香巷儿、御史巷儿的锅饼——吃不透等。这些歇后语大多历史悠久，成为临清传统文化的重要组成部分。

（二）运河文化旅游资源的特点

运河的流通孕育了临清城的诞生，同时也推动了临清城的繁荣发展。隋唐时期，临清就是大运河上的一个重要城镇；元朝会通河的开通更是提高了临清的政治与经济地位，其处于汶、卫交汇之处，区位优势明显；明清之际，临清得益于大运河漕运发达，经济社会繁荣达500余年，来来往往商客众多，有"小天津"之称，是当时全国重要的流通枢纽城市和闻名全国的商业都会，曾被清乾隆皇帝誉为"富庶甲齐郡"。源远流长的大运河哺育了临清这座城市，积淀了深厚的临清运河文化，留下了大量的人文古迹，呈现出以下特点：

一是资源丰富，保护级别高。目前临清市拥有世界遗产2处：会通河临清段、临清运河钞关；全国重点文物保护单位11处：临清运河钞关、鳌头矶、清真寺、清真东寺、舍利宝塔、临清闸、会通闸、月径桥、临清砖闸、河隈张庄明清砖窑遗址、戴湾闸；山东省文物保护单位14处。

二是种类繁多，历史信息全。大运河临清段遗产具有较强的完整性、延续性，种类繁多，信息丰富，就历史建筑而言，分为衙署建筑、宗教建筑、民居建筑、桥闸建筑等。这些建筑从不同角度反映出临清的历史文化，承载了元、明、清、民国等不同时期的历史信息，是研究临清运河文化的活标本。

三是分布集中，运河特色鲜明。中洲古城区位于元代会通河、明代小运河与漳卫运河之间，是临清历史上商贸活动最为繁盛的区域，临清最为精华的文物古迹、民俗文化大多集中于这一区域。这些文物遗迹大多因运河而生，具有鲜明的运河特色。

（三）文化旅游资源价值分析

1. 多元文化价值

临清中洲古城的汇聚了汉族、回族等民族，回汉之间互助互爱，亲

第十章　山东运河文旅融合发展的个案研究

如一家，保留着鲜明的民族特色和浓厚的生活气息，聚集了多种宗教信仰，并且留下来很多明清时期的古建筑，风格和特征有所不同，体现了临清多元文化价值。如临清大宁寺是一座佛教寺院，为居民平时祈福之地。鳌头矶是与京杭大运河关系密切的古建筑群，其中的吕祖堂作为研究道教文化的实物遗存，是运河文化的积淀之一。临清清真寺规模宏大，布局精巧，整体建筑为砖木结构，深刻体现了运河区域伊斯兰教建筑的特点。

晚清随着铁道运输的兴起和运河航运的衰落，临清城市建设停滞下来，直至中华人民共和国成立后在20世纪建设社会主义的大背景下，城市面貌再次改变，在20世纪50年代建成了若干工业厂房、供销社和旅社等建筑。尽管城市不断发展变迁，临清仍保留了从明代以后的不同历史时期的典型建筑，并将其形态较完整地留存至今，堪称反映我国市民生活的"活态博物馆"。

2. 历史原真价值

街区保存了较完整的三河围城空间形态，历史风貌犹在，保留了以锅市街—马市街—会通街—东夹道为主骨，东西向街巷为刺，内部巷道为分刺的鱼骨状的传统小街小巷格局，串接起星罗棋布的文物建筑。临清的古街古巷见证了城市的变迁，写满沧桑，透着古朴，让人们情不自禁地想了解背后的故事。街区尚存数十条老街巷、胡同，是展示运河名城临清悠久历史最好的佐证，一个街名就是一段掌故，一条巷名就是一个故事，老街巷最能让游客感受到运河名城临清昔日的辉煌与繁荣。临清尚存箍桶巷肖家圆活老铺面、会通街苗家杂货铺、琵琶巷保存完好的晋商"仁和"老当铺，还有江北四大酱园之一"济美酱园"的徽商汪家大院、乡绅巨富的"冀家大院"、见证了晚清商业兴衰的"同心和"布商王家大院、纸马巷"单家曲坊"的单家大院等传统商业建筑和明清典型民居院落，是研究明清建筑史、民俗文化不可多得的实物遗存。鳌头矶位于元运河与小运河的交汇处，是一组风格独特的传统古建筑群，保存相对完整，历代文人墨客常常在这个地方欣赏运河景色、寄情写意。此外，临清还拥有众多非物质文化遗产，比如驾鼓、时调等，对于延续城市文脉、增强文化自信具有重要意义。

3. 科学艺术价值

临清与运河相关的诸多文物古迹大多为全国重点文物保护单位，是记录、承载大运河文化历史的重要符号。临清运河钞关是现今全国唯一一座仅存的钞关遗址，对研究当时的政治、经济、文化发展状况具有重要价值。与水利工程相关的桥梁如临清闸（问津桥）、会通闸（会通桥）、临清砖闸（二闸）和月径桥等，具有高度的科学价值，也是宝贵的文化资源。通过对闸的控制可以调节水位，确保漕船畅流无阻。桥梁沟通两岸商贸互市、人员往来，为城市兴旺发展空间形态及保障漕运的繁荣发挥了历史性流通枢纽作用。临清贡砖是一种古老的手工技艺，凝聚着先人的无穷智慧，浸透了先人的血汗，具有深厚的历史和文化内涵，也是漕运史、运河城市发展史和运河文化等不可或缺的重要内容。

二 古城保护开发现状及问题

临清中洲古城占地 1.5 平方千米，保留着众多官府建筑、宗教建筑、水工设施、民居建筑，是展示明清运河文化的"活态博物馆"。临清市积极推动中洲古城的保护和利用，中洲运河历史文化街区已申报成为山东省第一批历史文化街区，并成为山东打造的十大文化旅游目的地品牌之一。近年来，临清分别对冀家大院、鳌头矶、县治遗址阁楼、大宁寺大雄宝殿、会通闸、临清闸、月径桥、临清砖闸、钞关衙署、主事官房等进行了维修；对元、明运河周边环境进行了全面整治，对两段河道进行了清淤，在河道两岸铺设排污管道，实施元、明运河两岸绿化道路硬化工程，建设完成元运河遗产公园；对临清运河钞关衙署进行布展，利用钞关现存环境空间，打造了运河沿岸唯一的运河钞关文化展馆；统筹管理舍利塔、鳌头矶和临清运河钞关三个景区的对外开放。目前，已初步形成了以钞关、清真寺、鳌头矶为重点，以元运河为东西中轴线、桃园街至马市街为南北中轴线的旅游线路。

第十章　山东运河文旅融合发展的个案研究

（一）临清中洲古城现状分析

1. 土地使用现状

临清中洲古城历史文化街区现状用地以居住用地为主，锅市街、考棚街、大众路、青年路临街主要为商铺，此外，街区范围内还有武训实验小学、临清市民族中学、临清市第三人民医院等公共服务设施，鳌头矶、大宁寺、临清天主教堂和基督教会等宗教设施，运河钞关、冀家大院、苗家店铺等各级文物保护单位。

临清中洲古城街区现状用地布局主要存在以下问题：区内居住用地等级低，人居环境差；临清商业衰落，商铺经营项目，缺乏特色，以低端服务商业为主，档次较低；区内集中为旅游服务的商业用地和娱乐用地较少，交通网络有待完善，停车位紧缺现象突出；公共空间缺乏，游客体验感和参与感差，不利于旅游线路组织和创造良好的游览环境。根据整体保护与适度利用的原则，有必要利用数字技术制定有效规划方案，对街区用地功能进行适度的调整。

2. 建筑使用现状

街区内的建筑风貌主要分为四类：文物建筑、不同时代特色风貌建筑、与环境协调的建筑和与环境不相协调的建筑。

文物建筑是指依据文物保护法确定的全国重点文物保护单位、省、市级文物保护单位。临清中洲古城内的文物建筑主要包含临清砖闸（二闸）、鳌头矶、月径桥、临清闸（问津桥）和会通闸（会通桥）5 处全国重点文物保护单位，并且临清运河钞关为世界文化遗产，目前风貌较好；冀家大院、汪家大院、赵家大院、孙家大院、朱家大院、大宁寺大雄宝殿、三元阁码头、张氏民居和临清县衙南门阁楼9 处省级文物保护单位，目前除冀家大院外，其他文物建筑风貌较差，需要进行修缮；考棚黉门、考棚街20 号院民居、王家宅、单家大院、竹竿巷116 号院民居、箍桶巷152 号民居、苗家店铺和竹竿巷、箍桶巷9 处市级文物保护单位，除考棚黉门外，其他均为民居建筑，保存风貌较差，需要进行修缮。

不同时代特色风貌建筑是指除文物建筑外的，具有历史、艺术及科学价值突出的各类建筑及建筑组群，包含典型传统民居（灰坡屋顶）、在 20 世纪 50 年代建成的若干工业厂房和影院、供销社、旅社等建筑。大多数现存民居风貌已非原貌，需进行维修改善。

与环境协调的建筑是指在建筑的立面造型、体量和色彩等方面与周边文物建筑、不同时代特色风貌建筑和传统建筑相互协调的建筑，包含一般民居（红坡屋顶）和现代建筑。这类建筑在街区内占绝大部分，这类建筑风貌也有所损坏，需进行维修改善。

与环境不相协调的建筑主要是指与周边的建筑在造型、体量和色彩方面存在较大冲突的建筑，包括除文物保护单位、不同时代特色风貌建筑和与环境协调的风貌建筑以外的所有新旧建筑。此类建筑大部分需要拆除，部分需要整修本街区的建筑风貌现状。

3. 街巷格局现状

中洲运河历史文化街区街巷依水路走势，垂直或平行于河道；并非正南北向棋盘式，呈现斜街曲巷。通过对比民国时期和 1958 年的临清县城区图，可以看出传统街巷的基本骨架得到了传承与保留。如锅市街、会通街、东夹道、考棚街、大寺街等基本沿用了传统的走向和尺度。现今的街巷格局为了满足现代生活的需求，在传统街巷的基础上，开拓了以西外环路、明运河西路、大众路、青年路为代表的车行交通道路。同时，对于锅市街、考棚街和大寺街等传统街道，通过相关的拓宽改造，已经基本满足了车行交通的需求。

4. 公共服务设施现状

本街区内主要公共服务设施有武训实验小学、临清市民族实验中学、临清市第三人民医院以及零售商业。其中商业以餐饮、小食、医药、电器等日常生活用品为主，业态较为单一，基本没有对外旅游商业服务型业态。从服务对象看，商业服务以为街区内的居民服务为主；从商业水平看，虽然饮食和日用百货类商品相对便宜，地摊、货架在街边摆设，总体看商业氛围浓郁，但缺乏一定的管控，环境品质较差。

（二）存在的问题和不足

中洲古城作为临清老城区的主要组成部分，主要是生活居住区，没有工业和物流用地。临清新区开发建设带动历史文化街区功能、人口向外转移，对历史文化街区的保护起到了积极作用，但是，由于城市建设的速度加快，街区出现了一些保护与发展的矛盾，主要表现在：

1. 保护机制不够健全，保护力度有待加强。传统民居多已改建为现代住宅，逐渐失去原来风貌。钞关、鳌头矶、冀家大院等文物保护单位已经完成修缮工作，可对游客开放，但张氏民居、赵家大院、苗家店铺等文物保护单位立面破损或内部结构衰败，亟待修缮。

2. 旅游发展水平不高，古城活力有待增强。临清运河旅游形象和品牌定位缺乏独特性和号召力，市场定位不够明确，使很多游客对于临清运河旅游知之甚少，旅游人群主要以聊城市内和周边地市为主，旅游产品较为单一，旅游层次和旅游水平有待提高。古城现有居民以老年人居多，还有少量在此经商的暂住人口，年轻人多外出务工，亟待优化人口容量和结构，提高常住人口就近就业比例，恢复古城人气和活力。

3. 基础设施不够健全，配套服务有待提升。古城民居多以平房为主，居住条件相对较差，内部交通以及基础设施不够完善；历史文化街区内公共服务设施有中小学、教堂和商业，其中锅市街、大寺街、青年路等主街的商业档次低下，业态规划需加强；由于街区逐步对外开放，缺少服务游客的接待中心、特色商业等设施。历史文化街区整体缺少开放空间与标识性，堤岸滨河环境及景观质量有待提高。

4. 文化挖掘有待加强，产品特色不够突出。旅游产品要取得良好的经济效益就必须区别于同类旅游产品，即做到旅游产品的特色化。[①] 在旅游市场竞争日益激烈的当下，游客在出游前更加注重对旅游产品特色化的考量，旅游产品的特色程度直接决定了游客数量。[②] 临清中洲古城拥有丰富的历史文化资源，它们都展现着浓郁的运河特色、包容的古县胸怀，具有独特的历史文化价值。[③] 但由于文化挖掘不够深入，未能在

---

① 傅云新、蔡晓梅主编：《旅游学》，中山大学出版社2007年版，第181页。
② 孙艳红：《洛阳市智慧旅游发展研究》，中国经济出版社2018年版，第102页。
③ 刘明明、高鑫君：《地域文化视角下的古城运河滨水景观更新设计——以临清运河会通河段为例》，《美与时代（城市版）》2021年第11期。

保护与发展的基础上,将特色旅游资源充分展现出来。旅游项目往往只是简单的观光游览,仅限于运河风光的展示,未形成各景点之间的有机联系,在设计和管理上缺乏创新性,导致特色不够突出,产品缺乏竞争力。①

三 文旅融合发展的对策与建议

在大运河申遗成功和"后申遗时代"到来之际,如何充分挖掘临清市的历史人文资源优势,妥善保护和传承运河文化遗产,使临清运河文化得到更好地展示、传播,是未来很长一段时间内需要思考的问题。②对于临清中洲运河古城来说,首先要重视其历史文化的保护,而这一举措的共识目标便是"原真性保护"。③ 在城市化发展的背景下,临清中洲古城的保护与开发为城市发展的重大课题。中洲古城有些地区保护得比较完整,能够维持其"原真性";有的地区仅剩下符号与残片,这部分内容的保护与更新要延续地方文脉,并结合现代元素,实现有机更新。针对保存比较完整的地段,运用"活态博物馆"的理念,对历史文化街区的物质文化遗产和非物质文化遗产进行原真性保护,并在此基础上发展现代旅游业,实现传统与现代的有效对接。

（一）加大宣传推介,打造特色文旅品牌

要运用电视、报刊、网络等各种媒体,积极打造运河美食文化节,宣传大运河临清段遗产独特而重要的价值,提升社会各界保护运河遗产的共识。广泛开展以"热爱家乡,保护遗产"为主题的宣传活动,普及运河遗产常识,扩大运河遗产的感染力、渗透力,真正发挥文化遗产的教育认知功能。要发挥文史工作者、爱好者、志愿者的作用,为大运河遗产保护、开发、利用发挥各自作用,动员全社会参与到大运河遗产的

---

① 王雪莹、罗衍军:《文旅融合视角下临清运河文化遗产保护与发展新路径研究》,《淮阴工学院学报》2022年第2期。
② 王雪莹、罗衍军:《文旅融合视角下临清运河文化遗产保护与发展新路径研究》,《淮阴工学院学报》2022年第2期。
③ 汪芳、刘迪、韩光辉:《城市历史地段保护更新的"活态博物馆"理念探讨:以山东临清中洲运河古城区为例》,《华中建筑》2010年第5期。

保护中来。要突出临清运河文化的特色，明确市场定位，塑造独树一帜的旅游形象标识，打造适合自身实际的特色文旅品牌。以市场为导向，针对游客多元化的需求，科学制定系统规划，注重增强临清文化遗产的内核与立体感。在对外宣传过程中，创新宣传种类和方式，充分利用新媒体技术，线上与线下同步进行，展示临清地方特色、人文历史，提升临清运河文化遗产的记忆点与深刻度，以提高文旅品牌的知名度和影响力，将文化资源转化为经济价值。[①]

（二）加强顶层设计，健全管理体制机制

运河文化资源的开发与利用，需要具体情况具体分析，实地考察和倾听民意是必不可少的两个环节，绝不能只说不做，要认真落实每一项工作。[②] 在坚持政府投资的同时，创新思路、借地生财，搞市场化运作，鼓励单位和个人、外商参与大运河临清段文化遗产的保护和利用。深入研究国家在运河遗产保护方面的扶持政策，在运河文化遗产研究方面早出成果、早报项目，争取立项，积极争取上级文物扶持专项资金，为推动大运河保护利用提供保障。在扎实推进古民居修缮的同时，加强对传统民居，临街铺面的建设监管，杜绝出现风格与老街风貌不协调的建筑物，拆除违章建筑，用"修旧如旧"的办法修复一条古街巷，恢复其历史风貌。把握时机，扩充水源，尽快实现城区古运河互联互通。杜绝向运河内排放污水，改善水质，涵养运河生态环境，推进整个运河周边环境的治理与开发，全面打造运河水上景观带。

按照已经形成的大运河遗产临清段管理机制，根据各自的职责分工，加大督导检查力度，确保运河遗产保护机制发挥作用，形成合力。引入有情怀和资本的发展商，与当地政府和居民建立长期合作关系，形成利益共同体；建立新的中洲古城区自治委员会，形成共同管理的机制，共同制定古城发展规划，共同讨论规划，审查规划，监督文化遗产

---

① 王雪莹、罗衍军：《文旅融合视角下临清运河文化遗产保护与发展新路径研究》，《淮阴工学院学报》2022 年第 2 期。

② 王雪莹、罗衍军：《文旅融合视角下临清运河文化遗产保护与发展新路径研究》，《淮阴工学院学报》2022 年第 2 期。

保护和古城风貌的改善。无论是搬空古城居民进行整体开发的模式，还是放任古城居民自发开发的模式，均无法保障古城的遗产保护和产业发展。前者导致古城遗产灵魂的丧失，后者则往往导致古城居民违规乱建，古城风貌迅速丧失。所以，建立一个由政府、居民和投资者共同组成的利益共同体和联合管理社区，重建古城管理秩序，是古城遗产保护的第一步。

（三）挖掘地域特色，延续历史文脉

对于一座城市来说，它能够获得怎样的发展，最重要的是要看其有没有深厚的文化底蕴。一座城市只有饱含着城市记忆与城市精神，才能够拥有强大的文化竞争力。"实现历史文化名城的有机更新，应该塑造城市特色风貌，提升城市的内涵和品质。"[1] 因此，对于古城的开发一定要采取保护性开发的措施。不仅要开发，而且要将历史文脉延续下去，要将文化特征凸显出来，要将一切新业态都同文化相联系。只有这样，我们才能在传承和延续文化的同时，长久地获益。

基于"活态博物馆"理念的运河古城更新是围绕着运河古城的空间要素、集体记忆、社区居民等展开的，这些都是不可替代的宝贵资源，保护好才能利用好，要给予运河古城的遗产点更多重视，最大限度地留住运河古城的特色风貌。古城居民是古城深厚文化最真切的经历者和感受者，要尊重他们的生产生活方式，发挥其主体作用，为运河古城注入新的动力。[2] 中洲古城中富有特色的"活态博物馆"主要有三处：一是中洲古城城区内的街巷与院落；二是纸马巷与竹竿巷西段及两侧的民居；三是清真东寺与清真北寺周边距离街巷较远区域的民居院落。中洲运河古城区的"活态博物馆"中蕴含着丰富的历史意蕴，一些比较著名的字号、地名和曲艺等依然活跃在人们的视野中，如《金瓶梅》小说中提到的一些地名，至今仍能在中洲古城中寻找到历史遗存。一些传统的技艺依然在中洲古城中传承，如竹编技艺、纺织技艺、酿造技艺等。此

---

[1] 何奇松、刘子奎编著：《城市规划管理》，华东理工大学出版社 2005 年版，第 160 页。
[2] 苗红培：《活态博物馆理念下的运河古城更新研究》，《行政科学论坛》2019 年第 3 期。

外，流传至今的临清琴曲、临清时调等也极具艺术价值。中洲运河古城区的居民中仍然有着拥有传统技艺的商户，还有一些经营传统饮食的商户，成为历史影像的现代印记。[①] 因此，在对古城进行更新改造的时候，必须深入挖掘其丰富的历史文化内涵，以运河文化的保护与塑造为重中之重，将其自然与人文特色进行充分展现，以特色鲜明的区域个性形成浓厚的吸引力，从而实现其特色文脉的可持续发展。[②]

（四）完善配套设施，保证古城活力

要想恢复古城活力，就需要在古城内聚集更多的人气，就应该鼓励当地居民在古城内生活和工作，而不是把古城变成毫无生气的博物馆。[③] 基础设施的完善是古城再生活力的内容，也是古城可持续发展的重要保证。结合临清中洲古城基础设施差，古城居民们居住的实际情况，要想留住居民就应完善设施水平，提高居民生活质量。一是加大环境整治，改善环境质量。通过用地布局调整，限制古城区内工业及生活废水、废气的排放。增加绿地、广场等开敞空间的面积，打造舒适、放松的滨水景观空间，为居民提供满意的生活环境。[④] 二是改造传统民居，打造更高品质的生活空间，提高居民的生活质量。传统民居是临清中洲古城的一个特色，而且整体建筑很有运河文化气息，非常具有研究价值，但由于城市建设的推进，传统民居遭到不同程度的破坏，而且在空间构造等方面已越来越不能满足居民的生活要求。因此，除了一些需要维持原貌的重点保护民居外，可以对其他传统民居进行适度改造，使其具备基本现代生活条件，有效满足居民不同的生活需求。三是保护和延续传统院落模式，通过更新基础设施，提升生活品质。按照"保护为主，抢救第一"原则，对文保单位加强保护措施，对非文保单位可在与周边建筑环境协调的前提下进行改建，恢复昔日运河沿岸街市

---

① 邹丽萍：《山东历史文化街区面面观》，河北人民出版社2019年版，第54页。
② 孙继国等：《临清中洲运河古城传统民居建筑空间活力再生设计研究》，《大众文艺》2019年第16期。
③ 魏小安：《中国古城古镇古村旅游发展研究》，中国旅游出版社2009年版，第14页。
④ 刘明明、高鑫君：《地域文化视角下的古城运河滨水景观更新设计——以临清运河会通河段为例》，《美与时代（城市版）》2021年第11期。

生活景象。

（五）强化非遗利用，丰富旅游业态

临清的运河文化资源种类多样，除了运河相关的建筑遗存外，还有传统曲艺、制作工艺、民俗文化等非遗财富。"它们与有形文化都是前人智慧的积淀，共同构成了一座城市的独特历史文化，对城市形象的塑造有着深远影响。"①"城市文化是城市的气质和灵魂，也是讲好城市故事的内生动力和重要载体。"②

在传承运河非遗的过程中，要充分发挥专业团队的作用，还要与民间传承者、爱好者合作，收集、挖掘、整理和保存各种类型的史料，以及田野间的传说、歌谣等。通过举办运河文化艺术节、美食文化节、京剧票友大赛等主题文化活动，设置各类主题博物馆，宣传、弘扬临清的非物质文化遗产。要善于将文化遗产转变为现实的生产力，培育具有地方特色的文化产业，鼓励和扶持古城老街区建设专业商业街，引入古玩字画、花鸟虫鱼、竹器、临清土特产、传统美食等经营业户，使各条专业街兴盛起来；注重临清旅游商品的开发，丰富地方旅游产品的文化内涵。

运河古城在我国的古城中具有独特的地位，它们的兴衰与运河息息相关。大运河申遗成功以及城市化进程的加快为运河古城在新时期的发展提供了契机，沿运城市为此付出了很多努力，虽然取得了一定成就，然而仍然存在保护与发展不能有效平衡的问题，真正通过古城更新带动经济增长、激发城市活力的成功案例较少。事实上，运河文化如何实现创造性转化和创新性发展、运河古城如何焕发时代新风貌仍然是值得继续探索的课题，也是运河沿线地方政府和相关部门需要及时解决并反思的问题。③

在20世纪90年代初，吴良镛教授针对城市的保护与发展，提出了

---

① 何奇松、刘子奎编著：《城市规划管理》，华东理工大学出版社2005年版，第160页。
② 秦甫、王国均：《现代城市工作概述》，武汉大学出版社2013年版，第199页。
③ 苗红培：《活态博物馆理念下的运河古城更新研究》，《行政科学论坛》2019年第3期。

第十章　山东运河文旅融合发展的个案研究

"有机更新"的理论，对于指导城市建设具有重要的启示意义。①"有机更新"理论将城市的发展过程看作是生物有机体生长的过程，在这个过程中，应当时刻注意旧的、腐败的部分，不断地将其去除；与此同时，新的内容也不断产生，但是这些新的内容不能完全脱离原有的结构。简而言之，就是要对城市进行更新，这个更新是多方面、多层次的。因此，在这个过程中要将多方面因素纳入考量，如人文精神、生态环境、大众审美等。②临清中洲古城历史街区的有机更新亦是如此，它是一个有机体，具有广阔的发展空间，也在不断与时俱进。经过资源重组、活化利用、有序更新，可以让古城的保护和开发形成良性循环，留住老味道，再现其运河名城的风采。③

临清中洲古城文旅融合发展的关键就是做好古城的"有机更新"。具体来说，若想将历史文化街区动态演变的特征延续下去，就要坚持保护与合理使用相结合，注重合理发挥历史文化资源的经济与社会效益，改善配套基础设施，增加街区发展支撑条件，实现可持续发展。要坚持文物古迹和非物质文化遗产的真实性、完整性和延续性，明确保护内容、重点和措施，除保护历史街巷、文物建筑等历史空间外，还应保护与街区相互依存的自然环境和街区承载的非物质文化遗产，将其作为一个整体加以保护。要完善古城功能，避免古城成为纯粹旅游区。对历史文化保护区进行环境整治，形成有文化底蕴的、成规模的商业及文化展示和旅游区，添设必要的市政和文化设施，提升广大居民的生活便利程度和居住质量。按照"保护为主，抢救第一"原则，对文保单位加强保护措施，对非文保单位可在与周边建筑环境协调的前提下进行改建，恢复昔日运河沿岸街市生活景象。保护和延续传统院落模式，通过更新基础设施，提升生活品质。充分考虑古城内功能产业的融合，控制各类业

---

① 李莉、张辉编著：《中国新型城镇化建设进程中棚户区改造理论与实践》，中国经济出版社 2014 年版，第 21 页。
② 郭琦、朱京海：《工业遗存概论》，辽宁科学技术出版社 2011 年版，第 28 页。
③ 孙继国等：《临清中洲运河古城传统民居建筑空间活力再生设计研究》，《大众文艺》2019 年第 16 期。

态的规模，为招商引资提供有效平台。将体验型商业植入锅市街、马市街形成的主街，恢复市井商业和运河生活场景，通过多功能旅游业态的开发，完成对历史文化街区环境和功能的更新，在不扰动传统生活空间的同时，提振旅游经济，推进城市发展。

第三节　聊城米市街历史文化街区的保护与开发

聊城米市街是2014年山东省人民政府公布的第一批历史文化街区，是聊城重要的历史文化集聚区。街区内建筑随坡就势，依河而建，是明清时期随着运河漕运兴盛形成的商业区。它是体现聊城历史文化名城的重要物质空间，是城市中传承历史文化和延续传统生活的主要载体，也是实现城市转型和可持续发展的宝贵资源。本节在论述聊城米市街街区概况和资源优势的同时，重在分析其保护和开发现状，探讨其规划原则和实施路径，以求为大运河山东段历史文化街区的保护和利用提供参考和借鉴。

一　米市街文化旅游资源概况

根据《聊城历史文化名城保护规划修编（2017—2030）》和2014年山东省建设厅批复的聊城历史文化街区范围，米市街历史文化街区包括核心保护范围和建设控制地带两部分。街区范围东至京杭运河东岸，西至东昌湖，南至京杭运河南岸，北至东关街，总面积63公顷。其中核心保护范围东至京杭运河西岸，西至东昌湖，南至东昌湖与京杭运河交汇处，北至东关街，总面积40公顷。相关文化资源主要包括街道景观、空间肌理、文物古迹、生活民俗等。

（一）米市街街区历史

米市街最早为馆驿所在之处，同时也作为演武场驻扎兵马。其中崇武水马驿设立于明洪武八年（1375），位于聊城运河西岸；演武场则在

第十章 山东运河文旅融合发展的个案研究

其西南,位于府城的西南角。此处北部还设有"税课司",负责管理商业与税收等事宜。① 明清时期,得益于漕运的兴盛,米市街一带逐渐繁荣起来。至清代中叶,米市街东北角的通济闸一带(俗称闸口)仍极为繁盛,甚至连城内的商业都难以与之比拟。到了清朝宣统期间,米市街的建筑格局便已基本固定下来,其无论是从街区的主要街巷格局上来说,还是从水域边界上来说,都与如今的卫星地图相差无几。②

到了清末民初,漕运衰败了下来,同时又战乱频发,米市街街区也因此没落。一直到中华人民共和国成立后,国家开始发展城市建设,米市街区才迎来了新的发展。在21世纪初,对大码头街的部分地段进行了大规模的改造,除去一些文物保护单位外,其他的建筑都焕然一新。至于未经改造的地段,也实施了不同程度的翻新,其针对的主要是各企事业单位的办公及生活设施。同时,在不同的时代,其建筑类型呈现出了不同的风格,20世纪六七十年代,以红砖房建筑居多;而到了80年代,建筑风格就发生了改变,转向多层的单元式建筑。不同年代的建筑如今混杂着分布在历史街区中,这就让整个街区呈现出浓厚久远的历史人文特色,同时,也没有对街巷的格局造成影响。③

1927年,民生染织厂在该街创办,约有职工百人,使用木织机生产白布、花格布等,30年代初关闭。米市街北段路西曾有处"钱业公所",大门是砖砌西式建筑,这曾经是全县银钱业同行集会议事的公共场所。每天上午,城关同业人员都来碰头,相互交流商情,彼此出谋划策,帮助排解纠纷等,对于促进同业团结、共振金融行业起到了积极作用。

米市街,作为聊城历史上的一个光荣地标,见证了中国革命的重大事件。1919年五四运动爆发,米市街回族商人蒋宝荣组织了"聊城商学联合会",这汇集了聊城商界,以及聊城三师、二中、道立小学等学校

---

① 董巍:《聊城市米市街历史文化街区的保护更新策略研究》,硕士学位论文,北京建筑大学,2018年,第29页。
② 董巍:《聊城市米市街历史文化街区的保护更新策略研究》,硕士学位论文,北京建筑大学,2018年,第29—30页。
③ 董巍:《聊城市米市街历史文化街区的保护更新策略研究》,硕士学位论文,北京建筑大学,2018年,第31页。

师生三千余人的庞大力量。蒋宝荣，字光甫，善于排难解纷，敢于为民请命，在坊间颇有威望。他带领满怀爱国热情的商人们上街演讲、游行，推动了反帝爱国运动在聊城的蓬勃发展。抗日战争爆发后，范筑先将军亲临城头指挥作战，米市街的杰出青年们王笃元、蒋东岭、刘文奎、窦余泉、周怀义等纷纷加入范筑先将军领导的抗日队伍中，为全民族抗战献出了宝贵的生命。

中华人民共和国成立后，米市街先后驻有多家企事业单位，米市街居民和驻街单位的干部职工一起，为社会主义革命和建设作出了积极贡献。粉末冶金厂前身为50年代建立于闸口西路北的"聊城白铁生产合作社"，通过加工白铁制造农具和日用品。1966年，改为"聊城县粉末冶金厂"，采用铁粉、硬脂酸锌、石墨粉、锭子油生产粉末冶金套。鞋厂前身为1954年在城内建立的"聊城县制鞋合作社"，1956年迁至米市街北段路西。1958年转为合作工厂，名为"聊城市制鞋厂"，后更名为"聊城县制鞋厂"。该厂初产布鞋，1979年后增加皮鞋制作，更名为"聊城县皮鞋厂"。家具厂前身为1952年建于越河圈街的竹器生产合作社，1961年迁到本街中段路东。初期以编制生产、生活用具为主，如篮子、筛子、笆子、扫帚、藤椅、儿童藤车、蒸笼、油篓等。1968年试产洗涤剂，后称聊城县洗涤剂厂。1972年转产锅盖、风箱、蒸笼等炊具，改名"聊城县炊具厂"。1974年后，添置跑车带锯、万能锯、打槽机、平面刨等设备，1979年更名为"聊城县家具厂"。1982年后，开始生产板式结构家具，并试产高档雕花大漆古式家具条几、八仙桌、太师椅等。

米市街历史文化街区蕴含了丰富的历史信息，现如今其在原有的基础上增添了很多现代元素，始终是聊城市独有的印记与记忆，并于2014年11月入选山东省首批历史文化街区。

（二）资源优势

米市街历史文化街区位于聊城古城东关一带，西临中华水上古城东门，东临京杭大运河，与其北侧的大、小礼拜寺街历史文化街区，同为历史上东昌府城的重要组成部分，同时也是聊城历史文化的集聚区。与聊城其他历史文化街区相比，米市街历史文化街区具有独特的自然风貌

第十章　山东运河文旅融合发展的个案研究

和历史文化元素，是聊城历史文化保护的重点区域，同时也具有较大的旅游开发与产业培育价值：

1. 地处聊城市城区建设核心区。东昌府区为聊城市委、市政府所在地，城市规划水平、建成区面积及人流物流均大大高于周边各县、市、区。米市街地处聊城市城区建设核心，周边基础设施齐全，人口密度较大，商业发育程度高，具备文旅融合发展的良好基础。

2. 具有鲜明的运河文化特色。米市街地处聊城东昌古城与大运河之间，运河在米市街东部环绕而过，伴随着运河漕运经济的繁荣，米市街保留了大量与运河有关的建筑遗迹，街区建设肌理与道路框架均体现出鲜明的运河商贸特色。

3. 受城建开发影响较小，保存了较多文化原貌。米市街主体建筑群的形成年代为20世纪50—70年代，如今拥有1处全国重点文物保护单位以及3处市级文物保护单位，占地面积共3785平方米，具有较好的保护基础。

总体来看，米市街文化资源较为丰富，种类较为多样，主要有街道格局风貌、文物名胜古迹、传统民俗风情三类：

表10-1　　**东昌府区米市街历史文化街区文化资源一览表**①

街道格局风貌	米市街历史文化街区的历史街巷、传统民居及历史环境要素等组成的整体景观风貌和街区空间景观特征，包括空间尺度、街景风貌、水乡风貌、天际轮廓线等
	米市街历史文化街区、巷道形成的历史空间结构和肌理，主要为米市街、羊使君街、双街三条历史街巷，保持街巷的宽度和空间尺度
文物名胜古迹	山陕会馆、崇武驿大码头、崇武驿小码头、聊城天主教堂4处文物保护单位
	米市街158号聊城清代民居1处历史建筑、5处推荐历史建筑和传统风貌建筑院落
	古树2株、古码头2处，古井1处，古桥7处
	保护京杭大运河河道，以河道遗产范围外扩30米为河道一般保护区

---

① 笔者根据《聊城市东昌府区米市街历史文化街区保护规划》相关数据整理而成。

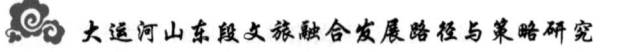

续表

传统民俗风情	保护街区的历史文化内涵，包括传统生活方式、民俗风情等
	查拳等传统民间非物质文化技艺

从文化资源类型和保存状况来看，米市街历史文化街区具备较为鲜明的运河文化特色和数量众多、层次丰富的地域文化元素，再加上其地处聊城市主城区核心区，在文旅融合发展方面具有得天独厚的优势。通过科学定位与合理建设，能够成为聊城运河文化带的突出亮点。

二 街区保护和开发存在的问题

着眼于历史文化街区保护和城市形象提升，近年来，聊城市大力实施东关片区城市品质提升项目，包括米市街北入口提升，米市街西侧滨水改造，米市街沿街建筑立面提升等工程。在改善街区环境和配套设施的同时，还对历史建筑进行文化创意开发。伴随街区新貌而来的，是民宿、咖啡厅、设计公司等新兴消费业态的兴起。虽然米市街历史文化街区的保护与开发取得了显著成绩，但仍存在一些问题和不足有待提升和解决。

（一）文化价值挖掘不够

米市街街区拥有四处文保单位，但是它们的价值未被充分挖掘和展现。其中，山陕会馆作为国家级文物保护单位，虽然得到了较为妥善的保护，但功能较少，更多的是作为聊城市的博物馆对外开放，互动性的文化空间尚未构建，与周围的街区联系不密切。另一处市级文保单位基督教堂开放程度有限，从开放人群上来说，仅限于其内部的工作人员以及基督教信徒；而从视觉效果上来看，在其四周建筑群遮挡的影响下，其难以引人注目。至于崇武驿大码头、崇武驿小码头两处市级文保单位则更为无名，作为曾经重要的运河口岸，如今却寂寂无闻，静默在运河岸边。让这些文保单位"活起来"是当前工作的重中之重。[1]

---

[1] 董巍：《聊城市米市街历史文化街区的保护更新策略研究》，硕士学位论文，北京建筑大学，2018年，第46页。

第十章　山东运河文旅融合发展的个案研究

(二) 保护和监管不到位

对于米市街历史文化街区的历史建筑来说,其认定以及保护等工作同样存在着一些问题。对于许多建造年代普遍在 20 世纪七八十年代的民宅,应当正视其内在价值,对于拥有相当价值的一般建筑,应该由相关部门对其进行综合评估,加快其认定为历史建筑的步伐。这些建筑物是研究聊城市地域性的建构文化的重要参照,同时也是地区建筑多样化发展的基础条件,然而,目前对其的保护以及监管还有待进一步增强。[①]

(三) 缺少传承环境载体

漕运衰败带来的不仅仅是地区经济的衰落,同时也伴随着米市街街区相关运河民俗文化以及商贾文化的落寞,一些传统渐渐被世人淡忘。街区整体呈现破败凋敝之状,曾经往来贸易的繁华盛景也不复存在,相关的工艺品生产以及一些非物质文化遗产的传承动力不足、面临困境。没有良好的传承载体,难以有更持久的传承。世事变迁,街区的物质环境已经改变,特色文化的传承也受到影响。[②]

(四) 旅游产品层次有待提升

街区内的商业以手工艺、餐饮为主,与其他地方古镇老街的业态差异化不明显。受空间场地、设计能力等因素的限制,标志性、创意性、体验性的节点景观匮乏,导致旅游体验仍停留在"游观"层面,在体验内容的创新、高附加值消费等方面还需进一步加以提升。

(五) 居民参与积极性不高

作为街区生活的主体,居民是街区最直接、最深刻的感受者,也因此对街区的发展有着重要的话语权,影响着街区的发展方向。但是从居民身上也反映出一些问题。以往的一些项目都是在政府的主导下进行的,虽然投入了大额的资金,往往却不一定能够满足居民的生活需求,

---

① 董巍:《聊城市米市街历史文化街区的保护更新策略研究》,硕士学位论文,北京建筑大学,2018 年,第 48—49 页。
② 董巍:《聊城市米市街历史文化街区的保护更新策略研究》,硕士学位论文,北京建筑大学,2018 年,第 70 页。

这就使很多居民难以对政府行为进行支持与配合，导致项目进度陷入停滞，也不利于街区和谐氛围的营造。① 导致这种情况出现的原因有两个：一是他们对文化遗产保护认识不足，有一些虽然拥有怀旧情怀，但对诸如"文化遗产""文物保护""历史街区"等专业性较强的问题并没有正确而深刻的认知，对于居民们来说，他们只知道政府正在进行一些与街区建设的相关工作，但不能理解这一行为的重要性。二是对于居民们来说，居住环境质量的提高才是他们最根本的需求。他们关心的是房屋的修缮与更新，希望能够对街区的破旧现状进行改善。为进一步改善居民的生活环境，尊重和保护文化遗产，米市街历史文化街区保护与更新离不开当地居民的参与。②

三 街区规划和建设的原则

"居住性历史文化街区是指以居住为主要功能且以传统民居建筑、传统生活文化为核心价值的历史文化街区。"③ 米市街就属于这种街区。相较于其他类型的历史文化街区，这类街区的保护工作往往更受忽视，问题也更复杂。在米市街的规划和建设过程中，要遵循以下原则：

1. 真实性原则

对于历史街区的重建工作来说，如何保持其原真性是亟待解决的问题。④ 具体到米市街，应切实保持街区原有的整体风貌，对于核心保护区域中的历史街巷，不能再拓宽，同时也不能更改空间尺度，做到应保尽保，应延续使用历史街巷的原有名称。严格明确土地使用性质，不得盲目增加建设用地比例，要有序提高非建设用地比例，合理规划土地用

---

① 葛钰：《历史街区保护更新探索与实践——以聊城市米市街历史文化街区为例》，《中国建筑装饰装修》2020 年第 6 期。

② 董巍：《聊城市米市街历史文化街区的保护更新策略研究》，硕士学位论文，北京建筑大学，2018 年，第 70 页。

③ 孙立、贾灵光：《居住性历史文化街区保护与更新案例策略研究》，《建筑与文化》2018 年第 5 期。

④ 华又佳：《文化记忆视角下的历史街区重建》，《厦门特区党校学报》2018 年第 1 期。

途；对核心保护范围内的建筑物，应当根据其文化价值及保存状况，区分不同情况，采取相应措施，实行分类保护。

2. 整体性原则

历史街区的物质形态由各种空间形态构成，如房屋、道路、街巷结构等。不过，从本质上来说，历史文化街区是将文化记忆进行物态化呈现的典型载体。因此，对于街区的重建与更新，必须重视其中的居民群体，以及所构建起的文化记忆。对历史街区的重建，从最根本上来说是为了将其更好地融入整个城市的功能构建之中，但必须以保障其历史文化价值为前提。因此，要重建历史街区，就不能仅仅将目光停留在建筑的重建上，还要挖掘其文化内涵，让历史街区的现实象征意义与功能价值交织在一起。①

3. 风貌协调原则

历史文化街区科学保护是更新和再利用的前提。② 各地传统民居的建造均从当地地理、气候、材料、人文等条件出发，因此形成了具有强烈地方色彩的传统建筑文化遗产。在当今千城一面的城市建设中，这种千差万别的传统民居建筑构成了当地鲜明的风貌特征。③ 在保持文化街区原真性的同时，还要考虑与城市总体发展的融合性和协调性。④ 对于基础设施和公共服务设施来说，其建造不应破坏历史风貌。此外，其他新建、扩建行为也不应发生在米市街的核心保护范围内。

4. 循序渐进原则

街区的保护与更新工作不是一蹴而就的，它是动态发展着的，必须采取小规模渐进式的更新，稳扎稳打。⑤ 同时还要根据每个阶段的不同

---

① 华又佳：《文化记忆视角下的历史街区重建》，《厦门特区党校学报》2018 年第 1 期。
② 王华、邹蕾蓉、王力锋：《居住性历史文化街区保护与更新策略研究——以九江市老地委大院为例》，《居舍》2022 年第 32 期。
③ 孙立、贾灵光：《居住性历史文化街区保护与更新案例策略研究》，《建筑与文化》2018 年第 5 期。
④ 王美琪、张晶璐：《文旅背景下历史文化街区的保护与更新设计分析研究——以浑源县永安西街为例》，《鞋类工艺与设计》2023 年第 15 期。
⑤ 王华、邹蕾蓉、王力锋：《居住性历史文化街区保护与更新策略研究——以九江市老地委大院为例》，《居舍》2022 年第 32 期。

特点,对街区的各种功能进行调整,因地制宜,保证空间的活态化。为了保证街区的保护更新工作能够得到支持与呼应,还要对社区治理的模式进行探索,实施有效的管理方式,提高工作的精细化、精品化程度,全面提升社区治理服务效能,促进历史文化街区的可持续发展。

5. 以人为本原则

"以人为本被认为是城市规划追求的真谛,也是对人性本源需要的回归。"[1] 居住型历史文化街区的保护与更新应始终坚持以民为本、以人为中心的理念,充分尊重居民的现实诉求与意愿,并在实施过程中予以落实,从而更好地延续传统的生活方式。[2] 米市街内上有大量居民在此生活,其保护和开发要以保障民生为前提,聚焦人民群众需求,完善公共服务体系,补齐基础设施短板,提升人居环境品质,驱动创新产业发展。

四 文旅融合发展的对策与建议

历史文化街区文旅融合的重点在于突出历史文脉的传承、历史风貌的延续,妥善处理好保护与开发之间的关系。具体到米市街历史文化街区而言,要采用多样化手段,对街区进行科学的保护、改造与提升,努力形成米市街独特的文化风貌,打造聊城文旅融合发展示范区。

(一)保护街区风貌格局,精心做好古街改造提升

要注重保留米市街历史文化街区范围内清代、民国时期原有街巷尺度,特别是道路两侧历史风貌保存较好的历史街巷,包括米市街、羊使君街、双街等,要严格保护街巷位置和尺度(重点保护街巷高宽比),保护两侧建筑高度和立面连续性,尽量维持传统风貌,保留街巷名称,禁止进一步拓宽街巷。要保护街巷位置、走向、名称,通过修旧如旧、铺装改造、绿化环境等设计恢复街巷历史风貌。主要历史街巷应通过局部考古发掘等方式摸清历史信息,有依据地保护、恢复街巷的历史铺装

---

[1] 陆玲:《城市更新下历史文化街区的保护更新初探》,《大科技》2022年第28期。
[2] 王华、邹蕾蓉、王力锋:《居住性历史文化街区保护与更新策略研究——以九江市老地委大院为例》,《居舍》2022年第32期。

形式，铺装材质主要运用青石板路，铺装方式可采用多种铺装手法。对于无法摸清历史信息的一般巷道，应采用聊城本地路面铺装的传统材料和工艺。一般保护街巷可采取石材、地砖、砖石混合等现代铺装形式，铺装形式和市政设施井盖等可融入米市街历史文化特色符号，依据不同的功能采用不同的铺装方式。景观道路铺装方式主要为沿丁家坑水域的慢行步道、其中恢复的历史街巷刘家胡同应采取与传统街巷相近的仿古铺装材料与方式，突出水面的道路主要以木栈道为主，其他滨水道路结合景观设计采取与历史街巷相协调的现代铺装材料与方式。根据历史建筑的具体情况，制定不同的应对措施。对历史建筑的局部破损，比照历史原貌进行保护性修复；对于局部已经发生明显改变的历史建筑或局部不协调的现代建筑，尽可能地按照历史建筑的原貌或借鉴其他历史价值较高的街区内建筑进行改造和替换，保持建筑风貌的一致性。

（二）突出文化资源特色，打造米市街文化院落

依托现有具有历史信息的文物古迹点、历史建筑、历史景观要素（古井、古桥、古树等），充分展示米市街历史文化街区的历史文化内涵。一是采取实物展示、历史照片、参与体验等方式，全面展示米市街鲜明的历史文化特色和内涵。通过民居宅院建筑和传统家具实物、历史街巷、古桥、古树、水井等，展示历史文化街区的风貌和传统生活氛围。通过遗物遗存实物、历史照片，展示历史人物和事迹。通过传统作坊参与生产、传统商铺购物、民宿客栈居住等参与体验的方式，展示街区的传统生活和历史文化。二是依托重点保护历史街巷米市街、羊使君街、双街，利用传统民居和重要文物古迹点、历史建筑，形成具有连续街道立面、传统风貌特色的特色旅游线路。依托丁家坑水系、东昌湖和京杭运河大码头街沿岸的滨水空间，充分利用山陕会馆、崇武驿大码头、崇武驿小码头、天主教堂等文物古迹点，全面展示聊城多元商业文化、宗教文化和名人文化。三是依托主要街道和滨河步道形成米市街历史文化街区公共开放空间网络，着力塑造公共开放绿地景观节点，改善街区居住环境，提高居民生活质量。

（三）加强非遗活化利用，传承米市街文化记忆

"历史文化街区的更新不仅是空间格局、历史建筑等物质形态的更新，还应着力突出历史文化街区的文化底蕴，注重文化传承，使其自身具备内生的造血机制，达到激发活力、可持续发展的目的。"[①] 米市街为聊城民俗文化与非物质文化遗产富集区，要结合米市街历史文化街区建设，着力保护聊城国家级、省级及东昌府区内涉及的85项非物质文化遗产，包括国家级非物质文化遗产木版年画（东昌府木版年画）、葫芦雕刻（东昌葫芦雕刻）、聊城牛筋腰带制作技艺、东昌泥塑、虎头鞋帽、香包手工技艺等，使米市街历史文化街区成为聊城传统文化与民间技艺的集中展示区，让米市街历史文化活起来，形成更大的文化亲和力与感染力。

对于街区内的非遗文化资源要进行合理的开发与利用，将其所蕴含的文化价值以及科技价值充分地挖掘出来，并利用历史文化街区进行产业导入，促进文旅产品的开发，有效发展文化产业。与此同时，要借助优秀民间文化资源教育未成年人，以此加深他们的爱国主义情怀，牢记民族精神，将中华民族的优良传统美德传承下去。运用文字、录音、录像、数字化多媒体等多种方式，综合展示聊城非物质文化遗产概况和特色；在街区内新增文化广场等文化主题空间，作为聊城民间舞蹈、民间杂技类等非物质文化遗产的展示、传承空间；设置"前店后厂"的非物质文化遗产传承展示，以活态方式传承、推广传统手工技艺类非物质文化遗产；鼓励设置传统医馆展示民间医药技艺。非物质文化遗产展演、展览、展销活动要同历史文化街区未来举办的各种传统重要节庆相结合，使其成为展示聊城地方文化的一大亮点。

（四）完善配套服务设施，提高街区生活品质

在对居住性的历史街区进行保护的时候，要以现代人的居住生活需要为出发点，着力改善街区基础设施，优化居住环境。这样一来，

---

① 邵笛：《基于地域文化传承的历史文化街区保护与更新——以百年老街富锦正大街为例》，《住宅产业》2022年第C1期。

不仅能够提升居民对于街区的认同感,而且还能够充分彰显出街区的价值。①

具体到聊城米市街来说,一是拆除院落内部的违章搭建,适当疏解人口,恢复院落内部原有空间格局,合理使用院落内部各个建筑。改善院落内部设施,满足居民生活的基本需求,实现厨卫入户或入院。整治院落内部空间环境,利用清理违章搭建腾出的空地进行院落内部绿化,设置座椅、盆栽、假山等内部环境设施,优化提升人居环境质量。二是对米市街历史文化街区采取全时段机动车管制措施,禁止外来机动车进入街区核心保护范围的狭窄街巷,避免机动车对街区内部居住生活、文化展示、旅游观光活动的干扰。三是完善街区内部的步行系统,在历史街区核心保护范围内,根据实际情况逐步实施步行化交通管理,力求形成历史城区内具有活力的步行街区。四是在保护和利用街区特色滨水步行空间、历史街巷步行空间的基础上,积极利用米市街、羊使君街、双街入口节点地区拆除不协调现代建筑的腾退用地,增加必要的公共绿地、公共活动场地,改善街区居民生活环境。五是在街区重要的道路沿线、绿化节点内设置垃圾收集设施和公共厕所,环卫设施的建筑形式、材料外观、色彩等应与街区环境相协调。

(五)整合街区内部功能,创新旅游发展业态

在文旅融合背景下,想要充分发挥出历史文化街区的社会效益以及经济效益,其有效的方式便是旅游活化。历史文化街区不仅提供了许多丰富的内容,拓宽了旅游活化和业态创新的空间,同时也为其创造了良好的营商环境;反之,旅游活化与业态创新也有利于历史文化街区的复兴,同时也为其创造性转化与创新性发展指明了方向。②

随着米市街街区文化及周边商圈的不断完善,许多消费者前来拍照

---

① 兰伟杰、赵中枢:《居住性历史街区保护整治方法初探——以安徽绩溪县中正坊—白石鼓历史文化街区保护规划为例》,《中国名城》2013年第10期。

② 郑珊珊:《历史文化街区的旅游活化及业态创新》,《扬州大学学报(人文社会科学版)》2021年第1期。

打卡，成为聊城市旅游地标打卡地和时尚文旅消费引领区，但在旅游业态的丰富性和发展水平方面仍然有改进和提升的空间。针对这一情况，我们可以采取以下措施：一是充分利用历史文化街区内现有公共资产，如一些闲置的建筑，加强其活化利用，拓展新型公共文化空间。二是推进新兴业态良性发展，注入特色文化元素，延长旅游产业链，创新消费场景，营造复古和时尚、传统和现代、休憩和娱乐并存的购物环境。三是以历史文化街区内的人文情怀，历史故事和历史建筑为基础，举办夜间经济活动，激发夜经济对旅游行业的推动作用，让游客体验到旅游地不同于日间旅游的夜间城市文化风情。[1] 四是创设网红产品与网红打卡点，将历史与现代宣传手段相结合，让游客与当地的历史文化近距离接触，切身体会当地的文化。[2] 要丰富旅游商品的种类，优化其经营方式，突出其本土特色，重视其休闲性、体验性和互动性，最大限度地满足不同人群的需要。[3]

（六）健全管理保障机制，提高公众参与程度

作为重要的历史文化资源，居住性历史街区的保护更新工作需要政府的参与才能稳步推进。[4] 因此，对聊城米市街历史文化街区进行保护与更新时，必须保证以聊城市城市规划行政主管部门或其他政府相关人员为牵头者，针对米市街历史文化街区保护与更新工作与聊城市文物管理部门的文物专家和米市街街区的居委会成员共同组建一个管理机构，带动和引导整个社会对这项工作的重视。比如成立"米市街历史文化街区保护与更新工作办公室"，负责该区域以后有关保护更新项目的一系列事宜。这种专门的管理机构可以常驻于街区内，专注于保护更新项目

---

[1] 董腾、刘莹：《浅谈基于文旅融合下历史文化街区的发展》，《鞋类工艺与设计》2021年第19期；陆玲：《城市更新下历史文化街区的保护更新初探》，《大科技》2022年第28期。

[2] 董腾、刘莹：《浅谈基于文旅融合下历史文化街区的发展》，《鞋类工艺与设计》2021年第19期。

[3] 姚启芳、洪媛媛：《屯溪老街旅游商品休闲街区服务质量提升研究》，《合肥学院学报（综合版）》2020年第3期。

[4] 袁媛、徐维波、韦峰：《居住性历史街区保护更新的规划探索：以郑州书院街为例》，《华中建筑》2012年第9期。

的管理与实施工作，以确保工作的顺利进行。①

"居住性历史文化街区的活动主体是大量的原住居民，他们对街区有着深刻的认知，应鼓励引导居民全过程参与到街区保护更新的规划及实施活动。"② 就米市街历史文化街区的情况来说，一是居住在其内的居民们收入水平并不高，再加上政府的资金投入有限，很容易产生财政问题，给后续工作的开展带来困难，因此要从不同方面拓宽资金来源渠道。街区的保护与更新工作，除了保护文化遗产的目的外，也直接关系到百姓的生活现状，涉及提高居民生活水平的问题，因此在政府投入资金的基础上，还应得到人民群众的支持。而且，广泛的社会资金投入和有效的制度保障，也是让街区保护与更新工作良好开展的必要条件。

针对街区居民收入水平不高的问题，有关部门应当积极寻求同金融机构的联合，为区域更新建设工作提供小额信贷服务，通过低息或是免息吸引民众的广泛参与，并支持符合条件的企业参与其中。③ 此外，还可以通过技术传承、职业培训、政策扶持、文旅融合等手段，为居民提供更多的就业机会，以此使居民的收入得到提高。④

对于一个城市来说，历史文化街区是展现其风采的杰出代表，不仅汇集了各种地方特色文化，而且也见证了一座城市的历史发展进程以及文明演进过程。⑤ 保护城市的历史文化街区相当于在保护这个城市的历史文脉。⑥ 当前文旅融合成为推动城市经济发展的重要方式之一，同时，历史文化街区的保护与开发在城市文化建设与文化记忆传承等方面发挥

---

① 董巍：《聊城市米市街历史文化街区的保护更新策略研究》，硕士学位论文，北京建筑大学，2018年，第79页。
② 王华、邹蕾蓉、王力锋：《居住性历史文化街区保护与更新策略研究——以九江市老地委大院为例》，《居舍》2022年第32期。
③ 董巍：《聊城市米市街历史文化街区的保护更新策略研究》，硕士学位论文，北京建筑大学，2018年，第80页。
④ 张恺：《莎车古城：历史文化名城的保护与传承》，东方出版中心2016年版，第90页。
⑤ 贾子沛：《文旅融合视角下历史文化街区创新发展对策探析》，《经济论坛》2021年第10期。
⑥ 董腾、刘莹：《浅谈基于文旅融合下历史文化街区的发展》，《鞋类工艺与设计》2021年第19期。

着越来越重要的作用。① 更应当运用文旅融合这一重要手段,遵循保护历史街区、维护历史文化的原则,在保持当地居民生活水平满意度的同时,实现现代生活与历史文化街区的融合发展。②

历史文化街区要想对文化进行有效的保护与传承,离不开旅游业在政策和资金等方面的支持;与此同时,旅游业的发展也要依靠文化为其增强吸引力。因此,二者的关系是相辅相成的。历史文化街区为旅游业的发展提供了良好的场所,同时旅游业的发展也推动了历史街区文化的复兴与传承。想要让历史文化街区实现长久的发展,就必须深入挖掘其所蕴含的历史文化内涵。③ 米市街历史文化街区是聊城市作为国家历史文化名城的重要组成部分,也是古城区社会发展的缩影和见证,做好街区的保护和更新工作对于守护文化根脉、延续城市生命力至关重要。其文旅融合发展更应该坚持"以人为本"的基本理念,在消除经济利益当先、抑制追求短期政绩的基础上,循序渐进地进行历史街区的改造,最大限度地保护街区的历史风貌和建筑肌理,保持当地居民的居住生活模式,从物质和人文两个方面感知历史街区文化的真实性,实现特色文化与精髓的传承。只有深入挖掘米市街历史文化街区的文化内涵,全面展示其特点和价值,才能为其有机更新注入新的动力,为历史文化街区的保护与发展奠定基础。

第四节　南阳古镇文化旅游资源保护与开发研究

南阳镇位于山东省微山县西北部,北依济宁城区,南靠江苏丰、沛

---

① 王书雨、田治国:《文旅融合视角下历史文化街区发展路径探讨——以杭州大兜路历史街区为例》,《美与时代(城市版)》2022 年第 9 期。
② 王迪:《文旅融合视角下历史文化街区发展策略》,《中国房地产业》2019 年第 2 期。
③ 王书雨、田治国:《文旅融合视角下历史文化街区发展路径探讨——以杭州大兜路历史街区为例》,《美与时代(城市版)》2022 年第 9 期。

第十章　山东运河文旅融合发展的个案研究

二县，东邻孔孟圣地曲阜、邹城，西通菏泽。其处于微山湖北段的南阳湖中，古老的京杭大运河穿镇而过，构成北方水乡景观。该镇东西狭长，辖湖面15万余亩，拥有耕地7200亩，总人口30800人，分散居住在湖中83个自然岛屿上。南阳镇地处"日出斗金"的南阳湖中，其资源丰富，水运交通发达，经济发展潜力巨大，素有"小济宁"的美誉。作为粮、盐通道的重要节点，南来北往的商客在这里开设商号，创办作坊，引入各自习俗，促进了南阳古镇多元文化特色的形成，并对当地民众的生活产生了重要影响。[①] 本节在梳理南阳古镇文化旅游资源概况的同时，分析其保护与开发现状，并在此基础上提出具有针对性的文旅融合发展策略，以求为运河古镇的可持续发展提供参考和借鉴。

一　南阳古镇文旅资源概况

南阳古镇，战国时齐国地图上就有了标绘，《史记》中也多处提及"齐之南阳"，由此推算，南阳镇至少已有2000多年的历史。宋代时，南阳算得上是较大的村镇。元至元十九年（1282）开济州河时，兴建南阳闸。之后，南北大运河通航，南阳镇成为河岸边的重要商埠。明代中期，南阳镇成为"运河四大名镇"之一。到了清代，为了应对水患的发生，地势得到抬高，就逐渐形成了如今四面环水的岛屿。[②] 与其他运河古镇相比，南阳古镇具有独一无二的"湖岛文化"和"渔家文化"，形成了不可复制的遗产价值和文化特色。[③]

（一）空间格局

得益于运河码头的发展，南阳古镇以古运河为中心，形成了纵横交错的水陆交通网络，大大促进了区域间的商品流通，构成了其商业发展的重要基础。在与古运河平行的三条南北大街中，一条是南阳古镇的商

---

① 阮仪三：《南阳古镇：历史文化名镇的保护与发展》，东方出版中心2017年版，第109页。
② 张从军主编：《山东运河》，山东美术出版社2013年版，第53页。
③ 庞艳、姚子刚：《湖中运河古镇，梦里水乡天堂——山东微山湖南阳古镇的前世今生》，《人类居住》2018年第2期。

业主街；一条是顺河街，它的东侧紧邻运河，通过月河桥、状元桥、延德桥连接运河东西两岸；还有一条是位于运河东岸的东大街。古镇里还有多条沿古运河向东西伸展的街巷，包括双火巷、单火巷、状元胡同等传统巷道，加上与商埠码头和西渔市连通的井子街、码头街，古镇形成了以古运河为主轴，"三纵三横"的鱼骨状街巷格局。[①]

(二) 建筑环境

古镇的传统建筑大多顺河而建，既没有严格遵循北方合院形制的约束，也不受限于正南正北的朝向，而是根据古运河流向自然延伸。这种北方水乡的建筑环境与城镇历史发展脉络、地域文化特色以及人们的生活方式紧密联系。古镇的传统民居为黑砖墙小青瓦，融汇南北风格，屋脊上的砖雕、瓦饰有着吉祥的寓意。诸如：鱼——余，象征吉庆有余；荷花——象征和谐美满；祥云——象征祥瑞幸福，等等。雕刻的水草、水鸟，还有防火的寓意。民居建筑山墙侧多有墀头，墀头为砖石叠砌出挑，通常都装饰有精美的雕刻图纹，相当精致。建筑墙身上点缀着白色的过墙石，基座采用的是米色石材，建筑中的木柱都有石柱础，表面留有简单的花纹和线条，图案生动活泼，柱础的形态各异，有鼓式、覆盆式等，堪称建筑技术与艺术的结晶。传统民居的门窗洞口凝聚着古代劳动人民的智慧，有矩形和拱形的，门多采用木板制作，窗扇常见的是棂格木质窗，其上雕有的纹饰类型多样，题材丰富，主要有花鸟、动物、吉祥图案及反映运河风土人情的内容等。[②]

(三) 商业文化

古镇上人家十有八九经商开店，店铺鳞比栉次，种类繁多，仅粮行就有十二家之多，其中还有酒楼、茶庄、客栈以及负责附近地区食盐供应皇家盐店，也有绸布店、当铺。在众多商铺中，字号显赫的多为晋商经营，山西会馆便应运而生。山西会馆坐落在书院街，建于清乾隆年

---

① 庞艳、姚子刚：《湖中运河古镇，梦里水乡天堂——山东微山湖南阳古镇的前世今生》，《人类居住》2018 年第 2 期。

② 庞艳、姚子刚：《湖中运河古镇，梦里水乡天堂——山东微山湖南阳古镇的前世今生》，《人类居住》2018 年第 2 期。

间，整个建筑二十余间，分为前后院，其中前院靠街且左右两侧有配房，后院通运河且里面是厅堂。山西会馆方便山西客商来往住宿及议事，也方便山西商人在南阳镇办理婚丧嫁娶事宜。①

南阳的店铺，"以四大金刚为主，四小金刚为辅"。"四大金刚"中最有名的是"胡家酒馆"，掌柜胡金鼎，外号"胡大瓜"，其酒馆原址在今南阳镇政府院内，有蒸酒馆、豆油坊等规模很大的作坊和一些门面较大的商店，主要做烟、酒、油及京广杂货生意，有都市里鲜少见到的手工生产。镇里原有3家药店——普庆堂、福临堂、同益堂，在周边地区名声很大。其中，普庆堂店主是单县人针庆珠，店门上悬挂"先学耐烦"匾，店内挂有"出售云、贵、川、广地道药材"条匾。买卖做得极和气，誉满乡里。②

（四）民俗文化

南阳古镇四面环水，居民大多靠打鱼为生。根据所用工具的不同，渔民分成了4个帮派，有大船帮、网帮、枪帮和罱帮。大船帮靠来回的航运赚钱；网帮有大的连家船，一年四季下网捕鱼；枪帮也叫箔帮，春夏秋三季下箔捕鱼，冬季打野鸭子；罱帮由于生产工具比较落后，相对贫穷。如今，井子街往北形成了鱼市，每天古镇里的渔民都满载鲜活的鱼虾，汇集到这里进行交易。鱼市最为活跃的是夜市，夜市又称"早市"，因湖上交易从半夜零点就开始。这是因为在南阳新河开通之后，南阳镇作为重要的商埠码头，在此停泊的船舶要赶早集，在购买相关物品之后尽快开船。渔民卖鱼多是不分鱼色，个儿不分大小的"一篮子"买卖。夜市每天成交量在10吨左右，除了各类鱼货，还有其他水产品。③

---

① 庞艳、姚子刚:《湖中运河古镇，梦里水乡天堂——山东微山湖南阳古镇的前世今生》,《人类居住》2018年第2期。
② 庞艳、姚子刚:《湖中运河古镇，梦里水乡天堂——山东微山湖南阳古镇的前世今生》,《人类居住》2018年第2期。
③ 庞艳、姚子刚:《湖中运河古镇，梦里水乡天堂——山东微山湖南阳古镇的前世今生》,《人类居住》2018年第2期。

（五）美食文化

微山湖拥有优质的湖区资源和良好的生态环境，物产极其丰富，南阳古镇得益于此，优越的自然条件使得这里动植物种类繁多。南阳的饮食文化兼具了南北饮食文化的特点，这里的渔家宴非常有名，麻鸭、湖蟹、乌鱼、黄鳝、麻鸭蛋、菱角、莲藕等都是席中珍品，麻鸭蛋黄、野鸭肉块、清蒸湖蟹、鲹鱼汤、炒菱角和炖藕块等也都是当地的特色菜，还有南阳独有的乾隆御饼，香酥可口，让人回味无穷，是馈赠亲朋好友的绝佳礼物。[1]

二 南阳古镇文旅资源开发现状

目前南阳镇的游客主要以家庭和散客为主，团体游客占很少一部分；旅游形式主要是参观、游览，文旅资源利用水平较低，购物、休闲、娱乐的需求较少，未形成规范、完整的文旅产业链，旅游业附加值低；旅游景点少且过于分散，不利于将旅游点串联起来形成完整线路，对游客的吸引力不足，回头客少。整体来说，南阳镇旅游业还有很大的发展空间。

（一）古建筑开发利用不当，风貌格局遭到破坏

随着人们对高品质生活的追求与日俱增，镇内部分居民迁往他处，许多古宅渐渐荒废无人打理；另外，因为过度开发导致一些古建筑遭受建设性破坏，原有的历史风貌未能很好地保留。此外，虽然政府在古建筑的修缮上投入大量资金，但这是一项巨大工程，耗资繁多，而且镇内古建筑分布又较为分散，不能使全部的古建筑得到有力的维护。在这个过程中，"修旧如旧"的原则未能贯彻到位，使仿古改造后的房屋与曾经的古建筑存在显著差别，在激活城市的历史文化记忆方面没有达到预期效果，丧失了其原有的历史厚重感和经过岁月洗礼的沧桑感，难以展现其真正价值。

---

[1] 刘淑天：《山东微山县南阳古镇保护性旅游开发研究》，硕士学位论文，西北师范大学，2020年，第21页。

第十章　山东运河文旅融合发展的个案研究

"古建筑凝结着先人的智慧，是古镇历史文化的见证者和承载者，也是一笔不可再生的宝贵文化遗产。"[①] 因此，要制定科学的旅游发展规划，在保护与开发中找到平衡点，避免无序开发对古建筑带来的破坏性后果，把古建筑保护好、开发好；严格执行相关标准要求，尽最大可能还原古镇历史风貌，做好日常的修缮维护工作，留住关于古镇的美好记忆。

（二）旅游产品体系不完善，服务水平有待提高

将古镇的历史文化与旅游发展进行深度融合是实现古镇旅游产业可持续发展的有效途径。[②] 南阳古镇的旅游产品多以静态形式呈现在人们面前，动态形式的旅游产品较少，游客参与感低，可以亲自体验感受的民俗娱乐活动不多，难以激发游客的消费欲望。[③] 且旅游市场规范度不高，难以吸引团体游客，缺少有创意性的旅游项目和大型的工艺品加工基地，没有开发出有特色的旅游产品和美食小吃，不能体现当地的特产及风貌。[④] 景区导游员、讲解员专业素质有待提高，要按时开展能力提升培训，提高专业人员服务技能，加强服务意识培养，向游客们展示良好的旅游景区形象。[⑤] 此外，还需要加强旅游品牌营销、旅游形象宣传等工作。

（三）基础设施较为薄弱

"基础设施的便利程度影响游客的游玩体验。"[⑥] 南阳古镇基础设施薄弱，主要体现在住宿、交通和游客承载量等方面。近年来，古镇配套设施日益改善，但仍存在一些问题和不足。如由于南阳镇地处南阳岛，

[①] 庞静燕、黄素云：《文旅融合背景下南宁市扬美古镇旅游开发研究》，《大众科技》2020年第8期。

[②] 徐娟玲：《甘肃连城古镇文旅产业融合发展探究》，《当代旅游》2021年第12期。

[③] 周长积、张柔祉、袁雅芃：《微山南阳古镇的保护与利用研究》，《中华民居（下旬刊）》2013年第9期。

[④] 刘金花：《南阳古镇旅游开发规划研究》，《小城镇建设》2003年第12期。

[⑤] 刘金花：《南阳古镇旅游开发规划研究》，《小城镇建设》2003年第12期。

[⑥] 张玉铭、杨琪等：《"互联网+"背景下黄姚古镇文旅融合发展SWOT分析》，《漫旅》2023年第1期。

主要以水路为主，交通不便且交通承载量小，没有形成完善的综合交通网络；①景区精品化酒店的数量较少，整体的环境质量和服务质量都亟待提高，否则难以满足游客的多样化需求；景区内道路较窄且有部分居民在此居住，高峰期有交通工具来回穿梭，不仅噪声大影响生活质量，而且存在严重的安全问题。旅游餐饮方面，虽然有"渔家乐"等餐饮场所，但市场秩序混乱，监管和行业标准执行等方面存在不少问题，缺乏接待大批量游客的经验和能力。在旅游购物上，商铺众多，但旅游产品单一，所卖商品大同小异，缺少特色旅游产品。游玩娱乐项目欠缺，没有发展出适合当地的旅游新业态、新模式，不能挖掘新的游客群体以激发消费活力。

（四）特色文化内涵挖掘不深

打造深入人心的文化标识对于特色古镇的建设至关重要，古镇的历史韵味能为其增添一抹精神的底色。②运河文化的风格特色和河湖景观是南阳古镇的独特优势，其旅游价值还没有得到深层次挖掘。南阳古镇在建筑风貌上的保护与开发还流于表面，没有活化利用最具优势、最具特色的历史文化资源，易陷入古镇旅游同质化困局。

（五）品牌宣传力度不够

近年来，虽然南阳古镇景区条件有了显著改善，但仍处于"养在深闺人未识"的状态。当地政府对古镇的宣传力度不够，在宣传方式上有待创新，优美的自然景色和人文景观不为很多外地游客所知，文旅品牌的知名度和影响力不高，需要在品牌形象的塑造上多下功夫。

三 文旅融合发展的对策与建议

文旅深度融合发展已成为大势所趋，这对运河古镇来说，既是机遇也是挑战，但显然无底线的过度商业化开发是不可取的。只有发掘古镇鲜明的文化特质，并在此基础上不断推陈出新，才能避免"千镇一面"，

---

① 刘金花：《南阳古镇旅游开发规划研究》，《小城镇建设》2003年第12期。
② 唐喜玲：《文旅融合让特色古镇焕发新活力》，《文化产业》2023年第19期。

真正激发运河古镇的生机和活力。①

（一）改善南阳湖水质，创造良好水环境

优良的生态资源能为古镇发展提供良好的环境条件，是高品质旅游的重要体现。②随着城镇化进程的加快，生活垃圾和工业废水越来越多，不加节制地倾倒与排放导致湖中水质恶化，威胁到水生生物的生存环境，严重影响了湖中的生态平衡，造成一种恶性循环。若想实现古镇的可持续发展，就要出台规划加强污染源头防控，做好污水处理工作，改善南阳湖水质。③如今，古镇还留有南阳闸、石驳岸、古码头、古石桥遗迹等，是运河沿线宝贵的历史文化遗存，有着重要的文化价值，要充分地保护好、利用好。要继续做好河道治理和清淤工作，守好穿镇而过的古运河，推动提升河湖生态环境品质，让绿色成为南阳古镇发展的亮丽底色。④

（二）保护古镇风貌格局，合理规划功能分区

"旅游资源具有不可替代性，资源在遭受破坏后重新修复需要付出大量的时间和经济代价，修复后的资源会影响周围景观的协调性。因此，开发资源时应注意保护资源本身特色，在不破坏资源的前提下进行开发。"⑤古镇风貌格局是当地发展旅游业的资源基础，延续古镇的历史文脉，重在保护，贵在传承。⑥古镇中的古建筑是在长期历史积淀中形成的，具有地方民俗特点，应根据风貌保存程度等对其进行分类并制定不同的保护标准，在尊重历史，最大限度还原传统风貌的基础上，结合历史典故及方志有选择性地进行重建和新建，不能刻意模仿、粗制滥

---

① 唐建、吕微露、张曦：《基于"文化基因"传承的运河流域古镇更新策略研究——以东浦古镇为例》，《建筑与文化》2021年第10期。
② 唐喜玲：《文旅融合让特色古镇焕发新活力》，《文化产业》2023年第19期。
③ 刘金花：《南阳古镇旅游开发规划研究》，《小城镇建设》2003年第12期。
④ 周长积、张柔祉、袁雅芃：《微山南阳古镇的保护与利用研究》，《中华民居（下旬刊）》2013年第9期。
⑤ 张玉铭、杨琪等：《"互联网+"背景下黄姚古镇文旅融合发展SWOT分析》，《漫旅》2023年第1期。
⑥ 张苗荚：《江南古镇文旅融合发展特色小镇的对策研究》，《浙江工贸职业技术学院学报》2019年第3期。

造。在古建筑的修缮工作中坚持"修旧如旧"的原则，提高修缮技术水平，不失其传统风貌格局，但也要使其更好地融入现代生活，与新建筑的风格相协调。同时，充足的资金才能为古建筑的维护管理提供可靠保障，要鼓励社会力量参与进来，让古建筑的修缮保护与活化利用成为社会各界关注的焦点。

（三）设计精品旅游线路，打造特色旅游产品

对于有一定文化底蕴的古镇而言，如何保住古镇的"老味道"，进行旅游资源的适度开发是一项重要课题。① 近年来，古镇旅游市场中的同质化问题比较严重，同质化的商业模式、脱离地域特色的旅游产品充斥着市场，但真正能吸引游客的，是在彰显文化独特性方面多下功夫的古镇。而未来古镇旅游会朝着精细化、深度化和产业集群化等方向发展，以提供更为丰富的文化和旅游产品为目标，在商业化和文化保护之间找到平衡点。

结合古镇自身特点与资源优势进行有针对性的开发，才能真正体现古镇的自身魅力。所以，打造特色差异化旅游产品，增强产品的表现力和文化承载力至关重要。② 南阳古镇有着浑然天成的自然环境，应该深入挖掘自身特色，明确发展定位，深入结合当地的运河文化、渔家文化和生态文化等多种文化形态，进行创造性转化和创新性发展，形成具有核心竞争力的特色文旅产品。在古镇内定期开展一些民俗活动和节庆活动，如传统的南阳古镇庙会、旅游商贸文化节和南阳运河漕运文化节，增加体现古镇多元文化特色的表演和演出。开发古镇水上夜市，延长游玩时间，激发夜间消费新活力，可以充分利用水上船只，精心筹划举办多项文娱活动，增加游客的体验感和满足感，使游客在享受与放松中体验古镇的魅力和特色，同时可以设置一些游戏环节，融入体验性和创新

---

① 陈亚萍：《文旅融合背景下同里古镇旅游现状与开发对策》，《当代旅游》2021 年第 18 期。

② 吕雯：《京杭运河沿线古镇旅游资源的开发研究——基于遗产廊道视角》，《无锡职业技术学院学报》2019 年第 2 期。

性，调动游客参与互动的积极性。①

（四）健全配套设施，改善民居环境

基础设施的建设和完善会影响到游客的满意度，也直接关系到景区的经营状况。② 要更好地发挥政府的作用，营造良好的营商环境，吸引更多投资以加强基础设施建设，并搭建完善的交通网络，破解影响出行的各种因素，方便游客进出古镇。③ 同时，持续优化古镇及其周边地区的酒店、商店、停车场等配套服务设施，提升南阳古镇的夜经济发展水平，增加游客的游玩时间。美食是一种地方特色符号，可以充分利用南阳古镇优质的自然资源，开发特色美食，打造本土小吃品牌，形成独具特色的美食文化。合理利用当地闲置资源发展特色民宿，并鼓励当地居民参与接待和讲解，让游客可以沉浸式体验当地的风土人情，增加旅行的趣味性。④ 加快推进智慧旅游系统的建设和应用，通过扫码游客就能全方位地了解古镇文化，并满足游客在衣食住行等方面的需求，为游客提供更多便利。⑤

（五）加大宣传力度，提高服务质量

尽管南阳古镇文化底蕴深厚，名胜古迹众多，但是其古风古貌的特征并不突出，同质化因素较多，且知名度相较于同类运河小镇较低，宣传效果也并不是很好。如何凸显出南阳古镇的个性，扩大旅游宣传的辐射效应，提升知名度是推进古镇进一步发展的关键。文旅市场的宣传必须与时俱进，依托互联网强大的传播力，充分利用官方微博、微信公众号等平台，提升推广效能，并及时更新内容。现在，抖音、快手短视频助力地方文旅宣传的作用越来越明显，已成为当下旅游产业最新颖的营

---

① 刘淑天：《山东微山县南阳古镇保护性旅游开发研究》，硕士学位论文，西北师范大学，2020年，第48—49页。
② 唐喜玲：《文旅融合让特色古镇焕发新活力》，《文化产业》2023年第19期。
③ 刘金花：《南阳古镇旅游开发规划研究》，《小城镇建设》2003年第12期。
④ 王纪军、谭启鸿：《陕西省陈炉古镇旅游开发研究》，《旅游纵览》2022年第10期。
⑤ 徐晓庆：《扬州运河沿线特色文化风情小镇建设研究》，《扬州职业大学学报》2017年第4期。

销方式之一，要积极发挥新媒体手段在品牌传播中的作用。①

为了实现古镇旅游的健康有序发展，必须提升从业人员的管理水平和服务质量，因为他们要与游客面对面地进行交流接触。现有的服务人员大部分文化水平不高，还有相当一部分当地居民从事服务行业，要想实现古镇乡村旅游产业的长远发展，必须提高他们的综合素质和服务水平。可以考虑与当地旅游局和高校有关部门加强合作，共同培养讲授相关文旅知识的专业化人才，打造一批高水平的旅游工作者队伍，为古镇旅游业高质量发展提供有力人才支撑。②

南阳古镇是运河四大古镇之一，运河文化深刻影响了南阳古镇的发展，应该充分挖掘运河文化、湖岛文化、渔家文化的内涵和价值，促进多元特色文化的创造性转化与创新性发展。南阳古镇有优美的自然风景、独特的风土人情和丰富的旅游资源，具备开展文旅融合的良好条件，发展潜力巨大。在以后的开发过程中，要努力让游客体会到古镇的独特文化，了解到古镇的悠久历史，沉浸式感受古镇的生活方式。在开发文旅资源时，统筹好保护与发展的关系，让历史文化和现代生活融为一体，使古镇焕发时代新光彩。

第五节 台儿庄古城文旅深度融合发展研究

台儿庄古城作为我国著名的旅游景区，因地理位置和历史意义特殊，具有极大的文化资源优势。台儿庄的运河文化、建筑文化、红色文化和非遗文化等，都是吸引游客的亮点。凭借这些资源，台儿庄古城成为山东运河沿岸最具人气的标志性景区之一。③ 本节在梳理台儿庄古城

---

① 柳邦坤、李蕊：《大运河文化带小城镇文化产业发展策略探析——以江苏大运河文化带沿线小城镇为例》，《淮阴工学院学报》2019年第4期。
② 徐礼志：《商洛市棣花古镇乡村旅游提升路径研究》，《辽宁农业科学》2019年第5期。
③ 张泽群：《文旅融合背景下台儿庄古城的文化品牌建设研究》，《美与时代（城市版）》2020年第2期。

文化旅游资源概况的同时，分析台儿庄古城文旅融合发展存在的问题和不足，在此基础上提出文旅融合发展的原则和策略，以求为台儿庄古城旅游资源开发和文化品牌建设提供参考和借鉴。

一 台儿庄古城文旅资源概况

台儿庄古城的历史文化深厚，根据记载，台儿庄于汉朝出现并于元朝得到大发展，明清时期尤为繁荣。[①] 然而，繁荣一时的台儿庄古城在1938年春发生的台儿庄大战中化为废墟，破碎的瓦砾填满了整个街道，昔日的繁荣古城就此衰落。2008年市政府遵循留古、复古、承古、用古的原则重建台儿庄古城，2013年台儿庄古城重建完成。政府复建了古河道、古码头、中华古水城等地，并修建了台儿庄大战纪念馆、海峡两岸交流基地等。

（一）运河文化旅游资源

台儿庄形成于汉朝时期，发展于元代，繁盛于明清时期，是一座运河名城。历史上的台儿庄由于地跨漕渠，"当南北孔道"，故"商贾迤逦，一河渔火，歌声十里，夜不罢市"。台儿庄古城的地理位置极其重要，它位于京杭大运河的中心位置，是进行南北货物中转的"水旱码头"，有"天下第一庄"之称。得益于大运河发达的漕运，两岸的商业也得到发展，许多古建筑和古村落应"运"而生，各有特色，成为运河沿岸重要的文化景观。[②]

（二）红色文化旅游资源

台儿庄大捷是中国抗战历史上一次具有重要意义的战役。这场战役的胜利，增强了全国人民的抗日信心和决心，展现了中华儿女的爱国情怀，提高了中国的国际地位和影响力，受到了广泛关注。凭借在这片土地上发生的大战史实，台儿庄给人们留下了深刻印象，牵动着亿万中国

[①] 刘春俊主编：《枣庄运河》，青岛出版社2006年版，第155页。
[②] 张泽群：《文旅融合背景下台儿庄古城的文化品牌建设研究》，《美与时代（城市版）》2020年第2期。

人的心，在民众心中有极高的知名度与地位。相较运河沿岸其他景区，台儿庄古城在旅游开发方面具有自身独特的资源优势。古城中的台儿庄大战遗址公园、革命英雄纪念碑，是为缅怀革命先烈，传承红色基因而建立的。在古城中，还会定期循环播放经典电影《血战台儿庄》，让人们重温革命历史，并有专门展示与抗日战争相关的老照片的地方，营造了浓厚的爱国主义教育氛围。2009年，台儿庄古城成为大陆首个海峡两岸交流基地，又被赋予了新的文化元素，成为两岸文化的重要见证者和承载者。①

（三）民俗文化旅游资源

台儿庄古城内的运河是京杭大运河的中段部分，因交通便利，台儿庄古城汇合了南方与北方不同的饮食文化与民风民俗，文化的交流也延伸出许多独特的民俗文化和艺术。除了丰富的物质文化遗产外，还有丰富且珍贵的非物质文化遗产，如运河大鼓、柳琴戏、泥塑、面人、松枝鸟、伏地土陶等。同时，因历史与地理位置特殊，台儿庄古城吸收了其他地区的部分非物质文化遗产项目。丰富的非物质文化遗产资源也是古城文旅项目的重要组成部分。② 2011年，国家非物质文化遗产博览园落户台儿庄古城，非遗更好地融入现代生活。

二 台儿庄文旅资源开发现状

近年来，台儿庄古城吸引了众多游客，但由于受制于时间、资金、人力等因素，旅游产业整体上还处于初级阶段，文旅产品质量较低，开发水平和等级与古城发展的强劲势头不相称。主要体现在以下几个方面：

（一）生活气息的原真性缺失

生活的真实性是打造有价值历史街区的前提，没有居民日常起居

---

① 张泽群：《文旅融合背景下台儿庄古城的文化品牌建设研究》，《美与时代（城市版）》2020年第2期。

② 玉兆强：《基于台儿庄古城文化旅游资源的文旅产品设计研究》，《漫旅》2021年第31期。

生活的古城总给人有一种缺乏生命力的感觉。台儿庄古城内居民较少，基本上以商业街区为主，商业气息过重，缺少生活气息，游客无法深入了解当地的生活习俗和民风民情，导致景区风貌和昔日繁华热闹景象存在一定的出入。①

（二）产品层次低且新产品开发滞后

丰富的物质与文化资源是台儿庄古城开发文旅产品的坚实基础，但目前市场上能看到的台儿庄古城的文旅产品均比较简陋，文化内涵不足，或者直接把古城的标志应用到成品上，没有深入钻研台儿庄古城的文化旅游资源，更没有将台儿庄古城的文化特色巧妙地展现在文旅产品设计中。②古城在售旅游产品大部分还是初级产品，产品附加值低，设计缺乏创意和特色，这一问题在以下几个方面表现得尤为明显：第一，产品开发程度低，结构单一，增值率有待提高，难以推出市场接受度和认可度高的优质产品，消费者购买欲望不强；第二，产品的加工深度不够，没有融入当地的文化元素，和其他景区推出的产品相比同质性较强；第三，缺乏创新意识，目前主要是一些规模很小的手工作坊或劳动密集型的中小企业在批量生产制作文创产品，背后没有专门的设计、研究和开发团队做支撑，技术含量不足且产能不达标，无法根据市场需求的变化而及时更新产品内容。③

文化旅游产品不是简单的商品，而是台儿庄古城文化的载体与延伸，通过文旅产品的流通实现文化的传播与发展具有重要意义。而台儿庄古城内可见的在售文旅产品能够售卖非常长的时间，一些游客因为自身的爱好或者一些客观因素，每年可能都要去台儿庄古城一两次甚至更多的次数，然而古城内文旅产品长时间不更新，样式陈旧，容易让游客在观光旅游的过程中产生审美疲劳。当前，游客对文旅产品的设计提出

---

① 吕雪：《浅析台儿庄古城历史文化资源的开发与保护》，《时代文学（下半月）》2014年第2期。

② 王兆强：《基于台儿庄古城文化旅游资源的文旅产品设计研究》，《漫旅》2021年第31期。

③ 宋文、庞忠仁：《运河文化带建设背景下以台儿庄古城为例探寻旅游文创产品设计路径》，《艺术与设计（理论版）》2020年第5期。

了更高的要求，在要求具备品质与文化的同时，还有求新求异，追求体验感和获得感等需求。现有的相当一部分纪念品特色不明显，无法满足游客的多元化需求，甚至影响了游客的购买欲望和热情。

（三）文旅产品创作缺乏专业设计团队支撑

从事台儿庄古城文旅产品设计与开发的团队稀少，且各自独立，没有形成较大的规模，文旅产品设计也处在贴标志和模仿阶段，各大景区有很多类似产品，没有形成独特的文化创意风格。专业设计团队的缺乏，使台儿庄古城的文旅产品多是一些廉价且粗糙的观赏性纪念品，结构也比较简单，没有将台儿庄古城的文化特色融入文旅产品设计中，这会影响游客的游玩观光体验，甚至可能阻碍古城文化的传播与发展。

（四）产品宣传手段单一无力且滞销严重

目前，台儿庄古城文创产品市场上低层次、同质化泛滥现象比较严重，能够充分反映地方特色、持续得到游客青睐的文创产品少之又少，其中一个潜在原因是宣传方式单一、宣传力度不够，消费者对产品的认知不足，且产品"上新"不及时，没有持续推出的优质系列产品。当然，也存在一些具有收藏价值和纪念意义的文旅产品，比如民间艺术品，它们融合了传统技艺与现代工艺，但是这些产品的制作或无人传承，或产能受限，或销路较窄，产销衔接不畅，导致库存积压。①

（五）基础设施建设不完善，开发缓慢

古城内的配套设施不全，吃、住、购、娱等设施搭配不足，而且有的街道开发缓慢，甚至还没有商家入驻，未投入使用，显得异常冷清，使整个景区看起来极不协调。古城内能够提供餐饮服务的饭店很多，但价格相对较贵，就餐环境和服务水平有待提升；特色民宿数量不多，且分布较为零散，游客寻找较为困难，尤其在旅游旺季时价格相对较高，价格和服务不相匹配；在消费上，优质文旅产品和有新意的文旅活动较少，不能凸显当地特色，无法激发游客的消费欲望；在娱乐方面，节目

---

① 宋文、庞忠仁：《运河文化带建设背景下以台儿庄古城为例探寻旅游文创产品设计路径》，《艺术与设计（理论版）》2020年第5期。

演出过于平淡，缺乏亮点，表演场地过于简单化，极大地影响了游客的游览心情。①

三 台儿庄古城文旅融合发展的原则

台儿庄古城拥有优秀的文旅资源，想以此为支撑更好地开发文旅产品，必须遵循以下原则：

（一）以人为本原则

在文旅产品设计以及文化旅游产品体系构建过程中，要始终考虑游客的需求，遵循以游客为本的原则。在开发文旅产品的整个过程中，要对游客的需求和接受能力进行调研，并根据游客需求的变动不断调整产品，使其迎合游客的需要，还要注意游客情感方面的需求，应用不同的场景，使游客能够更容易理解文化的精髓，更容易与开发的文旅产品产生共鸣。②

（二）文化主导原则

文化是一座城市的灵魂，失去了文化，城市便犹如失去了灵魂，如行尸走肉般毫无生命力可言。台儿庄古城要通过文旅产品让游客得到文化体验，感知古城优秀的红色文化、运河文化、民俗文化，从而实现文化的传承和发展。只有在以游客为本理念的基础上，运用日益发展的先进科技，融合台儿庄古城特色文化，最大限度地丰富古城文化的展现手段与方式，开发独具一格的文旅产品，才能为古城文化的延续与发展带来无限的可能。③

（三）与时俱进原则

文化是旅游的灵魂，旅游是文化的载体。社会经济在不断发展，人

---

① 吕雪：《浅析台儿庄古城历史文化资源的开发与保护》，《时代文学（下半月）》2014年第2期。

② 王兆强：《基于台儿庄古城文化旅游资源的文旅产品设计研究》，《漫旅》2021年第31期。

③ 王兆强：《基于台儿庄古城文化旅游资源的文旅产品设计研究》，《漫旅》2021年第31期。

们生活水平也得到了不同程度的提高，对于自身精神生活的满足也有了越来越高的要求，人们对文旅产品的需求也在不断变化。① 一个新奇的文旅产品可能在短时间内受到游客喜爱，但随着热度的消退，游客会对其产生审美疲劳，所以必须不断生产新的能够打动人心的文旅产品，做到与时俱进，让台儿庄古城的文化旅游产品保持创新性，让游客保持新鲜感，从而丰富游客的文化旅游体验。在设计文旅产品时，要利用好当地的文化资源，在尊重传统文化的前提下与时俱进，获得更多消费者的青睐。②

（四）市场导向原则

文旅产品从本质上来讲依然属于产品的范畴，具有产品的性质，也就是说，台儿庄古城文旅产品的设计与开发都必须遵循市场规则。文旅产品必须满足市场的需求，以市场也就是消费者作为产品设计的出发点，因此必须进行大范围且深入的市场调研，根据游客的需求，让文旅产品在价格与质量、文化性与功能性之间找到平衡点。③

四　文旅融合发展的对策与建议

台儿庄古城是国家 5A 级旅游景区，在文旅产业发展态势持续向好的背景下，做大做强台儿庄古城文化旅游品牌，树立良好的形象和口碑，对促进当地经济社会的发展具有重要意义。在古城的开发和建设中，应继续坚持守正创新，在坚守文化血脉中不断开拓前进，在开放包容中汲取智慧和力量，促进台儿庄文化产业和旅游业的有机融合。

（一）明确整体发展定位，强化顶层规划设计

在台儿庄古城文化品牌的建设中，需要整合多元文化资源并确定主

---

① 张泽群：《文旅融合背景下台儿庄古城的文化品牌建设研究》，《美与时代（城市版）》2020 年第 2 期。
② 王兆强：《基于台儿庄古城文化旅游资源的文旅产品设计研究》，《漫旅》2021 年第 31 期。
③ 王兆强：《基于台儿庄古城文化旅游资源的文旅产品设计研究》，《漫旅》2021 年第 31 期。

品牌，明确发展定位，这样才能给游客留下更深刻的印象。在运河文化、红色文化、民俗文化、非遗文化的保护和传承中，挖掘、整合其独具优势和特色的文化元素，守护好文化根脉，并关注旅游市场的新趋势、新需求，提升台儿庄古城文化品牌的知名度和美誉度。

运河对古城的繁荣发展意义重大，依托古运河可以串联起很多景点。台儿庄古城可以将运河文化作为主元素，融合红色文化、民俗文化来塑造其文化旅游品牌，打造旅游核心区域。① 要将"古水城"与"大战文化"的元素融入整体开发和建设中。一是在保护优先的原则之下，深入发掘和传承其文化内涵和价值，厚植特有的文化基因。二是科学评估台儿庄古城现有的文化旅游资源，并以两大主要元素为引领，不断推陈出新，带动全域旅游资源的协调发展，在宣传台儿庄古城的悠久历史中引发人们的情感共鸣，使台儿庄古城文化品牌深入人心。②

（二）挖掘特色文化资源，丰富旅游产品体系

文化元素为一个城市的发展注入了灵魂和内涵，一个城市的传统文化底蕴才是促进该地文化旅游发展的强大引擎。目前，台儿庄古城在发展策略上存在一些问题，一部分原因在于人们对传统历史文化的定位存在偏差。整体来看，很多历史文化遗产保护地偏离原来的轨道而逐渐变得商业化似乎已经成为"通病"，但是，如果没有保住古城原汁原味的感觉，即使获得了暂时的经济效益，也不能实现可持续发展，并从根本上留住游客，文旅经济发展的根基也就不复存在。古城建筑传递的文化魅力和内在价值都是珍贵的遗产，古城管理者要守护好这些历经风雨沧桑的历史建筑，引导游客感受本地最真实独特的文化记忆。③

目前，我国整体旅游商品市场规模较小，还有很大的发展空间和潜力。在文旅融合发展的大背景下，旅游商品在旅游业中占据着相当一部

---

① 张泽群：《文旅融合背景下台儿庄古城的文化品牌建设研究》，《美与时代（城市版）》2020年第2期。
② 王淑圆：《台儿庄古城文化旅游资源评价》，《全国流通经济》2021年第31期。
③ 贾景琳：《历史文化遗产保护地发展模式研究——以台儿庄古城为例》，《城市建筑》2021年第9期。

分的市场份额，且是高附加值产品，前景广阔。能够反映本土文化特色的文创产品也受到越来越多人的喜爱，所以要加大力度开发文创产品，提升文创产品的品质和市场竞争力，在设计中有机融入台儿庄古城的多种元素，潜移默化地影响游客的消费。① 此外，还应通过加强与知名文化企业的交流合作等方式，打造良好的投资环境，努力引进有新意、有特色的文旅项目，从而吸引更多游客，提高其体验感，并着力完善这些文化项目的配套设施，在衣食住行方面提供优质服务。要充分利用好台儿庄古城一年一度的民俗节日，精心筹划节庆活动，提高活动的全国影响力，吸引更多外地游客。②

（三）以市场为导向，创新管理经营模式

商业投资引入的质量是影响台儿庄古城长远发展的重要因素，避免过度商业化、保持文化感是古城管理者需要重点考虑的问题。古城管理部门需要制定合理的商业开发规划方案，提高资源利用效率，通过规章制度推动文旅市场健康有序发展，使商业开发在开发与保护之间形成良性循环。不断延伸旅游产业链条，创新管理模式和营销方式，合理开发利用优质文化旅游商业资源，以市场需求为导向，倒逼服务创新提升。规范古城内部管理，让文旅服务更有温度，以真诚获得游客们的青睐和驻足，真正打造具有特色的文化体验游和沉浸式旅游，把运河文化发扬光大，创造经济效益和商业价值。③

台儿庄古城门票价格整体比较稳定、波动较小，但部分游客在观光后，在对古城给予肯定的同时，对票价制定有不满意的地方。很多人认为古城门票性价比不高，吐槽景区内的景观多为人造，缺乏历史感。针对这种情况，台儿庄古城应当丰富文旅元素，扩大优质文化产品供给，提高古城票价性价比，缓解游客心理上的不平衡。继续推行门票优惠政

---

① 张泽群：《文旅融合背景下台儿庄古城的文化品牌建设研究》，《美与时代（城市版）》2020年第2期。

② 张泽群：《文旅融合背景下台儿庄古城的文化品牌建设研究》，《美与时代（城市版）》2020年第2期。

③ 王淑圆：《台儿庄古城文化旅游资源评价》，《全国流通经济》2021年第31期。

策，激发游客消费潜力，通过套票、团购等方式吸引外地游客，扩大台儿庄古城的影响。合理开发规划古城景区及周围的景色和景观，打造高品质、好口碑的综合性景区，在口口相传中积攒持久的高人气。适当调整景区中旅游产品的价格，提升产品质量和售后服务，增加游客的购买欲望；对一些租赁的摊位加强监管，规范服务标准，持续净化营商环境。①

（四）借助新媒体手段，加大品牌宣传力度

要实现台儿庄古城文化旅游资源的继承与发展，就必须实现现代科技与传统文化资源的融合，充分考虑科技、文化、产品的融合与协调，既要考虑地域特色文化的表达形式，又要考虑文化内容与产品文化内涵的一致性，同时考虑市场的影响以及游客的购买力。需要统筹处理好古城发展定位与文旅消费升级之间的关系，要将对台儿庄古城文化的深入理解融入文旅产品的创作中，让消费者看到有特色和活力的文化产品，更加真切地感受到文旅产品的文化内涵与文化价值。

优质的品牌形象会给游客留下深刻印象，增加其再次前来旅游的愿望和动力。要强化品牌意识和观念，打造台儿庄古城独特的品牌形象，从不同方面入手做好策划、宣传工作。随着全媒体时代的到来，现代媒介传播手段的应用越来越广泛，要创新传播方式，通过文旅网站、微信公众号等平台进行大范围的宣传推广；利用大数据技术等先进的技术手段，划分不同的潜在游客群体，根据其需求和特点采取不同的宣传方式；建立智慧旅游营销系统，提升古城的知名度和影响力，推动台儿庄古城走向全国，走向世界。② 台儿庄古城当前主要以山东及邻近省份的游客为主，要把握好重点客源市场，深入了解游客特点，并有针对性地进行宣传营销。③

---

① 王思清、张重艳、李育红：《台儿庄古城文化旅游游客体验分析》，《旅游纵览》2021年第10期。

② 张泽群：《文旅融合背景下台儿庄古城的文化品牌建设研究》，《美与时代（城市版）》2020年第2期。

③ 顾雅青：《基于游客满意度分析的旅游地可持续发展研究：以台儿庄古城为例》，《江苏商论》2012年第6期。

（五）改善区位交通条件，健全配套基础设施

提升旅游配套服务设施的质量能够吸引更多游客，提高游客满意度，更好地满足其多样化的需求，同时还能为周边居民的日常生活提供便利，一定程度上解决衣食住行等方面的问题，让游客和当地居民真正受益。① 所以，要加大力度完善对旅游基础设施的建设，构建铁路、公路以及航空等多元、立体的交通运输网络，提高旅游的通达性和整体接待能力，为游客提供方便、快捷的交通服务，同时，充分利用数字技术充分掌握周边交通状况及检测控制古城人流量，提升游客体验感。②

（六）加大人力资源投入，培养专业人才队伍

复合型人才是当前文旅产业发展的需求重点。加大文旅行业高层次人才的引进力度，开展有针对性的岗位培训和业务技能培训，通过完善监督考核机制，持续提高文化和旅游人才队伍素质。另外，还需打造一批国际型的智慧营销队伍，增加交流合作的机会，加强海外营销，让台儿庄古城走向世界。③

文化是旅游的内核和灵魂，旅游是文化传承和创新的载体，文化和旅游互利共生、融合发展，对于新时代旅游产业经济转型升级具有重要意义。④ 古城作为重要的文化旅游景区，其文化旅游的融合发展已成为拉动当地经济增长的重要引擎，以及构建城市形象的关键要素。⑤ 台儿庄古城拥有丰富而独特的文化旅游资源，具备优先实现文旅深度融合发展的良好条件。⑥ 文化和旅游的融合并不是两种业态的叠加，而是要以

---

① 顾雅青：《基于游客满意度分析的旅游地可持续发展研究：以台儿庄古城为例》，《江苏商论》2012 年第 6 期。

② 王淑圆：《台儿庄古城文化旅游资源评价》，《全国流通经济》2021 年第 31 期。

③ 黄敬梅：《运用 SWOT 分析文化旅游产业的发展——以台儿庄古城为例》，《农村经济与科技》2017 年第 14 期。

④ 柴寿升、孔令宇、单军：《共生理论视角下红色文旅融合发展机理与实证研究——以台儿庄古城为例》，《东岳论丛》2022 年第 4 期。

⑤ 高娜：《文旅融合背景下台儿庄古城城市形象构建》，《文化产业导刊》2020 年第 1 期。

⑥ 王淑圆：《台儿庄古城文化旅游资源评价》，《全国流通经济》2021 年第 31 期。

第十章　山东运河文旅融合发展的个案研究

文化激活旅游资源,将旅游要素恰当地融入文化当中,让二者在互融中共荣。① 要实现台儿庄古城文化的继承与发展,必须在加大文化内涵挖掘和阐释力度的基础上,实现现代科技与传统文化资源的有机融合。② 既要考虑地域特色文化的表达形式,又要考虑产品文化内容与文化内涵的一致性,同时考虑旅游市场的影响以及游客的购买力。要将对台儿庄古城文化的深入理解融入文旅产品的创作和开发过程中,提升旅游产品的质量和景区服务水平,让游客更加真切地感受到旅游产品的文化内涵和古城文化的魅力。

---

　　① 张泽群:《文旅融合背景下台儿庄古城的文化品牌建设研究》,《美与时代(城市版)》2020 年第 2 期。
　　② 王兆强:《基于台儿庄古城文化旅游资源的文旅产品设计研究》,《漫旅》2021 年第 31 期。

结　　语

  2019年2月，中共中央办公厅、国务院办公厅联合印发了《大运河文化保护传承利用规划纲要》（以下简称《纲要》），《纲要》明确提出打造大运河文化带京津、燕赵、齐鲁、中原、淮扬、吴越"六大高地"，推动分类集中、功能衔接、融合发展，布局六大文化高地，构筑大运河实体与地域文化伴生共荣的集中展示空间。而走文化与旅游融合发展之路，是当今旅游业发展的新趋势和重要的时代课题，也是使千年古运河重新焕发生机的必然要求。[1] 在推进大运河文化带和国家文化公园建设两大重大事项中，文化和旅游融合发展一直是重要任务之一。[2] 大运河是我国文化和旅游业发展的战略脊梁带，实现运河文化与旅游市场的融合有助于活化利用文化遗产，把资源优势转化为产业优势，探索出一条崭新的文旅实践路径。[3] 通过挖掘大运河的历史价值与文化价值，将其与现代旅游经济有机地融合起来，能够为大运河旅游经济的健康发展提供坚实的基础。[4] 当今社会，旅游已经变成满足老百姓文化生活和精神文化需求的重要途径，人们对于旅游的看法也已经不仅仅是传统层面的

---

[1] 朱季康：《文旅融合打造大运河文化高地》，《唯实》2020年第9期。
[2] 侯兵、金阳、胡美娟：《文旅融合发展视域下大运河文化建设的地方响应研究——以中国大运河江浙段沿线城市为例》，《中国名城》2021年第9期。
[3] 熊海峰、祁吟墨：《基于共生理论的文化和旅游融合发展策略研究——以大运河文化带建设为例》，《同济大学学报（社会科学版）》2020年第1期。
[4] 姜馨：《文旅融合背景下大运河旅游发展对策研究——以大运河江苏段为例》，《湖北开放职业学院学报》2022年第8期。

结　语

认识。① 文化和旅游融合发展不仅是满足人们对美好生活新期待、丰富优质文旅产品供给的重要路径，也是促进文化和旅游优势互补、释放旅游消费潜力、推动经济社会发展的题中应有之义。②

根据学者的定义，文化是旅游的根基，旅游是文化的载体，文旅融合则是将文化与旅游有机地结合起来、融合起来的现实表征，其内在实质是"旅游的文化性"与"文化的旅游性"的系统统一。③ 其中文旅资源起到基础作用，是文旅深度融合的重要灵感来源，也为旅游市场注入源源不断的活力。概括来说，文旅融合的核心就是文化资源与旅游资源的相互融合，在这个过程中，文化资源能够变为对游客的吸引力，旅游资源能够为文化传播提供强大载体和场景，二者相辅相成。要坚持以文塑旅，以旅彰文，进一步推动两类资源的优化升级和更新配置。④

文化资源是大运河文旅融合工作展开的重要支点，深厚的文化底蕴才是能真正留住游客的"流量密码"。文化与旅游资源的融合不是单纯地将文化资源和旅游资源相加，而是要提高旅游的文化内涵，为旅游资源增添文化附加值。⑤ 大运河历史悠久，贯通南北，孕育了一座座繁华的城市，留下了宝贵的遗产资源，是中华民族的重要文化标识。⑥ 流淌的运河就是流动的文化，以大运河为核心的历史文化资源体量巨大，所以要加大文化资源的挖掘和整合力度，将较为分散的遗产资源点串珠成链，增强运河文化遗产资源的传承活力。⑦ 文旅融合应该创新传播方式，丰富宣传和推广的载体和渠道，打造极具特色的文旅空间，结合运河的

---

① 张伟：《文旅融合背景下大运河旅游发展高质量对策研究》，《名城绘》2020 年第 2 期。
② 熊海峰、祁吟墨：《基于共生理论的文化和旅游融合发展策略研究——以大运河文化带建设为例》，《同济大学学报（社会科学版）》2020 年第 1 期。
③ 姜馨：《文旅融合背景下大运河旅游发展对策研究——以大运河江苏段为例》，《湖北开放职业学院学报》2022 年第 8 期。
④ 王菡薇、侯力：《文旅融合视角下的大运河文化带建设》，《唯实》2019 年第 12 期。
⑤ 王菡薇、侯力：《文旅融合视角下的大运河文化带建设》，《唯实》2019 年第 12 期。
⑥ 周泓洋、王粟、周扬：《大运河文化的多维价值与国家文化公园建设》，《中国名城》2022 年第 7 期。
⑦ 宋长善：《大运河文化创造性转化创新性发展的路径思考》，《常州工学院学报（社科版）》2022 年第 6 期。

地域特色开发相关文创产品。① 在对大运河进行保护、开发与利用的过程中，要尽量保护其历史风貌，留住"老味道"，并与当代社会的发展有效对接起来，有序开展大运河文化带建设，讲好大运河的历史和当代故事，让大运河在新时代绽放出新的光彩。②

　　山东运河沿线拥有丰富的文化旅游资源，这为沿运各地发展旅游产业提供了有利条件。政府及相关开发主体应充分利用大运河申遗成功的这一重要契机，深入挖掘以大运河为核心的历史文化资源，加强区域联动、协同发展，形成具有知名度和影响力的运河文旅品牌。一是建立立体化文旅产品体系。以运河文化特色为主要元素开发系列专项旅游产品，增加文创产品的附加值，加大研发推广力度，提高优秀文化的转化率；二是打造运河文旅精品线路。以大运河为骨架，串联起重要古迹和景点，优化文旅发展布局，全力开发研学旅行、康养旅游、运河沿线游等旅行新模式；三是建成运河文化风情特色小镇。加大力度开发以运河为主题的集多种功能于一体的特色文旅小镇，在区域内增设文化互动体验项目和非遗表演活动，让游客领略大运河历史文化的独特魅力。③

　　运河文旅融合的关键是如何处理和协调文化保护与旅游开发之间的关系，实现文旅在互融中的共荣。文化和旅游之间本来就是密不可分的，二者相生共兴，存在相互依存、相互补充、相互促进的关系。④ 旅游与文化结合的关键是在吃、住、行、游、购、娱各个环节体现文化，而并非仅仅参观某一个文化景点。⑤ 山东运河地区旅游资源丰富，文化积淀深厚，具有极大的开发潜力。实现山东运河文化遗产与旅游业相结合是未来一段时间的重要现实课题。近年来，山东省倾力打造"鲁风运

---

① 任唤麟、张兰、李晶晶：《大运河文化建设的功能作用和发展理路》，《淮北师范大学学报（哲学社会科学版）》2022年第6期。

② 夏远利、刘胜勇：《挖掘中国大运河文化与提升江苏旅游形象的对策研究》，《电大理工》2017年第4期。

③ 宋长善：《大运河文化创造性转化创新性发展的路径思考》，《常州工学院学报（社科版）》2022年第6期。

④ 朱季康：《文旅融合打造大运河文化高地》，《唯实》2020年第9期。

⑤ 曾博伟：《文旅融合背景下，山东如何打造精品旅游目的地?》，《人文天下》2019年第5期。

结 语

河"文化旅游品牌,致力于开展各具特色的运河旅游项目,取得了显著成绩。但是,目前山东运河文化遗产资源开发水平依旧有限,主要表现在文化内涵挖掘和阐释力度不够,旅游产品结构单一,基础设施相对滞后,运河文化旅游的品牌知名度有待进一步提升。为此,应在保护运河文化遗产的前提下,加强宣传推介,促进区域合作,优化空间布局,丰富产品体系,提升服务能力,打造独具特色的旅游品牌。

"特色是文化存续与发展的生命力,也是旅游资源或产品的核心吸引力之一。"[1] 山东运河沿线至今留有丰富的大运河文化遗产,包括有形的和无形的遗产。除了河道本身外,还有很多富有特色的古建筑和水利工程遗址,值得深入研究,同时还有很多与大运河相关的非物质文化遗产,要加大保护传承力度,提升遗产利用水平。文旅融合一定要发挥山东运河沿线各地的文化优势,设计开发出融入地方特色文化元素的旅游产品,培育、塑造独特而响亮的地方文旅品牌。此外,还要坚持创意创新原则。要依托当地文旅资源禀赋,营造文化创意与旅游创新互相融合的良好环境,制定文旅创新的激励政策,建设文旅创意产业园区,组织文旅创新活动,激发文旅工作者创新的动力和活力,促进文旅产业新业态、新模式、新产品、新技术、新方法的产生。沿运各地市要密切关注旅游市场的新趋势和新需求,与时俱进,聚合各种优质要素,深刻阐释好大运河的精神内涵和时代价值,让大运河成为文化交流的重要窗口,使其焕发新的风貌。

文旅融合已成为旅游业高质量发展的重要引擎。步入新时代,我们应该更加重视文化的引领作用,合理传承和利用大运河文化资源,充分把握大运河文化遗产的活态特征,推动运河文化和现代文明的有机交融。[2] 在文旅融合的背景下,山东省相关部门及运河沿线各地市要正确处理好遗产保护与旅游开发、文化传承与当代创新、全域统筹与因地制

---

[1] 段七零、许金如、董广智、李芸:《江苏文旅深度融合的原则与十大融合路径》,《无锡商业职业技术学院学报》2021年第3期。

[2] 张浩、刘镁辰:《文旅融合时代大运河文化旅游开发研究》,《洛阳理工学院学报(社会科学版)》2022年第5期。

宜、整体推进与局部用力、政府主导与市场主体这五种关系，从顶层设计、内涵挖掘、产品供给、品牌建设、基础设施、文旅融合、制度保障等方面下功夫，立足资源禀赋和经济发展实际，探索符合山东省情及沿运地区实际的文旅融合发展模式，真正实现山东运河文化的创造性转化和创新性发展。

参考文献

一 著作

安作璋主编：《中国运河文化史》，山东教育出版社2001年版。

曹玉华、毛广雄：《大运河文化带节点城市文化创意产业空间演化研究》，东南大学出版社2021年版。

陈清义：《聊城运河文化研究》，山东画报出版社2013年版。

陈思琦、李雨竹、李林蓉：《文旅融合大背景下的非遗保护与开发》，电子科技大学出版社2020年版。

陈晓霞：《新时代传统文化创新性发展研究》，中国国际广播出版社2018年版。

程丽：《非物质文化遗产的旅游开发研究》，东北师范大学出版社2016年版。

程明社：《陕西榆阳文旅融合高质量发展的实践与思考》，中国海洋大学出版社2023年版。

程瑞芳主编：《旅游经济学》，重庆大学出版社2018年版。

丛振：《丝绸之路游艺文化交流研究》，中国社会科学出版社2024年版。

单霁翔：《大运河遗产保护》，天津大学出版社2013年版。

邓爱民、卢俊阳：《文旅融合中的乡村旅游可持续发展研究》，中国财政经济出版社2019年版。

杜浩、王保超等：《河北大运河文化带发展策略研究》，武汉大学出版社2022年版。

傅崇兰：《中国运河传》，山西人民出版社2005年版。

傅建祥：《创新思维与文旅融合发展》，浙江人民美术出版社 2021 年版。

高建军编著：《山东运河民俗》，济南出版社 2006 年版。

何佳梅、王德刚主编：《山东省文化资源旅游开发研究》，齐鲁书社 2004 年版。

胡克诚：《遭赋治理与明代江南财赋管理体制的变迁》，科学出版社 2019 年版。

胡梦飞：《明清时期京杭运河区域水神信仰研究》，江苏凤凰科学技术出版社 2018 年版。

胡梦飞：《明清时期山东运河区域民间信仰研究》，社会科学文献出版社 2019 年版。

胡梦飞：《山东运河区域非物质文化遗产调查与研究》，中国海洋大学出版社 2022 年版。

胡梦飞：《山东运河文化遗产保护、传承与利用研究》，中国社会科学出版社 2021 年版。

胡梦飞：《中国运河水神》，山东大学出版社 2018 年版。

胡梦飞：《中国运河文化遗产概论》，黄河水利出版社 2020 年版。

胡郑丽：《文化资源学》，光明日报出版社 2016 年版。

霍艳虹：《基于"文化基因"视角的京杭大运河水文化遗产保护研究》，天津大学出版社 2018 年版。

济宁市政协文史资料委员会编：《济宁运河文化研究》，山东友谊出版社 2002 年版。

济宁市政协文史资料委员会编：《济宁运河文化》，中国文史出版社 2000 年版。

姜师立编著：《大运河文化的传承与创新》，江苏凤凰科学技术出版社 2021 年版。

雷晓琴、谢红梅、范丽娟主编：《旅游学导论》，北京理工大学出版社 2018 年版。

李茜：《西安文旅融合发展研究》，陕西人民出版社 2020 年版。

李泉、王云：《山东运河文化研究》，齐鲁书社 2006 年版。

李志勇等编：《大运河河北段旅游文化开发》，北京师范大学出版社 2022 年版。

厉新建编：《北京文旅融合发展与传播》，旅游教育出版社 2021 年版。

梁国楹主编：《德州运河文化遗产保护与开发研究》，线装书局 2015 年版。

《聊城：有水则灵》编委会编著：《聊城：有水则灵》，山东友谊出版社 2018 年版。

廖培：《旅游规划方案评价的理论与技术研究》，四川大学出版社 2016 年版。

刘春俊主编：《枣庄运河》，青岛出版社 2006 年版。

刘佳雪：《文旅融合背景下的乡村旅游规划与乡村振兴发展》，吉林大学出版社 2021 年版。

刘庆余：《世界遗产视野下的线性文化遗产旅游合作研究——以京杭大运河为例》，中国经济出版社 2016 年版。

刘玉平、高建军主编：《运河文化与济宁》（下册），中国社会出版社 2012 年版。

刘玉平、贾传宇、高建军编著：《中国运河之都》，中国文史出版社 2003 年版。

罗明义等编著：《旅游融合发展：旅游产业与相关产业》，中国环境出版社 2016 年版。

倪妍：《大运河文化景观遗产的调查与保护》，中国水利水电出版社 2019 年版。

欧阳正宇等：《非物质文化遗产旅游开发》，吉林出版集团股份有限公司 2016 年版。

潘丽丽：《文旅融合：理论探索与浙江产业发展实践》，浙江工商大学出版社 2021 年版。

庞学铨主编：《国际文旅融合示范案例研究》，四川人民出版社 2021 年版。

彭伟：《大运河文化的影像建构与国际化传播》，江苏凤凰美术出版社

2022年版。

全国政协文史和学习委员会等编：《运河名城：济宁》，中国文史出版社2010年版。

全国政协文史和学习委员会等编：《运河名城：临清》，中国文史出版社2010年版。

山东运河航运史编纂委员会编：《山东运河航运史》，山东人民出版社2011年版。

宋立杰编著：《山东水文化》，中国社会科学出版社2017年版。

苏金豹、王珺、王瑞花主编：《当前视域下旅游管理学新探》，中国商业出版社2018年版。

孙宝明、程相林主编：《中国运河之都高层文化论坛文集》，山东人民出版社2007年版。

孙国学、赵丽丽编著：《旅游产品策划与设计》，中国铁道出版社2016年版。

泰安市地方史志编纂委员会编：《泰安历史文化遗迹志》，方志出版社2011年版。

谭徐明等：《中国大运河文化遗产保护技术基础》，科学出版社2013年版。

谭徐明等：《中国大运河遗产构成及价值评估》，中国水利水电出版社2012年版。

田贵宝等主编：《德州运河文化》，线装书局2010年版。

田志奇：《文旅融合背景下旅游目的地营销模式创新研究》，华中科技大学出版社2023年版。

涂师平：《中国水文化遗产考略》，宁波出版社2015年版。

王守栋：《德州运河文化遗产》，中国文史出版社2022年版。

王毅菲：《文旅融合背景下文化遗产真实性与完整性价值解读及活化研究》，中国经济出版社2021年版。

王玉朋：《明清山东运河区域社会生态变迁研究》，中国社会科学出版社2022年版。

王玉朋：《清代山东运河河工经费研究》，中国社会科学出版社 2021 年版。

王云：《明清山东运河区域社会变迁》，人民出版社 2006 年版。

王志华、李渊、韩雪编著：《旅游规划与开发的理论及实践研究》，中国商务出版社 2018 年版。

汶上县干部政德教育中心编：《中国大运河文化》，中国海洋大学出版社 2022 年版。

吴国清、申军波等：《智慧旅游发展与管理》，上海人民出版社 2017 年版。

吴丽云主编：《大运河国家文化公园：保护、管理与利用》，中国旅游出版社 2022 年版。

肖绪信：《非物质文化遗产旅游开发研究》，北京工业大学出版社 2017 年版。

徐同高、谭莹莹：《文旅融合背景下旅游产业升级转型与新业态研究》，北方文艺出版社 2022 年版。

许大海：《京杭运河区域（山东段）民间手工艺的现状与对策研究》，江苏大学出版社 2019 年版。

荀德麟等：《京杭大运河非物质文化遗产》，电子工业出版社 2014 年版。

杨富斌主编：《旅游法教程》（第 2 版），中国旅游出版社 2018 年版。

杨妮主编：《中国旅游文化》，西安交通大学出版社 2011 年版。

于德普、梁自洁主编：《山东运河文化文集·续集》，齐鲁书社 2003 年版。

于海广主编：《探寻、追忆与再现：齐鲁地区非物质文化遗产调查与研究》，山东大学出版社 2007 年版。

苑利、顾军：《非物质文化遗产保护前沿话题》，文化艺术出版社 2017 年版。

张从军主编：《山东运河》，山东美术出版社 2013 年版。

张浩然、杜浩：《河北大运河物质文化遗产保护性开发研究》，武汉大学出版社 2022 年版。

张建荣：《文旅融合视角下的旅游演艺发展研究》，吉林大学出版社 2022 年版。

张瑞智：《文旅融合中的旅游演艺产业化研究》，北京工业大学出版社 2021 年版。

张魏：《非物质文化遗产旅游开发系统的动态仿真研究》，江西人民出版社 2014 年版。

赵静：《山东运河沿线城市空间形态解析及济宁运河遗产活化研究》，华中科技大学出版社 2020 年版。

郑民德：《明清京杭运河沿线漕运仓储系统研究》，中国社会科学出版社 2015 年版。

郑民德：《明清运河漕运仓储与区域社会研究》，人民出版社 2021 年版。

政协台儿庄区委员会编：《台儿庄运河文化》，人民日报出版社 2002 年版。

《中国大运河文化旅游揽要》编委会编：《中国大运河文化旅游揽要》，河海大学出版社 2021 年版。

周广骞：《山东方志运河文献研究》，中国社会科学出版社 2021 年版。

周广骞校注：《山东运河区域方志序跋校注（聊城卷）》，中国社会科学出版社 2022 年版。

周红雁：《文旅融合环境下的公共图书馆转型研究》，安徽大学出版社 2021 年版。

周嘉：《漕挽纷华：明清以来临清城市空间研究》，中国社会科学出版社 2023 年版。

周竟风、谢世诚编著：《大运河传奇：京杭大运河与中华优秀传统文化》，上海科学技术文献出版社 2021 年版。

祝坤：《公共图书馆发展及其文旅融合路径探究》，吉林人民出版社 2021 年版。

二　学位论文

狄静：《京杭运河山东段旅游资源价值评价研究——历史文化特色角

度》，硕士学位论文，中国海洋大学，2009年。

董巍：《聊城市米市街历史文化街区的保护更新策略研究》，硕士学位论文，北京建筑大学，2018年。

高娜：《山东运河文化的旅游开发研究》，硕士学位论文，山东大学，2002年。

郭文娟：《京杭大运河济宁段文化遗产构成和保护研究》，硕士学位论文，山东大学，2014年。

贾飞：《大运河山东段文化旅游开发研究》，硕士学位论文，山东师范大学，2018年。

贾婧：《申遗背景下京杭大运河的景观设计研究：以山东聊城段为例》，硕士学位论文，湖北工业大学，2012年。

姜珊：《京杭大运河山东段建筑文化遗产的景观地理研究》，硕士学位论文，山东大学，2019年。

孔祥波：《京杭运河济宁段航运遗产滨水景观再生设计研究》，硕士学位论文，山东建筑大学，2019年。

李建君：《聊城运河旅游资源开发研究》，硕士学位论文，扬州大学，2012年。

刘国正：《水环境影响下的山东运河区域传统文化景观研究》，硕士学位论文，北京林业大学，2018年。

牛津：《大运河遗产判别与登录方法研究：以大运河山东济宁段为例》，硕士学位论文，北京大学，2009年。

唐慧超：《大运河遗产廊道构建——以大运河聊城段为例》，硕士学位论文，北京大学，2009年。

吴彬：《台儿庄古城地方饮食文化资源的旅游开发》，硕士学位论文，青岛大学，2017年。

张超：《大运河山东段古桥遗产价值与保护策略研究》，硕士学位论文，北京建筑大学，2019年。

张翠芳：《京杭运河聊城段城市旅游竞争力评价及提升对策研究》，硕士学位论文，聊城大学，2019年。

张静静：《京杭运河山东段体育旅游资源开发研究》，硕士学位论文，中国矿业大学，2016年。

张钦：《枣庄市运河文化资源的旅游开发》，硕士学位论文，山东艺术学院，2017年。

赵静：《山东运河沿线城市空间形态解析及济宁运河遗产活化研究》，博士学位论文，天津大学，2017年。

赵鹏飞：《山东运河传统建筑综合研究》，博士学位论文，天津大学，2013年。

赵一诺：《文化线路视角下京杭运河沿岸古镇保护发展探究——以山东段微山湖区域南阳古镇为例》，硕士学位论文，中央美术学院，2017年。

三　期刊论文

白硕：《大运河沿岸非物质文化遗产现状、问题与对策》，《人口与社会》2018年第6期。

卞长永：《大运河（山东段）文化遗产活态保护路径》，《当代旅游》2020年第17期。

陈菲：《文旅融合背景下大运河江苏段旅游如何发展》，《产业科技创新》2020年第5期。

陈国锋、谷娟、刘露露：《"运河+"视野下的常州城市文创产品创新设计研究》，《住宅与房地产》2020年第27期。

陈述知：《运河流域非遗策展与运营探索——以"大运河非物质文化遗产"展为例》，《东南文化》2021年第3期。

陈忠：《大运河沿线城市文化旅游联动研究——苏州盛泽运河小镇文旅融合研究》，《江苏丝绸》2021年第2期。

程宏亮：《文旅融合视域下长三角"唐诗之路"的诗歌资源、价值及应用策略》，《苏州科技大学学报（社会科学版）》2023年第1期。

崔玉珍、李志超：《后申遗时代的大运河德州段保护开发利用》，《人文天下》2019年第14期。

代红阳：《大运河文化背景下常州非遗文化品牌营销研究》，《营销界》2020年第16期。

邓军华：《河南大运河文化带与乡村旅游融合发展策略》，《当代旅游》2023年第6期。

狄静、方百寿：《京杭运河旅游产品体系初探——以京杭运河山东段为例》，《德州学院学报》2008年第2期。

段七零、许金如等：《江苏文旅深度融合的原则与十大融合路径》，《无锡商业职业技术学院学报》2021年第3期。

范怡然、时少华：《1992—2020年国内运河旅游研究述评》，《昆明理工大学学报（社会科学版）》2022年第2期。

方向阳、陶莉：《大运河文化带文化产业高质量发展路径》，《唯实》2022年第10期。

高梅：《大运河文化带扬州段文旅产业发展研究》，《北方经贸》2022年第12期。

谷莉、谷燕：《"互联网+"时代江苏运河文创产品开发设计与品牌传播》，《艺术传播研究》2021年第4期。

郭新茹、沈佳、韩靓：《文旅融合视域下大运河江苏段文化IP开发策略研究》，《文化产业研究》2020年第1期。

郝小梅、王琦、张震：《沧州段大运河非遗艺术资源与乡村旅游振兴的融合路径研究》，《西部旅游》2021年第16期。

何永年、吴玉山：《淮安运河两岸的民俗风情》，《江苏地方志》2013年第5期。

侯兵、金阳、胡美娟：《文旅融合发展视域下大运河文化建设的地方响应研究——以中国大运河江浙段沿线城市为例》，《中国名城》2021年第9期。

侯兵、杨君、余凤龙：《面向高质量发展的文化和旅游深度融合：内涵、动因与机制》，《商业经济与管理》2020年第10期。

胡梦飞、仇嘉琪：《大运河聊城段文旅融合发展的路径与策略》，《济宁学院学报》2022年第5期。

胡梦飞、仇嘉琪：《文旅融合背景下张秋运河古镇保护与开发研究》，《学理论》2023年第3期。

胡梦飞、王伟：《东昌运河毛笔制作技艺传承与发展研究》，《湖北职业技术学院学报》2020年第1期。

胡梦飞、王雪莹：《聊城大运河国家文化公园建设策略探究》，《济宁学院学报》2022年第1期。

胡梦飞、甄思辰：《大运河国家文化公园建设现状与发展策略研究》，《枣庄学院学报》2023年第4期。

黄慧男：《文旅融合视角下的城市更新研究——以无锡·江南国家级度假区总体规划为例》，《建筑与装饰》2022年第11期。

黄永峰：《山东省东平县大运河文化的保护和传承路径》，《新丝路》2023年第20期。

贾国华、丁继国：《京杭大运河（聊城段）保护传承利用工作探讨》，《水利发展研究》2018年第7期。

姜师立：《文旅融合背景下大运河旅游发展高质量对策研究》，《中国名城》2019年第6期。

姜馨：《文旅融合背景下大运河旅游发展对策研究——以大运河江苏段为例》，《湖北开放职业学院学报》2022年第8期。

居敏：《文旅融合背景下苏南段大运河历史街区空间环境更新策略研究》，《城市住宅》2021年第7期。

鞠恬：《基于博物馆文旅建设的地方文旅融合发展研究——以扬州中国大运河博物馆为例》，《漫旅》2022年第16期。

鞠恬：《扬州大运河文化带文旅产业融合发展水平测度与评价》，《大众商务》2021年第24期。

赖小萍：《文旅融合视角下大运河宿迁段建设的实践路径》，《商业观察》2022年第20期。

冷南羲、孔子南、桑耘：《文旅融合视域下大运河夜游产业定制化开发路径研究——以杭州市为例》，《常州工学院学报（社科版）》2023年第4期。

冷南羲：《文旅融合视域下大运河文化带遗产资源开发研究》，《江南论坛》2021年第10期。

李德楠：《文化线路视野下的大运河文化遗产保护》，《中国名城》2012年第3期。

李洁：《打造大运河文化带建设的靓丽名片》，《群众》2020年第13期。

李恺玥：《大运河扬州段沉浸式文旅研究——以中国大运河博物馆为例》，《旅游纵览》2022年第12期。

李培娟：《文旅融合背景下大运河苏州段文化产业建设的几点思考》，《时代金融》2020年第18期。

李晓燕、张泽旭、张立昆：《大运河文化带河北段科技融合民族文化产业协同发展研究》，《产业创新研究》2023年第17期。

李月童、杨昀等：《运河文化遗产在城市休闲中的活化利用——以苏州段运河为例》，《旅游纵览》2020年第10期。

李振启：《大运河枣庄段的旅游功能研究》，《枣庄学院学报》2022年第4期。

厉建梅、单梦琦、齐佳：《大运河文化带沿线城市文化—生态—旅游耦合协调发展》，《经济地理》2022年第10期。

廖维俊：《大运河文化带旅游空间生产与认同探绎——以江苏镇江段为例》，《浙江水利水电学院学报》2022年第5期。

刘润楠：《大运河文化带（江苏）旅游资源的嵌入式开发》，《淮阴工学院学报》2021年第6期。

刘耀辉、付丙喜：《乡村振兴战略背景下运河文化保护与旅游资源开发研究——以山东省德城区二屯镇为例》，《德州学院学报》2019年第3期。

刘玉梅：《山东运河区域美食文化遗产资源的开发与利用——以枣庄美食为例》，《美食研究》2016年第4期。

逯海勇、王俊轲：《文旅融合导向下大运河沿岸乡村景观设计策略研究——以聊城市七一村为例》，《农业与技术》2023年第9期。

吕明笛、姜春宇、李雪婷、杨明慧：《京杭运河济宁段历史文化遗产的旅游开发策略探讨》，《全国流通经济》2019 年第 18 期。

吕雯：《体验经济视角下扬州运河旅游产品的开发研究》，《当代旅游》2021 年第 4 期。

栾开印：《大运河江苏段沿岸城市文化艺术资源开发路径研究》，《江南论坛》2020 年第 10 期。

马倩、田德新：《文旅融合视角下扬州盐商文化旅游发展路径分析》，《当代旅游》2021 年第 21 期。

孟涛：《文旅融合背景下大运河沧州段民间美术开发策略探究》，《漫旅》2023 年第 6 期。

宁威：《京杭运河城市文化遗产旅游传播方向与模式研究》，《淮阴师范学院学报（哲学社会科学版）》2020 年第 4 期。

彭青：《文旅融合视野下演艺产品的创新发展——以江苏无锡为例》，《剧影月报》2021 年第 1 期。

彭远新、龙梅雪：《京杭运河山东段区域旅游合作探讨》，《国土与自然资源研究》2011 年第 2 期。

钱伟：《文旅融合视域下嘉兴大运河旅游开发研究》，《文化创新比较研究》2022 年第 25 期。

钱振华：《大运河文化带建设与乡村振兴融合发展探路》，《江苏农村经济》2020 年第 5 期。

秦宗财、从菡芝：《我国文化带文旅融合升级研究——基于大运河文化带江苏段的测度》，《山东大学学报（哲学社会科学版）》2022 年第 6 期。

秦宗财：《新时代"千年运河"文旅品牌形象塑造》，《江西社会科学》2021 年第 1 期。

曲俊静：《大运河文化促江苏旅游业创新发展的障碍分析与对策》，《中小企业管理与科技》2020 年第 17 期。

权欣薇：《文旅融合视角下大运河江苏段的价值挖掘与利用研究》，《文化产业》2021 年第 32 期。

任彬彬、宿丹妮等：《文旅融合视角下河北省段大运河沿线村庄发展路径研究》,《城市建筑》2023年第9期。

任唤麟、余敏辉:《大运河长三角中心区段文旅融合现状与发展路径》,《淮北师范大学学报(哲学社会科学版)》2021年第5期。

任唤麟、张兰、李晶晶:《大运河文化建设的功能作用和发展理路》,《淮北师范大学学报(哲学社会科学版)》2022年第6期。

任唤麟、庄道元:《运河文化重塑与运河文旅景观带的构建——以大运河安徽段为例》,《宿州学院学报》2020年第5期。

邵波、钱升华:《论大运河文化带建设中的文物保护与传承利用》,《聊城大学学报(社会科学版)》2019年第1期。

沈鉴超:《文旅融合发展助力乡村振兴——以湖州南浔古运河研究为例》,《休闲》2020年第17期。

施健奇、王嘉佳等:《文旅融合背景下运河文化的创新性传承发展及其当代价值探索》,《漫旅》2022年第19期。

舒方涛:《京杭大运河聊城段文化遗产构成和保护研究》,《资治文摘》2016年第12期。

舒雅:《大运河长三角中心区段文旅融合现状与发展路径》,《丝路视野》2023年第18期。

苏琪:《台儿庄古城文物保护与旅游发展关系研究》,《科技致富向导》2011年第20期。

孙法印:《台儿庄历史文化街区保护和发展的思考》,《枣庄学院学报》2013年第3期。

孙静、王佳宁:《大运河文化带文化产业发展的省际比较与提升路径》,《财经问题研究》2020年第7期。

孙旭芳、沈山、安宇:《京杭大运河苏鲁区段旅游协作联盟构建研究》,《边疆经济与文化》2009年第2期。

谭徐明、王英华、万金红、张念强:《大运河遗产保护规划编制过程中的认知与研究——以大运河山东德州段为例》,《中国水利水电科学研究院学报》2010年第3期。

唐晓雪、郭雪婉:《以文旅融合提升城市文化软实力的实践与启示——

以西青区大运河文旅融合发展为例》，《区域治理》2021 年第 14 期。

陶莉：《京杭大运河江苏段文化遗产产业化开发研究》，《洛阳理工学院学报（社会科学版）》2018 年第 1 期。

田德新、张蝶：《中国大运河文化带研究综述》，《中国名城》2023 年第 2 期。

汪芳、刘迪、韩光辉：《城市历史地段保护更新的"活态博物馆"理念探讨：以山东临清中洲运河古城区为例》，《华中建筑》2010 年第 5 期。

王格、李凤娇：《高质量发展视域下大运河文化带扬州段文旅品牌建设研究》，《无锡职业技术学院学报》2023 年第 1 期。

王菡薇、侯力：《文旅融合视角下的大运河文化带建设》，《唯实》2019 年第 12 期。

王洪瑞：《洛阳市大运河文化和旅游融合发展的问题与对策》，《济源职业技术学院学报》2022 年第 4 期。

王华伟：《京杭运河旅游文化研究及开发利用》，《工会论坛（山东省工会管理干部学院学报）》2009 年第 6 期。

王静：《后申遗时代大运河沿岸城镇遗产保护与商业开发探析：以淮安、枣庄、济宁段为例》，《城市》2015 年第 8 期。

王素君：《文旅融合推进常州大运河旅游高质量发展研究》，《文化产业》2022 年第 3 期。

王秀伟：《大运河文化带文旅融合水平测度与发展态势分析》，《深圳大学学报（人文社会科学版）》2020 年第 3 期。

王雪莹、罗衍军：《文旅融合视角下临清运河文化遗产保护与发展新路径研究》，《淮阴工学院学报》2022 年第 2 期。

吴海涛：《京杭大运河（聊城段）文化带工作浅析》，《水资源开发与管理》2019 年第 1 期。

吴秋丽、李杰、吴志浩：《后疫情时代河北大运河文旅融合创新路径探析》，《今古文创》2020 年第 19 期。

吴元芳：《基于遗产廊道模式的运河旅游开发研究——以山东省枣庄市

为例》,《枣庄学院学报》2008 年第 1 期。

吴元芳:《山东省运河区域民俗旅游开发研究》,《经济问题探索》2008 年第 2 期。

吴元芳:《运河文化对"好客山东"品牌的影响刍议》,《江苏商论》2009 年第 5 期。

肖瑱、刘芨杉、秦怀宇:《文旅融合背景下手工艺类非遗旅游文创产品开发研究》,《苏州工艺美术职业技术学院学报》2020 年第 1 期。

肖潇、窦兴斌等:《河北省运河文化带发展"旅游+非遗"的制约因素和对策研究》,《河北科技大学学报(社会科学版)》2021 年第 3 期。

肖潇、于秀萍、李维锦:《文旅融合视域下沧州段大运河的旅游开发策略》,《沧州师范学院学报》2019 年第 4 期。

辛灵美:《聊城市传统民俗文化旅游资源保护现状及开发对策》,《赤峰学院学报》2009 年第 12 期。

邢雪娥、李明:《文旅融合背景下大运河宿州段文化遗产的保护与开发研究》,《宿州学院学报》2020 年第 10 期。

徐可、邵刘旖等:《文旅融合视域下的镇江大运河文化传承利用研究》,《文化创新比较研究》2020 年第 27 期。

徐宁:《激发运河文旅融合新潜能》,《群众》2020 年第 20 期。

徐奇志、王艳:《大运河(山东段)文化遗产及其活态保护》,《理论学刊》2018 年第 6 期。

徐淑升:《京杭大运河遗产廊道生态文化旅游开发探讨——以山东南段为例》,《旅游纵览(下半月)》2017 年第 2 期。

徐苑琳、孟繁芸:《后申遗时代运河文化遗产的保护与开发》,《山西档案》2018 年第 2 期。

许大海:《组织·生产·管理:社会经济史视域中的手工生产——以运河聊城区段手工艺传承为中心的考察》,《理论学刊》2019 年第 6 期。

许文娟:《文旅融合下扬州大运河文化的数字开发路径研究》,《旅游纵览》2022 年第 12 期。

严云玉:《"大文旅"背景下江苏文旅深度融合发展路径探究》,《旅游纵览》2022 年第 6 期。

杨昉：《大运河文化带（山东段）民间音乐文化传播及创新传承探究》，《黄河之声》2020 年第 23 期。

杨君：《文旅融合背景下大学生运河研学旅行激励机制探究——以扬州大学为例》，《旅游与摄影》2021 年第 8 期。

杨利元、宋徽、明庆忠：《安徽省大运河文化带非遗与旅游融合发展路径》，《南京晓庄学院学报》2022 年第 3 期。

杨茜：《文旅融合背景下大运河沧州段文化艺术资源的开发路径研究》，《今古文创》2021 年第 44 期。

尹立杰：《文旅融合背景下大运河江苏段旅游如何发展？》，《当代旅游》2019 年第 10 期。

于海燕：《大运河研学旅游产品的优化策略研究》，《无锡商业职业技术学院学报》2023 年第 4 期。

张秉福：《京杭运河非物质文化遗产保护与旅游开发互动机制研究》，《中州学刊》2019 年第 8 期。

张浩、刘镁辰：《文旅融合时代大运河文化旅游开发研究》，《洛阳理工学院学报（社会科学版）》2022 年第 5 期。

张磊玲：《大运河沿线村镇旅游发展路径研究——以苏州市盛泽镇为例》，《全国流通经济》2021 年第 30 期。

张磊：《运河山东段民俗文化的保护与开发》，《济宁学院学报》2022 年第 1 期。

张思坚：《山东运河文化的历史意义与现实价值》，《山东行政学院学报》2015 年第 6 期。

张伟：《文旅融合背景下大运河旅游发展高质量对策研究》，《名城绘》2020 年第 2 期。

张潇文：《沧州段大运河文旅产业的低碳融合发展》，《沧州师范学院学报》2022 年第 3 期。

张缨、周家权、孙振江：《水利工程文化遗产的保护与开发探讨——以京杭运河德州段为例》，《中国水利》2016 年第 6 期。

张煜鑫、姚孺婧:《后疫情时代运河文化智慧文旅的机遇与挑战——以隋唐大运河安徽段为例》,《旅游与摄影》2022年第4期。

张兆林:《传统美术类非物质文化遗产项目生产标准探微》,《文化遗产》2020年第6期。

张兆林:《分工与互惠:中国民间艺术生产的协作实践——基于聊城木版年画内部生产关系考察》,《民族艺术》2022年第1期。

张震、宋宇薇等:《无锡古运河文化遗产保护与利用策略研究》,《旅游纵览》2022年第3期。

赵春雪:《山东运河的开发历史及其旅游对策探析》,《科技视界》2012年第26期。

赵罗娜:《大运河国家文化公园枣庄段旅游产品开发研究》,《枣庄学院学报》2021年第6期。

赵全科、鲁礼新:《枣庄段运河变迁及其对区域发展的指示意义》,《枣庄学院学报》2008年第1期。

赵艳、卞广萌:《文旅融合视域下大运河沿线乡村产业升级路径研究》,《农业经济》2021年第9期。

赵云、吴婷、李慧、罗颖:《大运河遗产会通河段的闸坝工程遗产》,《古建园林技术》2012年第2期。

郑菲菲、郭新茹、何亚兰:《大运河江苏段非遗活态传承影响因素及文旅融合路径研究》,《淮阴师范学院学报(哲学社会科学版)》2021年第3期。

郑晶:《国家文化公园建设中博物馆的文旅融合发展——基于扬州中国大运河博物馆的实践》,《中国博物馆》2022年第5期。

郑民德:《聊城运河文化遗产的保护》,《中国名城》2018年第10期。

郑民德:《"运河文化带"视阈下的遗产保护与利用研究》,《华北水利水电大学学报(社会科学版)》2019年第1期。

郑亚鹏、唐金玲:《山东运河文化遗产品牌开发探究:基于"互联网+"思维》,《美术大观》2018年第9期。

钟行明:《山东运河遗产廊道的旅游协作策略与路径》,《中国名城》

2014 年第 5 期。

周泓洋、王粟、周扬:《大运河文化的多维价值与国家文化公园建设》,《中国名城》2022 年第 7 期。

周娟:《大运河文化带建设背景下扬州文旅融合发展研究》,《江南论坛》2022 年第 12 期。

周如壹、陆筱珂等:《文旅融合背景下"大运河文化"保护策略》,《三角洲》2022 年第 1 期。

周艳丽、陈敬敬、崔淼:《大运河文化旅游资源开发对策研究——以京杭大运河沧州段为例》,《中国商论》2020 年第 3 期。

周宇:《文旅融合背景下大运河文化保护与宣传的强化路径探析》,《中共济南市委党校学报》2020 年第 3 期。

朱季康:《大运河文化带沿线城市非物质文化遗产保护与传承工作的现状、分析和提升策略》,《地域文化研究》2020 年第 4 期。

朱季康:《文旅融合打造大运河文化高地》,《唯实》2020 年第 9 期。

朱季康:《在大运河文化带中实施文旅融合的价值与构想》,《江南论坛》2020 年第 7 期。

朱文彬、何卫平:《大运河国家文化公园建设背景下的常州文创产品创新设计研究》,《上海包装》2023 年第 7 期。

朱晓东:《京杭运河沿岸城镇发展策略探讨——以京杭运河聊城段旅游产业综合开发规划为例》,《工程技术研究》2019 年第 14 期。

后　　记

　　经过历时两年多的写作，书稿即将出版，终于又到了写后记的时候，脑海中顿时浮想联翩，很多往事不由自主地涌上心头。

　　我本身是历史专业出身，从事运河文化遗产研究纯属偶然。我出生于山东临沂南部的一个普通小村庄，祖父是一名老革命，曾经参加过解放战争和抗美援朝战争，小时候特别爱听他讲一些历史人物的故事，所以很早就对历史产生了浓厚的兴趣。高中的时候，数学、英语等功课成绩都不理想，唯有历史每次考试都是班里的第一名。2005 年高考结束后，在填报志愿时，我不顾家人的反对，毅然选择了当时较为冷门的历史学专业。从那时开始，就把从事史学研究作为自己终身的事业和追求。我的家乡虽然距离运河流经的枣庄很近，但小时候对于运河并没有什么特别的印象。小学、中学和大学对运河的认知，也更多地停留在书本之上。真正与运河结缘，应该是在 2009 年前往徐州师范大学（现名江苏师范大学）攻读硕士研究生之后。在恩师杨绪敏教授的建议下，我选择将"明清时期徐州运河与区域社会变迁"作为自己的毕业论文选题，从此开始了长达十余年的运河研究。

　　2012 年 9 月，我考入南京大学历史学院，跟随著名明清史专家范金民教授攻读博士学位。由于硕士学位论文做的是与运河相关的题目，故范老师建议我博士阶段继续围绕运河开展相关研究。经过与范老师多次商议，最终决定将"明清时期京杭运河区域水神信仰"作为自己的博士论文选题。博士三年的时光里，基本上都在做与之相关的研究。2015 年 7 月博士毕业后，带着对运河的兴趣，我来到聊城大学运河学研究院工作。由于博士学位论文所研究的内容本身就与民间信仰有着密切关联，所以来聊大工作之后，很自然地将民间信仰作为自己的研究对象。后来又以"运河区域民间信仰"为选题，多次申报国家、教育部等课题，但由于种种原因，均未能中标。在研究院领导的建议下，我开始转行做运河文化遗产的相关研究。之所以选择这一领域，是因为文化遗产本身就属于历史遗存，研究运河遗产偏离自己的历史"老本行"不算太远。当然在做运河遗产研究的同时，我也始终没有放弃自己热爱的历史研究。

从 2020 年 9 月国家颁布《大运河文化和旅游融合发展规划》之后，我就确定了"大运河山东段文旅融合发展"这一选题，并在接下来的时间里，一直在做资料搜集、撰写论文和书稿等工作。2021 年 6 月，我承担的山东省社科规划项目"山东运河文化遗产保护、传承与利用研究"顺利结项；同年 10 月，我又承担了聊城市文化和旅游局委托课题"大运河（聊城段）文化和旅游融合发展实施方案（建议稿）"的编纂工作，并于次年顺利结项。这些都坚定了我继续研究这一选题的决心和信心。2023 年 1 月，该选题又获得聊城大学人文社科平台专项课题资助，为我的研究提供了极大便利。此后又经过一年多的修改和完善，最终有了眼前的这本小书。

首先要感谢研究院各位领导和同事对我的关心和支持。研究院办公条件优越，科研时间充沛，学术氛围浓厚，同事之间相处也极为融洽，使我可以有条不紊地从事自己感兴趣的学术研究。我的研究生仇嘉琪、甄思辰、马晓晖以及刘秋雨、郑琳、唐好好、张静等同学帮我做了大量资料搜集和整理工作，在此向她们表示感谢。这是我在中国社会科学出版社出版的第二本学术专著，也感谢安芳等老师为本书的出版所作的努力。

书稿的完成离不开家人对我的支持。岳父王富春先生、岳母王焕清女士任劳任怨，承担起接送孩子、做饭等家务，为我和妻子解决后顾之忧，对他们的感激无法用言语表达。还要感谢远在故乡的父亲、哥哥一直以来对我的关心和支持，是他们的鼓励为我提供了不断前行的动力。要特别感谢的是我的妻子王双双博士，她与我同在聊城大学工作，平时

后　记

的教学和科研任务很重。为了让我能够安心写作，她牺牲了自己很多的时间和精力，主动承担起操持家务、照顾孩子等重任，为我创造了一个良好宽松的写作环境。每当看到她忙碌的身影，内心总是充满了愧疚和自责。女儿若楠和儿子铭泽天真可爱，在我写作过程中，给我带来了许多惊喜和乐趣，也将此书当作送给他们的礼物，希望他们能够健康、快乐地成长。不知不觉已年近不惑，在此也感谢所有在我学术成长道路上关心和帮助过我的人，是为记。

胡梦飞

2024 年 3 月于聊城